深圳改革开放研究丛书

30年深圳企业报刊发展与文化构建

黄士芳 樊卿 主编

人民出版社

总　序

王京生

从广义上讲，在人类历史长河中，改革开放是社会发展和历史前进的一种基本方式，是人类文明演进的一种基本逻辑，也是一个国家和民族兴旺发达的决定性因素。一方面，古今中外，国运的兴衰、地域的起落，莫不与改革开放息息相关。另一方面，从历史上看，各国的改革开放在实际推进中却不是一帆风顺的，力量的博弈、利益的冲突、思想的碰撞往往伴随着改革开放的始终，流血斗争在各国历史上也并不罕见。改革开放的实际成效并不会实现理想的"帕累托最优"或"帕累托改进"。就当事者而言，对改革开放的正误判断并不像后人在历史分析中提出的因果关系那样确定无疑。因此，透过复杂的枝蔓，洞察必然的主流，坚定必胜的信念，对改革开放来说就显得至关重要和难能可贵。

改革开放是深圳的生命动力，是深圳成长和发展的常态，是深圳迎接挑战、突破困局、实现飞跃的基本途径。改革开放铸造、发展了深圳特区，形成了深圳特区的品格秉性、价值内涵和运动程式，培育了深圳的城市机能和整体结构，展示了深圳的品牌形象、素质能力、体制机制、活动方式和环境风尚，推动深圳特区跨越了一个个历史屏障。特区初建时缺乏建设资金，就通过改革开放引来了大量外资；发展中遇到瓶颈压力，就向改革开放要空间、要资源、要动力。深圳的每一步发展都源于改革开放的推动，深圳30年的发展奇迹是深圳30年改革开放的结果。同时，改革开放又是深圳矢志不渝、坚定不移的命运抉择。改革开放作为当代中国的一场新的伟大革命，不可能一帆风顺，也不可能一蹴而就。深圳作为改革开放的探索者、先行者，向前迈出的每一步都面临着一个十字路口的选择。从特区酝酿时的“建”与“不建”，到特区快速发展中的姓“社”姓“资”，从特区跨越中的“存”与“废”，到新世纪初的“特”与“不特”，每一次挑战都考验着深圳改革开放的成败进退，每一次挑战都把深圳改革开放的“招牌”擦得更亮。30年来，深圳正是凭着坚持改革开放的赤胆忠心，在汹涌澎湃的历史潮头上劈波斩浪、勇往向前，经受住了各种风浪的袭扰和摔打，闯过了一个个关口，成为锲而不舍的改革开放“闯将”。

深圳的改革开放是没有止境的。随着经济社会的迅猛转型，深圳已进入综合配套改革和全方位开放的历史新阶段。在这个阶段，改革开放更加迫切地需要突出以人为本，展现全面、协调、可持续性，大幅降低经济社会发展失衡的成本和风险，鼓舞全国人民建设中国特色社会主义的信心和决心。当前，全国各地群雄并起、千帆竞发，形势逼人，时不我待，改革开放的质量、水平和力度已远远超出了以前的套路、标准和要求，只有以“杀出一条血路”的精神开拓进取，拿出深圳改革开放的精品和力作，才能“走出一条新路”，在全国的改革开放中发挥示范推动作用。

改革开放是深圳的永恒话题，而当下探讨深圳的改革开放，却有着特殊的意义。在全市上下隆重迎接深圳经济特区建立30周年这个历史节点上，回顾深圳改革开放历程，总结深圳改革开放的历史经验，研究深圳改革开放的未来走向，无疑是为深圳的改革开放增添新力量的最好契机。为此，深圳社科理论界着力推出了《深圳改革开放研究丛书》，包括综合、经济、社会、文化四类，既有宏观总揽，也有个案分析，既有理论阐述，也有实践探求，是总结深圳30年改革开放历史经验、探索深圳未来发展的研究成果，也是了解和探讨特区改革发展的重要工具书。

书的文字是静止的，但精神是跃动的。如果通过这套丛书，能够使读者达到"天变不足畏，祖宗不足法，人言不足恤"的境界，那无疑是所有编撰者的最大心愿。

（作者为深圳市委常委、宣传部部长）

目 录

总　论

深圳经济特区成立30年来积累了丰富的物质、制度和精神文化成果，其中之一是涌现了一大批深圳企业主办的报纸和杂志。得改革开放风气之先，得率先建立社会主义市场经济体制之优势，得创新开拓精神之促进，这些企业报刊内容丰富，质量上乘，装帧精美，以传播企业理念和企业精神为宗旨，以推动企业增强竞争实力为终极目标，成为构建深圳特色企业文化和深圳文化的重要文化载体和文化样本，形成深圳领先全国的一道特有的企业报刊风景。目前，深圳市企业编印出版的企业报刊已有100多家。从政府管理角度来区分，深圳的企业报刊分成两类：一是公开发行的正式出版物，只有一种，即《蛇口消息报》；二是连续性的内部资料出版物，除《蛇口消息报》外，其他所有企业报刊都归属于内部资料性出版物。以下将从深圳企业报刊发生发展的历程着手，梳理分析深圳企业报刊对深圳企业文化和深圳文化发展的构建意义和示范效果。

一、企业报刊概述

1. 企业报刊相关概念

"企业报刊"又称"企业内刊"，目前并无学理上的定义，只是业界约定俗成的一种说法，我国现阶段的企业报刊归属于"内部资料"的概念范畴。"内部资料"是指非公开性的、流通范围有限或者内容保密的刊物、汇编、印刷稿及手稿样本等，它记录工作、生产、学习和科学过程中的课题设计、工作程序、结果分析、工作小结、未来的设想与预测，一般标有"内部资料"、"内部刊物"、"内部流"、"内部发行"等字样，主要通过交流、内部订购或通信联系来获得。

新中国成立后至改革开放前，内部资料多见于企事业单位、党政机关，主要功能是配合党政各级领导、企事业单位及科研的工作，主要内容包括介绍本单位的运行情况、专业知识，以及不便公开发布的社会状况、单位状况、科研成果等。由于涉及一定的保密性问题，内部资料的读者一般局限于组织内部的相关人员。可见，改革开放前的内部资料是作为某种文献、情报、档案存在的，属于文献学里的“特种文献”，也称为“非常规文献”或“非定型文献”。

改革开放为整个社会带来了深远的变化。新闻舆论环境较改革前更加宽松，社会各行业、各部门之间的联系加强，交流沟通越加频繁，民营、合资等多种所有制形式的企业如雨后春笋般纷纷出现，带来了新的经营管理模式，进行内外信息交流成为这些企业的迫切愿望。在这种背景下，企业主办的内部资料在形式上不再局限于文件、成果汇编、科技报告等形式，而是尝试用报纸、期刊的形式作为内部资料的载体，以保持企业传播信息的规律性、连续性。

1997 年新闻出版署发布的《内部资料性出版物管理办法》规定：内部资料性出版物是指在本系统、本行业、本单位内部，用于指导工作，交流信息的非卖性成册、折页或散页印刷品，不包括机关公文性的简报等信息资料①。这就将出版物形式的内部资料和机关公文形式的内部资料区别开，并将企业报刊纳入“出版物形式的内部资料”的范畴。

1998 年 11 月广东省新闻出版局根据新闻出版署《内部资料性出版物管理办法》制定的《广东省连续性内部资料出版办法》，将出版物形式的内部资料进一步分为连续性内部资料和一次性内部资料进行分类管理。连续性内部资料主要指的是那些有固定名称，按一定周期和序号连续出版的、以报纸型或期刊型为主要出版形式的内部性资料。它包括：（1）由原来的内部报刊转化的，只在本系统、本行业、本单位内部用于指导工作、交流信息的印刷品；（2）系统、行业、单位因指导工作、交流信息需要而印制的，供内部使用的定期或不定期连续性成册、折页或散页印刷品②。企业报刊因其名称和出版周期的固定，应列入连续性内

---

① 参见中华人民共和国新闻出版署令 1997 年第 10 号《内部资料性出版物管理办法》。

② 参见广东省新闻出版局文件粤新出【1998】22 号《广东省连续性内部资料管理办法》。

部资料出版物的范畴。综上所述,我国现代意义上的企业报刊是指企业出资主办的、获得新闻出版管理部门颁发的准印证的连续性内部资料出版物。它是一种具有中国特色的企业传媒,其中国特色在于:第一,它具有内部资料的性质。那些不能公开销售的企业报刊主要是以本单位的运行情况、专业知识,以及不便公开发布的单位状况等为内容的,与一般性的内部资料一样承担着配合党组织、各级行政和业务管理领导、各级单位工作的职能。

第二,它具有连续性出版物的性质。企业报刊一般都具有统一题名,定期以杂志或报纸的形式出版,有卷期或年月标识,并计划无限期连续出版。从本质上来说,企业报刊是中国现行新闻出版管理体制的限制和企业自办媒体的需求之间相妥协的产物。

2. 企业报刊的源起与流变

我国的企业报刊发展至今,大致经历了以下四个阶段:

第一阶段:20 世纪初至 1949 年,企业报刊的雏形阶段。

“企业报刊”在中国并不是一个新兴事物,早在清朝末年就出现了我国最早的企业报纸《张裕报》,至今已经有 100 多年的历史。天津永利碱厂于 1928 年创办、1949 年停刊的《海王》旬刊,是我国第一本由民营企业创办的企业刊物,它的办刊经费由“永久”团体的几家公司和黄海社按比例分摊,《海王》编辑社负责旬刊的出版发行。《海王》旬刊的作者多为“永久”团体内成员,义务写稿,其内容包括时政、科技、文艺、团体消息等内容,重点关注科技类议题,刊登了大量科技文章,包括原创性的科技论文,创办者范旭东解释办刊的初衷是“互通消息,联络感情”①。

这个时期的企业报刊从出版形式、投资主体、稿件来源、内容构成、办刊目的都已经和现今的企业报刊相差无几,可以说为日后的企业报刊提供了一整套范本。同时期的企业报刊还有民生公司 1932 年创办的以工商理论为主题的《新世界》月刊,天津东亚毛纺公司 1947 年创办的宣扬“劳资互惠”、“劳资合作”精神

① 参见叶青:《永久团体的〈海王〉旬刊及其科技文章》,《中国科技史杂志》2006 年第 4 期。

的《东亚声》月刊,教各种生活常识的《方舟月刊》等。

第二阶段:1949 年至 1979 年,企业报刊作为大众传媒的阶段。

新中国成立后的计划经济时期,在一些职工比较分散的铁路、矿山、水电、油田、工程局等流动作业的企业中,出现了企业办报的第一个高潮。当时的企业报都是以报纸或简报的形式出现的,其中最早的一批包括广州铁路局的《铁路工人报》、玉门石油的《石油工人报》等。在当时的体制下,企业报刊起到了鼓舞士气、统一思想的作用,其所承担的职能不是作为市场竞争的要素,而是作为思想、政治宣传的工具①。这个时期的企业报刊可以公开征订销售,可以面对广大社会公众发行,因此这种企业报刊实际上是企业主办的大众媒体。

第三阶段:1980 年至 1996 年,企业报刊作为内部报刊的阶段。

改革开放带来了私营企业、外资企业、股份制企业、上市公司等多种类型企业的发展,企业规模迅速扩张,竞争日益激烈,企业之间不仅是技术、服务的竞争,也是品牌、文化、信息资源的竞争,于是一场以提升市场竞争力为目的的办报办刊热潮就在全国企业中出现了。截至 1981 年,全国共有企业报刊 378 家,1985 年增至 700 多家,1988 年增至 1000 多家,1990 年增至 1500 家,1991 年增至 2000 多家。②

1981 年至 1995 年全国企业报刊数量增长情况表

年份	1981	1985	1988	1990	1991	1994	1995
数量	387 多家	700 多家	1000 多家	1500 多家	200 多家	2300 多家	2500 多家

四通集团的《四通人》、希望集团的《希望饲料》等一批现代企业报刊的先行者在这个时期横空出世,它们多是以企业内部沟通为目的、以单页快报为形式出现的企业简讯。由于这个时期企业报刊数量增幅较快,占用了大量国内统一刊

① 参见曹志平:《我国企业内刊的现状和发展趋势探析》,广西大学新闻学硕士学位论文,2008 年。

② 根据《中国新闻年鉴》(中国新闻年鉴编辑委员会编)1981—1995 年版整理。

号，给出版管理工作带来了一定的压力，国家新闻出版署于1987年至1988年对全国报刊进行了一次整顿，企业报刊被列为重点整顿对象。在整顿中，那些发行范围在企业内部的企业报刊都被转为内部报刊，由当地新闻出版局发给准印证。国家新闻出版署又于1990年5月16日颁布了《内部报刊管理原则》，明确了“内部报刊”的概念范畴：“内部报刊是指持‘内部报刊准印证’，不列入‘国内统一刊号’的报刊，不是指持‘报刊登记证’、列入‘国内统一刊号’的报刊中限定内部发行部分。”①正式将这类企业报刊转为“内部报刊”的体系中进行管理。根据《内部报刊管理原则》的规定，持有“内部报刊准印证”的企业报刊可在本行业、本系统内发行征订并收取一定的工本费，不得进行或参与任何经营活动，不得开展公开性的社会活动，不得进行广告宣传等。这就将企业报刊从大众传媒的范畴中剥离出来，形成了独有的管理体系。

第四阶段：1997年至今，作为内部资料性出版物的企业报刊。

在企业报刊转化为“内部报刊”之初，由于国内省、市、县三级的新闻出版管理部门都为内部报刊核发准印证，这种多头审批客观上造成了内部报刊管理方面的一些混乱。同时，“内部报刊”可按工本费在省内征订发行，有部分内部报刊出版单位违背其出版宗旨和管理规定，擅自扩大发行范围，有的甚至标价销售、登广告、拉赞助、搞摊派，违规情节比较普遍，造成了恶劣的影响。

为维持正常的出版秩序，我国新闻出版管理部门于1997年开始压缩控制报刊总量，在对公开发行的报刊进行压缩调整的同时，对“内部报刊”也进行全面清理，将其中不具备条件的内部报刊予以撤销登记处理，对未批准转公开而又确有必要继续办的内部报刊，采取“重新登记”的办法，由新闻出版管理部门核发“内部资料性出版物准印证”转化为“内部资料”，纳入“内部资料”的管理体系。

1998年1月1日，新闻出版署颁布的《内部资料性出版物管理办法》开始施行，通过部门规章的形式正式将企业报刊划入内部资料性出版物的范畴，并且在原《内部报刊管理原则》的基础上进一步明确了企业报刊的办刊准则，除了将发行范围限制在本行业、本系统、本单位，规定不得进行或参与任何经营活动，不得

① 中华人民共和国新闻出版署1990年5月16日颁布《内部报刊管理原则》。

开展公开性的社会活动之外，更提出不得在名称上称报称刊，不得收取任何费用，不准公开发行征订的要求。

此举看似为企业报刊设置了更多藩篱，实则规范了企业的出版行为，为企业报刊的发展提供了稳定的政策环境，有利于引导企业报刊的健康发展。

归属于内部资料性出版物的企业报刊发展至今，受到经济发展和市场开放程度的影响，也呈现出不同于以往的新特点：一是企业报刊的内容和读者出现外部化转向：一些企业报刊的内容已不局限本单位的事务，行业内甚至社会性的内容开始出现；其受众也不局限于单位内部，一些外部相关组织和个人也有机会接触到企业报刊。二是企业报刊出现了新的功能取向，企业公共关系、构建企业文化都成为其为组织服务的新途径。三是企业报刊的本质发生了变化，它不仅是情报、档案的载体，而且成为一种分众传媒，在组织的运作中发挥着积极作用。

二、深圳企业报刊的功能分析

现阶段企业之间的竞争已经从产品、技术的竞争发展到经营管理理念方面的竞争，企业在做产品的同时还要"做文化"，在进行内部管理的同时还要对客户关系进行管理，在打造产品品牌的同时还要对外塑造企业形象。竞争理念的变化促使企业寻求多种渠道来进行对外传播和关系管理，而企业报刊就成为众多渠道中的一种。在这一背景下，作为全国企业报刊排头兵的深圳市的企业报刊也突破了以往单纯的情报搜集和信息整理的范围，在实践中呈现出企业文化建设、内部沟通、对外品牌塑造、维持客户关系的多重功能。这里，我们将分别从企业运营管理、公共关系和企业文化三个层面对企业报刊的功能进行分析。

1. 企业运营管理层面的功能

(1)企业报刊是企业实现民主管理的渠道

随着现代企业制度的建立，企业的管理也越来越透明化、人性化，一些学者纷纷指出民主的企业管理氛围是提高企业运作效率的有效保证。心理学家勒温(Kurt Lewin)在其团体动力学中提出了团体中专制的、民主的和自由放任的三种领导方式，他发现专制的领导方式有损于主动性而造成敌对和进攻性态度，只能取得中等的工作效率；自由放任的领导方式容易使工作进展不稳定，效率也不高;只有民主的领导方式才能在提高士气和改善态度方面更为有效,达到最高的效率①。龚伟同也指出:企业需要民主,民主不仅有助于避免重大决策失误,也是发挥员工活力的重要保证。② 企业实现民主管理,就是要推行参与式管理。利克特认为,参与式管理可以产生"极好的传播:上行、下行、侧行",而这种"极好的传播"可以带来"高员工满意度"、"高生产率"和"高效益"等结果③。具体表现为赋予员工监督权、话语权,允许企业内多种信息传播方式的存在,建立相应的奖励机制,鼓励员工参与企业管理。企业报刊正是这种"极好的传播"的载体,因为它是一个包含多种组织内传播模式的集合体。它包括信息的上行传播,可以将各级员工对公司事务的意见和建议汇总、整理,呈报至管理者;也包括信息的下行传播,可以将企业高层对于各级部门意见的反馈传达至各级员工,形成双向的传播机制;还包括信息的横向传播,在企业各部门之间相互沟通,这有利于企业各部门之间思想交流和工作协调,进而营造企业内部的和谐气氛并提高工作效率。在这种情况下,企业报刊可以成为企业实现民主管理的渠道之一。

企业应该鼓励员工来稿,就公司各方面事务提出意见,应该允许不同的思想在刊物中表达、撞击,管理者可以从这些言论中去粗取精,汲取真正对企业运作有益的谏言;管理者应该就员工提出的对公司事务的质疑在企业报刊中作出解释,以稳定员工情绪。毕竟企业领导难以深入到基层了解方方面面的事务,员工也难以经常性地直面领导直抒胸臆,因而企业报刊提供了一条制度化的基层和高层之间的双向意见通道。

(2)企业报刊是企业进行内部传播的正式渠道

组织内传播的渠道包括正式渠道和非正式渠道。正式的传播渠道是企业通过会议、培训、公司刊物、员工手册、内部网站等制度化的渠道对全体员工和外部相关者进行传播。这种传播方式比较正规,内容具有权威性。非正式渠道是通

① 参见丹尼尔·A.雷恩(Daniel A. Wren):《管理思想的演变》,中国社会科学出版社2000年版,第362页。

② 参见龚伟同:《企业需要民主吗?》,《商务周刊》2007年第22期。

③ 参见顾孝华:《组织传播论》,上海交通大学出版社2007年版,第148页。

过故事、小道消息、机密、猜测等潜在的非公开的形式，对企业信息进行传播。通过这种传播方式传递的信息具有随意性、隐蔽性，信息容易失真，甚至会被一些别有用心的人加以利用和篡改，使得受众难以确定其真假，从而严重影响信息传播的效果。为减少企业的非正式渠道传递的信息对企业运营管理带来的负面效果，需要一个主流声音来澄清谣言，纠正误传，这个主流声音应该由公司管理层通过正式渠道发布，针对公司内部出现的谣言、猜测等有损公司利益、不利于公司稳定或长远发展的信息作出回应。在正式渠道的选择上，企业报刊往往是不错的选择。

企业报刊传播的内容在本企业内部具有权威性。有调查显示，京津两地大中型企业报刊的主管领导以高层为主，由公司总裁或副总裁主管刊物的占绝大多数，仅有少部分企业报刊由企划总监、行政主管或人力资源经理等人员主管。这说明，企业报刊往往由企业的权力核心掌控，反映的是权力集团的意志，这确保了企业报刊所传递信息的权威性和一致性。企业报刊可以凭借其权威性对通过企业非正式传播渠道传播的各种谣言、误传、猜测作出说明，进行澄清，以保证企业管理工作正常进行。

企业报刊传播的内容具有一定的灵活性和丰富性。相对于企业内其他正式传播渠道如会议、培训、通知、命令等等，企业报刊可以将管理层意志、政策、对某问题的澄清、说明等下行传播的信息以评论、深度报道、人物专访等形式进行传达，可以在还原信息本身的同时，从管理层、员工、利益相关者等不同角度加入对信息的解读，发掘信息背后隐含的意义。这样的传播形式给原本刚性的、冷冰冰的信息注入了人性化色彩，实现了传播“软着陆”，有理有据，以理服人。

(3)企业报刊是企业员工获取信息的平台

企业报刊可以向员工提供新闻，这里的新闻指包括企业工作动态、行业发展动态、社会新闻事件等在内的信息。从传播学的角度来说，媒介在这里发挥的是监视环境的功能，具体到企业报刊，则表现为企业通过报刊收集、整理并向企业员工发布企业或行业内的重要问题，这样不仅使员工及时了解企业内外各种环境的变化，想企业之所想，急企业之所急，以便对有关企业生存和发展的重要问题提出正确的应对措施，而且企业报刊通过深度报道、评论等形式的较有深度的文章将企业的价值观灌输给员工，有助于达到统一思想、维护企业形象、维持企业稳定的目的。

(4)企业报刊是对员工进行有效说服的途径

当企业需要推行一项新政策，或为了配合外部环境的变化，作出某种改革决策时，需要对企业员工施加影响，说服他们接受这一变革，以确保政策的推行或改革的实施。教军章等将这种由企业施加的影响分为“软性”影响与“硬性”影响。软性影响是影响双方心理和认知的自觉一致行为，它不需要任何外在的制约力量和监控系统。① 与软性影响相对的是硬性影响，即通过组织结构的权力关系网络发挥作用的强制性作用力，是以奖惩为手段的制约和服从的过程。② 硬性影响的过程较为简单，直接表现为命令与服从。教军章并没有区分软性影响与硬性影响的优劣，而是指出人们最常用的是通过说服影响对象使之心悦诚服的接受影响。③ 可见，软性和硬性的影响方法结合起来最有效，而通过说服的方法改变员工的态度和行为是企业管理的上策。

如果将企业管理者发布的命令性文件、决议看做是通过企业权利架构强制推行的硬性影响方式的话，那么企业报刊就是以说服为主的软性影响方式。它相较于文件、决议来说具有阐释性、情感性的特点，可以作为文件、决议的辅助渠道，通过阐释性的文章对政策、命令作出解释，以便于员工对政策深入、全面的理解。

在说服内容的选择上，企业报刊注意从不同角度，以多种文章体裁对新政策进行阐释，而且提供出便于员工理解的论据。

(5)企业报刊是满足员工需求的渠道

根据马斯洛的需求层次理论，人类的需要是分层次的，由低到高分别是生理

---

① 参见教军章、刘双：《组织传播——洞悉管理的全新视野》，黑龙江人民出版社2000年版，第159页。

② 参见菲利普·津巴多(Philip G. Zimbardo)、迈克尔·利佩(Michael R. Leippe)：《态度改变与社会影响》，邓羽、肖莉、唐小艳译，人民邮电出版社2007年版，第115页。

③ 参见教军章、刘双：《组织传播——洞悉管理的全新视野》，黑龙江人民出版社2000年版，第160页。

需求、安全需求、社交需求、尊重需求、自我实现需求。在组织传播语境下的员工需求一般包括三种：社交需求、尊重需求和自我实现需求。

社交需求是指员工渴望得到领导、同事的理解和关爱，是一种获得归属感的需要。正如罗宾斯（Stephen P. Robbins）指出："对很多员工来说，工作群体是主要的社交场所，员工通过群体内的沟通来表达自己的挫折感和成就感。因此，沟通提供了一种释放情感的情绪表达机会，并满足了员工的社交需要。"①企业报刊可以成为实现员工社交需要的工具，它提供了一条员工沟通和宣泄的渠道。通过企业报刊，员工与管理者之间或员工之间可以进行交流、倾诉，实现相互信任与沟通。如《深业物业》开设了"员工心语"、《东部信息》开设了"员工园地"、《深港集团通讯》开设了"员工心声"等栏目版块，使之成为员工倾诉与交流的平台。

尊重需求是对成就、名声、地位等方面的追求，既包括对成就或自我价值的个人感觉，也包括他人对自己的认可与尊重。企业报刊也是一个满足员工尊重需求的好渠道。企业报刊可以将工作突出的员工甚至普通员工作为"焦点人物"，围绕他们的突出事迹或日常生活做文章，让他们在报纸上"登台亮相"，形成"聚光灯"效应，这就在一定程度上满足了员工的尊重需求。

除了马斯洛需求层次理论提出的五个层次的需求，企业员工在现实生活中还有精神文化和娱乐的需求。员工在紧张的工作之余需要放松和娱乐，这时企业报刊又可以成为他们放松和娱乐的工具。目前企业报刊一般都将内容的最后一部分设置为文艺性、娱乐性较强的散文、诗歌或随笔，这一方面是为了提升企业报刊的文化性的需要，另一方面就是为了给员工提供一个"休闲驿站"，使他们在工作之余可以通过阅读这些内容达到舒缓情绪、调节心情的效果。

总之，企业报刊在组织内部的传播有助于组织的运作管理。具体来说，它作为一种正式的具有"上行、下行、侧行"多向度特征的传播方式，可以优化组织内

---

① 斯蒂芬·P. 罗宾斯（Stephen P. Robbins）著：《组织行为学》，孙健敏、李原译，中国人民大学出版社1997年版，第97页。

部的传播渠道;作为一种组织公众参与组织管理的渠道,有助于提高组织公众的工作热情;作为组织公众获取组织信息的平台,有助于加强组织内公众的凝聚力;作为有效说服组织公众的途径,有助于提升组织的运作效能。

2. 企业公共关系层面的功能

(1)对外展示企业形象并传播企业价值观

企业报刊的文章不同程度的反映着企业的文化品味、记录着企业的发展、体现着企业家的管理思想,从不同方面阐释企业的价值观,它作为企业对外信息交流的窗口,是企业人格化的表征。《宝安风》主编陈昌华将企业报刊比做企业的"前花园",就是对企业报刊作为企业形象载体的生动表述。

(2)保持同现有客户的联系并建立同潜在客户的联系

企业报刊的传播是一种"软性传播",一本制作精良的企业报刊远比一则企业广告更能引起客户的关注,更能与客户产生思想、情感上的交流,特别是当企业把向客户赠阅报刊作为一种长期行为的时候,更容易与客户建立起长久的信任关系。国际商业机器公司(IBM)公司办有一本名为《思考》(Think)的内部杂志,被分发给拥有 IBM 产品的每一位客户。虽然它们的客户仅有 4000 家,但《思考》每一期印刷的份数却将近 10 万份,原因是它们把杂志寄给每一位可能会出于良好的意愿主动帮助 IBM 的人,包括开展业务的地区的中学老师、牧师等,还有每所大学的校长以及参议员和众议院的所有议员。《思考》不仅帮助 IBM 公司维系着与客户之间的交流,更帮助其与潜在客户及利益相关者建立了一种长期的友好关系。①

企业报刊作为一种软性的传播方式,相对于硬性的传播更容易帮助企业品牌提升消费者心目中的知名度和美誉度。这种长时间的、潜移默化的灌输,使企业报刊成为传播企业品牌、建立与客户之间的信任关系的有效手段之一。

(3)协助企业进行危机公关

危机公关是企业针对危机事件而展开的一系列旨在减少损害程度,挽回影

① 参见高绿青:《市场:从内刊开始营销》,中华商界专家网,http://expert. 8bio. com/glq/200807/211091. html。

响,恢复形象的公共关系活动。① 开展危机公关涉及传播层面,就表现为企业需要"告知公众"和"引导舆论"。"告知公众"是指企业要向公众公布真相,避免谣言的产生;"引导舆论"是指把由危机事件引起的公众舆论往企业希望的方向上引导,求得理解和支持。在危机公关中,企业报刊作为企业媒体,可以凭借长期以来同公众建立的信任关系将事件真相、公司态度等传达给公众,还可以将内部稿件提供给具有相互转载的合作关系的新闻媒体,以争取媒体的支持。

总的来说,企业报刊可以作为一种常规的企业与公众沟通的渠道,企业可以通过报刊与公众保持长久的、持续的沟通。

3. 企业文化建设与传播层面的功能

(1)企业报刊作为企业文化的组成部分

在笔者看来,企业报刊是一种显性的企业文化,是企业文化的有机构成部分。E. 霍尔(Edward Hall)认为文化存在于公开的文化和隐蔽的文化两个层次中。前者可见并能描述,后者不可见甚至连受过专门训练的观察者都难以察知。② 从这一角度可以将企业文化分为显性企业文化和隐性企业文化。那些被企业公开宣传和倡导的、外部人能够直接感知的、现象上的和形式上的企业文化层面属于显性文化;而那些由公司员工心理体验得到而外部人不能够感知的、甚至员工也很难直接感知的、本质上的和内容上的文化层面属于隐性文化。③ 从形式上来说,企业报刊如同企业的标志、员工服装、标语口号、规章制度、文体活动一样,属于企业文化中能够被外部人所感知的文化,是一种显性文化;从内容上来说,企业报刊反映了包括公司领导和员工的世界观、人生观、价值观、工作观、企业领导的经营哲学、管理理念、思维方式、群体意识、个体意识、内心信仰和道德伦理精神等非语言化、非物质化的隐性文化,体现着企业的隐性文化。

企业报刊作为显性文化的一种,不仅使企业文化能以更直观的形式被人们

① 孙彦:《危机公共关系管理策略分析》,《辽宁师专学报》(社会科学版)2008 年第 3 期。

② 参见 E. 霍尔(Edward Hall)著:《无声的语言》,刘建荣译,上海人民出版社 1991 年版,第 79 页。

③ 参见刘志迎:《企业文化通论》,合肥工业大学出版社 2004 年版,第 95 页。

感知，还可以对隐性文化的形成起到潜移默化的促进作用。如中国平安保险股份有限公司于2004年正式推出的《中国平安》报，就很好地对平安集团的隐性企业文化起到了观照和助推的作用。平安集团将核心价值观融入每天的晨会，还通过司歌、训导等仪式来塑造公司的企业文化，《中国平安》报则通过选择典型的案例报道来提倡与鼓励相应的行为方式。如一位平安集团的业务员独自坐船出差，早上上班时间一到，他自己一个人站在船头一丝不苟的进行公司晨会——唱司歌，背训导。《中国平安》报把这样的典型事件发掘出来，写了一篇《一个人的晨会》。文章见报后，案例被整个系统反复讲述、不断传播，故事性的表达了平安"倡导什么、反对什么"，使平安的价值理念更深入员工的意识中。从这个意义上来讲，平安报也可以和司歌、训导一起成为企业文化的组成部分。

值得注意的是，有的企业在不清楚企业文化的内涵和对自身的企业文化特质没有正确判断的情况下盲目办刊，认为有了自己的报刊就提升了自己的文化气质，就是有文化的企业，实则不然。办不办报刊，报刊办的质量高不高，这都不是评判一个企业文化根基深厚与否的决定因素。企业只有充分发掘其文化本质，才能在此基础上确立适合自身文化特征的办刊策略。

(2)企业报刊作为企业文化的构建者

模范(英雄)人物在企业文化的构建和传播中发挥着重要作用。美国哈佛大学特雷斯·迪尔和阿伦·肯尼迪在《企业文化——现代企业的精神支柱》一书中指出："公司文化由价值观、神话、英雄和象征凝聚而成，这些价值观、神话、英雄和象征对公司的员工有重大的意义。"①他特别指出，没有英雄人物的企业文化是不完备的文化，是难以传播和传递的文化。从这个角度看，模范人物在企业中发挥着榜样的作用，其价值观和思维方式是企业价值观的人格化和形象化，对企业员工起着示范效应。模范人物不是横空出世的，需要企业去发掘、塑造并传播，在实践中，企业报刊往往为模范人物的创造和传播提供了平台。企业报刊是企业自办媒体，以企业生产、经营及员工生活为主要的选材范围，面对的受众

① 特雷斯·E.迪尔，阿伦·A.肯尼迪：《企业文化——现代企业的精神支柱》，上海科技文献出版社1989年版，第16页。

主要是企业内部员工、客户以及其他利益相关者,这为企业的模范人物的塑造和传播提供了渠道上的便利性与传播对象的贴近性。值得注意的是,通过企业报刊进行模范塑造,应把握好度,对企业先进人物的报道应以客观事实为依据,对事不对人,在表彰个人的同时更应突出文化和团队的力量,这有利于使模范人物更贴近群众,成为企业文化最生动的人格化表征。

如深圳万科企业股份有限公司前董事长兼总经理王石,在短短的十几年间,将万科从一个名不见经传的地产业新秀发展成为中国首家销售额突破两百亿元的房地产企业,并牢牢占据了其住宅行业的龙头地位。王石本人也从幕后走向了台前,他有登山、滑翔、出书、言论等等足够成为民众、媒体谈论焦点的事件,他成为了行走在聚光灯下的企业明星,拥有足够多的粉丝。到底是王石成就了万科,还是万科成就了王石,这个问题恐怕难以找到统一的答案,但有一点毋庸置疑的是,王石身上散发出的敢想敢干的探险家精神和勤于思考的儒商气质,为万科公司的发展注入了不息的活力,使公司的管理散发出人性化的魅力。可以说,王石作为万科公司的创始人,营造并见证了万科企业文化的发展,他的个人魅力作为万科企业文化的人格化表征,生动地反映在万科公司的经营理念、发展战略、员工制度等方方面面。英雄的形象需要被塑造和传播,万科公司早在成立之初的 1992 年便创办了《万科》周刊,担负起了企业领袖人物的形象塑造和宣传任务。

《万科》周刊主编韦先生曾对笔者谈到:前几年的《万科》周刊,每一期都可以看到企业领导人的思想表达和情感流露。周刊编辑部经常把企业领导人的一些有新闻点的事件如登山、出书、言论作为周刊的重点报道题材;企业高层也喜欢与周刊互动,经常向编辑部投稿。当时王石董事长就经常在周刊上发表一些对社会的、行业的热点话题的思考,还包括他的边疆考察散文和登山随笔等等,还在《万科》周刊论坛上专门开辟了"王石 online"板块,作为他和员工、业主和网民交流的平台。曾任万科公司总经理的姚牧民先生也曾在周刊中办了一个"姚氏人语"专栏,每期都对社会和行业的热点话题发表自己的言论。可见,在万科企业文化的塑造和传播中,《万科》周刊起到了积极的作用,它通过刊登王石等"企业英雄人物"的相关文章,沉淀出万科文化自由开放、人文关怀、理想主义、浪漫激情的特征并加以发扬。

(3)企业报刊作为企业文化的传承者

传承社会文化就是将信息、价值观和规范一代一代地在社会成员中传递下去。通过这种方式,媒介对文化的传承使社会在扩展共同经验的基础上更加紧密地凝聚起来。媒介通过提供给个人一个使其认同的社会,而减少了对社会的疏离感和漂泊不定的感觉。① 企业报刊作为企业文化的传承者,最突出的表现就在于它是一种连续性出版物,每一期报刊都记载着企业发展的点滴,回顾企业报刊,就如同看到了企业发展的编年史,企业发展的阶段、历程都可以在企业报刊中找到缩影。企业也可以将企业报刊作为企业文化的载体,通过企业报刊将企业文化灌输给受众,起到传播和传承企业文化的目的。

综上所述,企业报刊作为一种组织传媒,在组织内传播层面具有协助企业运营管理的作用;在组织外传播层面具有协助企业开展公共关系的作用;在组织内外传播的过程中贯穿着构建和传播企业文化的作用。

三、深圳企业报刊的产生、发展与特点

1. 深圳企业报刊产生的背景

深圳企业报刊的发展于20世纪80年代起步,于20世纪90年代起飞,并且将这一良好的发展势头保持至今,这与当代中国的现实状况有着紧密联系。

党的十一届三中全会之后,我国的现代化建设进入了一个崭新的历史时期。改革开放、除旧布新,战略选择、策略确定,一举一动既是突破,又有风险,“摸着石头过河”这句话形象地反映了我们正在经历的这一前无古人的艰难探索、开拓进取的过程。不言而喻,在中国这样一个拥有十多亿人口的大国,这种社会大变革急需一个稳定的政治环境和良好的社会文化环境为前提,而这种社会文化必须是顺应历史潮流、反映时代精神、代表未来发展方向、推动社会进步的文化。良好的社会文化环境是一个建构的过程,文化建设在改革开放之初便被纳入我

① 参见沃纳赛佛林(Werner J. Seern)、小詹姆斯·坦卡德(James W. Tankard, Jr.)著:《传播理论:起源、方法与应用》,郭镇之等译,华夏出版社2000年版,第349页。

国建设有中国特色的社会主义的发展蓝图之中。

党的十六大报告把文化建设看做全面建设小康社会的一个重要方面，指出"全面建设小康社会，必须大力发展社会主义文化，建设社会主义精神文明。当今世界，文化与经济和政治相互交融，在综合国力竞争中的地位和作用越来越突出。文化的力量，深深熔铸在民族的生命力、创造力和凝聚力之中。全党同志要深刻认识文化建设的战略意义，推动社会主义文化的繁荣发展。"①在谈到如何发展先进文化，坚持先进文化的前进方向时，党的十六大报告指出："在当代中国，发展先进文化，就是发展面向现代化、面向世界、面向未来的，民族的科学的大众的社会主义文化，以不断丰富人们的精神世界，增强人们的精神力量。"②在社会主义文化建设中，企业文化建设是应有的题中之义，因此，企业不仅是社会主义经济的支柱，而且还是社会主义文化发展的重要载体和主要动力。深入领会十六大精神，我们可以发现党的十六大不但赋予了作为社会主义市场经济主体的每一个企业为我国全面建设小康社会作出自己应有的贡献的使命，而且赋予了作为建设有中国特色社会主义先进文化的重要组成部分的使命，这大大增强了企业家和工人主人翁的使命感与责任感。坚持先进文化的前进方向，必须大力建设和发展先进的企业文化，增强社会主义企业精神，用先进的企业文化引导企业的经济活动，实现企业经济效益和社会效益的提高。在有中国特色的社会主义先进文化建设中，明确和强调企业文化建设的重要战略地位，是企业报刊产生的战略背景。

改革开放使我国进入了由计划经济向市场经济的转型阶段，我国企业也在经历着竞争环境的变化，由以生产力、行销力导向为基准的传统竞争方式向以形象力、企业整合力导向为基准的创新竞争方式转化。在这个过程中企业逐步意识到企业文化在塑造企业形象方面的重要作用，并且发现企业文化也可以成为企业新的竞争力。

---

① 江泽民：《全国建设小康社会，开创中国特色社会主义新局面》，《中国共产党第十六次全国代表大会文件汇编》，人民出版社 2002 年版，第 37 页。

② 同上。

通过对实践经验的不断总结，国内企业逐步认识到，企业要融入国际市场，与国际化经营接轨，关键的一点是要解决好企业文化差异方面的问题。只有在学习西方企业先进管理经验的同时，着力培育具有中国特色的先进企业文化，养成良好的文化习惯，提升企业自身的综合竞争力，才能有效地与西方企业，特别是大型跨国公司进行文化交流，推动国际合作，促进企业持续发展。企业竞争环境的变化导致了企业文化意识的觉醒，这是企业报刊产生的现实背景。

2. 深圳企业报刊发展的基本现状

概括地说，深圳市企业报刊的情况是：数量大、种类多、主办单位性质多元化、涉及面宽。根据深圳市出版业协会企业报刊专业委员会提供的数据，深圳市已有100多家企业在省新闻出版局登记注册，取得了准印证并能够定期出版企业报刊（有些未注册的企业内部资料无法统计）；深圳市企业报刊行业年投入近8000万元，其中年投入100万元以上的企业近20家，企业报刊的月发行总量近200万册，每年合计产生文字1亿多字，有近500人从事着企业报刊行业的工作。

（1）按主办企业的性质来划分的企业报刊构成

目前在深圳市新闻出版管理部门登记的由国有企业主办的企业报刊有76种，由民营企业主办的企业报刊有54种，由外资、合资企业主办的企业报刊有18种。

由国有企业主办的企业报刊约占全市企业报刊总数的1/2。这一方面是由于国有企业能为企业报刊提供有力的财政支持，另一方面是由于国企有使本行业、本系统的政策传达畅通无阻，便于宣传教育、宣传企业文化及时，掌握行业动态的现实需要。国有企业主办的较有影响力的企业报刊有深圳鹏基（集团）有限公司主办的《鹏基》、金地集团主办的《金地》、中国宝安集团股份有限公司主办的《宝安风》、深圳金威啤酒有限公司主办的《金威啤酒》、中国电信深圳分公司主办的《深圳电信》、中国邮政深圳分公司主办的《深圳邮政》、深圳市地铁集团有限公司主办的《深圳地铁》、中国国际海运集装箱（集团）股份有限公司主办的《中集》、深圳赛格集团有限公司主办的《赛格》、深圳蛇口工业区主办的《蛇口工人》等等。

由民营企业主办的企业报刊占深圳市企业报刊总数的 1/3，也成为深圳企业报刊界的主力军之一。民营企业主办的企业报刊从功能上来说更加多样化，除了企业内部沟通、企业文化传播之外，有些企业报刊还具备客户关系管理、辅助营销等功能。如深圳市赢家服饰有限公司主办的《花样盛年》、鸿荣源集团主办的《鸿客会》就以客户为主要受众，以加强与客户联系和辅助营销为主要功能。其他较有影响力的企业报刊有万科地产集团主办的《万科》周刊、华安财产保险股份有限公司主办的《华安保险》、深圳古玩城主办的《古玩城》、深圳市鸿基股份有限公司主办的《鸿基人》、深圳面点王饮食连锁有限公司主办的《面点王之歌》等等。

由外资、合资企业主办的企业报刊主要以刊登企业内部信息为主。虽然占全市企业报刊总数的比重较小，但不可否认的是这些企业报刊在外资、合资企业中同样起到了传播企业文化、公司内部上下沟通、加强与客户联系的重要作用。其中制作质量较高的刊物有艾美特电器（深圳）有限公司主办的《艾美特之友》、富士康科技集团主办的《鸿桥》、康佳集团股份有限公司主办的《康佳》、盐田国际集装箱码头有限公司主办的《盐田国际》等等。

（2）按行政区域来划分的企业报刊构成

罗湖区有 33 种，福田区有 59 种，南山区有 35 种，盐田区有 3 种，宝安区有 13 种，龙岗区有 5 种。从数量上看，罗湖区、福田区、南山区企业主办的企业报刊是全市企业报刊的主要构成部分，约占 86%；从出版质量上看，这三大部分的企业报刊也是办刊水平较高、印刷质量较好、影响范围较广、出版秩序较好的一部分。办刊数量多，质量高，这与罗湖、福田区是商业中心，南山区是科技中心的定位，三区的经济发展水平高，以及三区企业的信息流动及需求量大是密不可分的。

（3）按行业来划分的企业报刊构成

深圳企业报刊成员单位涉及医疗卫生、制造业、零售业、金融证券业、房地产业、文化教育业、餐饮娱乐业、电子电器业、邮电能源业、建筑建材业、物流业等多个行业，其中拥有企业报刊最多的行业分别是：电子电器业有 25 种刊物，如《中兴通讯》、《康佳通讯》、《京华人》、《华为人》等；房地产业有 35 种刊物，如《万科》周刊、《宝安风》、《佳族会》、《华侨城》、《金地》等；金融证券业有15种刊物，如《招商证券》、《联证研究》、《平安保险》、《招银文化》等；物流业有12种报刊，如《鹏城空港》、《中集》、《赤湾》、《盐田国际》、《运发通讯》等；大型综合性企业有18种报刊，如《特发》、《赛格》、《京基》、《天安》、《东部信息》等。企业报刊在以上五类企业中最为集中，这与深圳市将高新技术产业、金融业和物流业确立为三大支柱产业的产业结构状况是相一致的。

（4）按内容设置来划分的企业报刊构成

深圳市企业报刊的内容一般是由企业内部议题、行业内议题、社会议题和文化类文章构成的。其中，内部导向的报刊（内容以企业动态、员工生活等内部信息为主）共94种，占全市企业报刊总数的63.5%；外部导向的报刊（内容以企业以外的，包括行业、社会的信息为主）共28种，占总数的19%，内外兼顾的报刊（企业内部信息和外部信息的比重相近）共26种，占总数的17.5%。企业内刊的内容设置体现在对各个议题的关注程度以及报道篇幅上，不仅能反映出该企业报刊的受众范围，也能反映企业赋予该报刊的使命和功能。

通过对深圳企业报刊的初步调查发现，内部导向的报刊受众范围往往限定在企业内部员工和本行业的相关单位之中，并以企业内部员工为主要传播对象，这类刊物往往承载着企业内部交流沟通、建设和传播企业文化、记载企业发展历程等任务，如《深圳电信》、《深科技》、《世房物业》、《东部物业》等；外部导向的报刊不再以企业内部员工为主要受众，而是以企业的目标客户和消费者为主要传播对象，这类报刊往往承载着沟通消费者和客户、辅助营销、传播企业文化等任务，如《万科》周刊、《鸿客会》、《中银理财》、《深振业》等；内外兼顾的报刊既包括企业生产生活中的议题，又有社会和行业内关注的议题，且两者在报刊中的比重相若。这类报刊将内部员工、目标客户、消费者以及社会其他相关单位都作为目标受众，赋予报刊的功能也更多元化——对内是企业内部交流沟通、建设企业文化、记载企业发展历程，对外是沟通消费者和客户、传播企业文化，如《创维视窗》、《华安保险》、《爱默生网络能源技术》、《深圳邮政》等。

（5）深圳市企业报刊的电子化进展

调查发现，企业报刊的电子化主要表现为企业在其官方网站设立专区，将纸质报刊的内容以网页或电子刊物的形式在专区内展现，无论是谁，只要点击该专区，就可以浏览到企业报刊的详细内容。在企业报刊拥有网络版的数量方面，有网络版的企业报刊共 60 种，占深圳市企业报刊种类总数的 40%，没有网络版的企业报刊共 88 种，占总数的 60%。从该调查数据看来，深圳市企业从整体上来说还没有充分意识到运用整合媒体对辅助实现企业效益的重要性，深圳市企业报刊的数字化还有很大的提升空间。

3. 深圳市企业报刊的发展历程

深圳企业报刊是伴随深圳市现代企业制度的建立而逐步兴起来的。因为其所依托的企业主体从一开始就与传统的企业有着本质的差异，所以在企业报刊的模式选择、认识导向上也与传统的企业报刊有着明显的区别。经过十几年的发展，深圳企业报刊不论在数量、质量及规模上都具备一定的基础，大概可以分为三个阶段。

第一阶段为 20 世纪 80 年代中期至 90 年代前，属于企业报刊的产生和起步阶段。1984 年 12 月蛇口工业区主办的《蛇口通讯报》的创办，开启了深圳企业报刊的先河。《蛇口通讯报》以蛇口工业区和所在社区为主要报道内容，其宗旨是立足蛇口，辐射内外，沟通沿海，面向海外，宣传改革，反映蛇口的改革经验。1989 年 8 月停刊。这一时期处于有计划的商品经济时期，深圳企业也处于积累资金和初始创业时期，所以办报办刊的数量较少，仍处于内部信息参考的形式。受编印人员的素质和企业投入的限制，这些初具报刊形式的企业报刊质量较粗糙，对其定位、作用的认识仍处于初步摸索阶段。

第二阶段从 1990 年至 1995 年为企业报刊初步发展形成规模阶段。随着现代企业制度的建立，面对日趋激烈的市场竞争，深圳企业在加紧转制的同时，也越来越重视文化力在市场竞争中的重要作用，把兴办企业报刊作为提高企业竞争力的重要手段。截至 1995 年，全市经新闻出版管理部门登记的企业报刊已达 40 家，其中较有影响力的是蛇口招商局的《蛇口消息报》、万科公司的《万科》周刊、宝安集团的《宝安风》、三九集团的《999 周报》、石化集团公司的《深圳石化报》、华强公司的《华强报》、康佳公司的《康佳报》、南油公司的《深圳南油报》、长城计算机公司的《长城》、赛格公司的《赛格》等。这一时期企业报刊的质量有了明显提高，对企业报刊的认识和定位逐步明确，企业开始把企业报刊作为企业发展资源的一部分而加以重视，在企业报刊的投入、人员的配置、质量的要求方面都比较重视。1994 年，还成立了全市性的企业报刊界的社团组织——深圳市企业报刊协会。

第三阶段从 1996 年至 21 世纪初期，为深圳企业报刊的繁荣阶段。2009 年，全市已注册登记的能保证连续出刊的定期编辑的企业报刊已超过 100 家，企业报刊的数量规模、资金投入、内容质量、从业人员结构及办刊水平方面，都较前一时期有明显的变化，涌现出一批质量较好的、在全国企业界有一定影响的品牌报刊。如企业报型出版物中有《平安保险》、《三九集团蓝讯》、《盐田港消息》、《深圳中航》、《华侨城》、《康佳通讯》、《华为人》、《中兴通讯》、《鸿基人》等；企业刊型出版物中有《宝安风》、《万科》、《金地》、《平安行销》、《深圳能源》、《华为技术》、《中兴通讯技术》、《天地》、《华安》、《天安》、《鹏基通讯》等。

4. 深圳企业报刊迅速发展的原因

(1)深圳改革开放先行区的环境营造

深圳作为改革开放的“试验田”，在体制机制和发展模式上勇敢突破传统计划经济体制的束缚，敢闯敢试，以市场化为取向，率先在深化改革、扩大开放、体制创新、产业升级、结构调整等众多领域、众多方面进行了一系列的探索。其中深圳市政府在对自我角色的认知方面也发生了一系列的转变，从“全能政府”向“有限政府”转变，从管制型政府向服务型政府转变，从权力型政府向责任型政府转变，使政府成为促进市场发育的推动者、良好经济环境的创造者和人民利益的维护者。在这种执政观念的指导下，深圳市政府大力推动新闻出版事业的发展，主要表现为新闻出版部门勇于解放思想，在信息管理体制、舆论控制方面大胆创新，提出了“先行先试”的管理理念，为深圳提供了宽松的新闻舆论环境。在这种相对宽松的新闻出版管理体制下，深圳市政府对企业报刊的管理也不像内地那样以压缩、限制为指导思想，而是以扶持和引导作为主要的管理方式，这为深圳企业报刊的发展提供了相对宽松的空间和有利的政策支持。

(2)宽容多元的文化氛围

深圳作为改革开放的“窗口”，加之交通便利的地理位置，使得它成为东西文化、主流文化与亚文化、传统文化与新兴文化交融的场所，多元文化的碰撞与交融给予深圳企业解放思想、勇于尝试新的经营管理模式的动力。在深圳市政府的大力扶持下，企业大胆实行"引进来、走出去"，充分借鉴和吸收国外企业先进的经营管理模式，形成了一套适合我国经济发展特征的企业经营管理模式，其中突出强调了企业文化建设在企业发展战略中的重要作用，使"企业发展初级阶段'做产品'，中级阶段'做品牌'，高级阶段'做文化'"这一企业发展思路被广大企业所接受，促使了企业报刊的产生和发展。也正是在这多元的文化氛围的影响下，企业报刊试探性地进行了效能创新，其功能不再拘泥于原来的情报搜集、信息整理，而是在此基础上进行拓展，使企业报刊成为集企业文化建设、企业内外沟通、辅助营销等多种功能为一体的企业媒体，其对于企业的重要性也由于功能的多样化而得到提升。

(3)企业提升软实力的现实需要和驱动

当代企业发展现状表明，企业之间的竞争已经从企业硬实力的竞争转变到包括企业软硬实力的综合实力的竞争。企业要实现可持续发展，不仅要增强企业的硬实力，还要大力强化软实力。

"软实力"(softpower)的概念最早由美国学者约瑟夫·奈于 20 世纪 90 年代提出，他从国际政治的角度把国际政治力量分为"硬实力"和"软实力"。所谓"硬实力"指的是军事、经济等物质性力量；"软实力"指的是意识形态、文化和道德诉求之类的精神力量，它是依靠某种思想、文化的吸引力以及根据特定的价值标准和政治制度来设置别人的议程的能力。中国共产党第十七次代表大会报告首次把"软实力"写入报告中并给予充分肯定，提出"要坚持社会主义先进文化前进方向，兴起社会主义文化建设新高潮，激发全民族文化创造活力，提高文化软实力，使人民基本文化权益得到更好保障，使社会文化生活更加丰富多彩，使人民精神风貌更加昂扬向上"。① 因此，提高文化软实力已成为兴起社会主义文化建设新高潮的重要内容和题中之义。

---

① 参见陈昌华：《企业报刊也要"与时俱进"》，《中国企业报刊大全》，企业管理出版社 2002 年版，第 1 页。

从广义上来说,“软实力”现象不但存在于国际关系领域,而且存在于所有与国际关系相类似的处于竞争关系的领域中,其中特别明显的就是企业竞争领域。可以说,企业软实力是一个企业通过直接诉诸心灵的方式,动员和发挥心智能量的作用来达到企业的社会和经济目标的能力。换句话说,就是要依靠对内激励职工的士气,整合职工的力量,发挥职工的聪明才智,对外吸引人才、资金和技术(包括工业技术和管理、组织技术),以实现企业经济发展目的的能力。具体来说,企业软实力主要包括以下几个方面的内容:一是企业的观念和精神,即企业作为社会组织从事服务和生产体现的价值观、伦理观;二是企业的品牌,表现为消费者对企业产品和服务的认同程度、忠诚度以及美誉度;三是企业的整体形象,即企业作为一个整体在社会表现出来的美誉度,如社会责任感、民族意识等;四是企业的创新能力,即企业本身在创新推出新的服务和产品时所体现出来的一种原创能力,既是一种主动适应变化的能力,同时也是推动变化更新的能力;五是企业制度,即企业科学的制度体系能够有效地提高员工的执行力和自觉性,从而增强企业的绩效管理,达到优化质量、强化外在形象的效果;六是企业的公共关系,即企业处理与社会其他组织的协调效率;七是企业的传播,可表现为企业通过设立一定的文化载体传播企业的理念,助力企业的服务产品推广和企业形象的传播。

企业的文化软实力属于企业软实力的重要组成部分,从上述企业软实力的七大内涵来讲,几乎都涉及文化的内容,也可以说企业的文化软实力已经渗透企业组织的各个细胞之中,成为企业的血脉。因此,建设企业文化,提升企业文化软实力是提升企业软实力的有效手段。企业报刊是企业文化的载体,在建构企业文化的同时也在传播企业文化,它在企业文化建设中的重要作用是无须更多证明的,这就意味着它对提升企业文化软实力乃至提升企业综合实力都具有积极的作用,因此办企业报刊是企业增强竞争力的现实需要。

5. 深圳企业报刊发展的主要特点

深圳是一个年轻的城市,这决定了深圳企业组织的“新”,而企业组织的新推动了深圳企业报刊的“新”。相比于国内其他城市而言,深圳的企业报刊是后起之秀,兴办时间较短,也缺乏优裕的文化环境和传媒资源。但是,深圳以其企业报刊生存发展的优越的企业背景资源，发挥文化创新精神，结合现代企业发展的建立与推行，创造出了与其他城市不同的特色，在企业报刊与企业文化建设上起了另一个“示范”和“辐射”作用。深圳企业报刊的发展呈现出以下几个特点：

第一，起步晚、发展快、质量高。深圳企业报刊发展历史不过 30 多年时间，但走过初创期后，凭借良好的生长空间和环境，在数量上已突破和超越某些省市的规模，达到 200 余家；在办刊质量、印刷质量及装饰设计等方面处于国内领先水平。2000 年在全国企业联合会主办的全国企业报刊评选中，深圳参评的《天地》、《金地》、《深圳能源》、《中兴通讯》等报刊在 1000 多家参评报刊中获一等奖，《鸿基人》获特等奖。《平安保险》在每年一度的全国企业报刊评选中囊括所有单项大奖，《鹏基通讯》获广东省企业文化一等奖。

第二，实现了企业报刊的效能创新。深圳市企业报刊较少受传统计划经济时代企业办刊模式的制约，在办报办刊模式上实现了效能创新。企业报刊的主要功能和作用已不仅仅限于简单的单向宣传，而是着眼于“为企业服务、为员工服务”，增强企业的凝聚力、亲和力，促进企业形象的提升，品牌的扩张。平安保险公司就明确提出：宣传是生产力，而且是一种非常重要的生产力。把宣传工作做好，完全可以促进经营、促进发展、促进管理、促进效益。认为一方面通过宣传工作，可以把公司的价值观、经营理念及各项方针和政策贯彻落实，同时又可以把基层的信息及时反馈，形成上下交流和沟通；另一方面通过宣传工作者的努力，让社会对公司的认识不断加深，使公司的品牌形象不断改善，使公司的知名度不断提高，使客户对公司更加充满信心，从而直接或间接地产生效益。事实上，平安保险公司的认识代表着深圳市所有创办企业报刊的企业的共同认识。

第三，比较重视企业报刊的投入和产出效益。深圳企业在重视和认识企业报刊作为文化生产力的基础上，非常重视对企业传播媒介的投入，有的直接作为投资成本，有的已演变成企业无形资产，有的甚至直接产生经济效益。统计调查表明：深圳对企业报刊投入较大的企业有平安保险公司、蛇口工业区、万科股份公司、华为公司、中兴通讯公司、宝安集团股份公司等，每年投入在 200 万元以上。平安保险品牌宣传部负责编印《平安》月刊、《平安保险》报（客户服务）、《平安行销》等企业报刊，每年投入在 300 万元以上，其中《平安保险》（客户服务)能实现直接经济效益,目前发行量超过100万份,全部由业务员购买负责赠送客户。

第四,形成了多种经济成分并存,各具特色的企业报刊群体。现有登记出版的企业报刊中,基本形成了以集团公司、股份公司为龙头,以民营企业、港资、台资及外商企业等各种企业为主体的独具个性的系列企业报刊。如民营企业中发展新技术产业的《华为人》报,台资企业富士康企业集团主办的《鸿桥》、艾美特公司的《艾美特之友》(原《威昂风》)、南太公司的《南太人》等。这些企业报刊特色鲜明,从中折射的企业文化也使深圳企业文化在社会文化中占据了重要的地位。

第五,形成了一批素质高,具有现代文化意识的编辑从业人员队伍。在企业从事企业文化的,虽说没有与公开的传媒一样的名分,在企业内部也不从事直接与生产经营业务相关的技术工作,乃至被称之为"边缘人"群体。但从整体上看,深圳企业报刊的发展积累和吸引了一批专业人才队伍。全市100余家企业报刊直接或间接从事该项工作的人员将近300人,其中不乏经验丰富、素质较高的新闻出版工作者,有些是大学新闻系本科、研究生毕业,占全市报刊从业人员的1/10。这些从业人员无疑为深圳的"藏才于民"起了积极的推动作用,同时也为深圳企业报刊在全国的凸显作出了积极的贡献。

6. 深圳企业报刊在全国企业报刊中的领先和示范地位

深圳企业报刊是伴随深圳市现代企业的建立而逐步兴起的,自产生至今不到30年时间。与国内其他城市相比而言,深圳企业报刊在全国企业报刊界属于后起之秀。兴办时间短,缺乏优越的文化环境和传媒资源,成为深圳企业报刊发展之初不得不面对的困境,但深圳企业报刊以其优秀的企业为依托,充分发挥文化创新精神,在二十余年的发展中一直坚持内容创新和效能创新,在形成自身特色的同时在全国企业报刊界的影响也不断扩大,大有成为全国企业报刊界的领头羊之势。其在全国企业报刊中的示范地位,通过以下几个方面体现:

(1)办刊理念的前瞻性和多样性

深圳企业报刊依托的主体是一批现代化企业,与传统企业在经济结构和发展战略等方面有着本质的差异,所以深圳企业报刊在功能定位、传播模式等办刊思路上也与传统的企业报刊有着明显的区别。其主要表现为：

第一，突破了国内其他城市的企业报刊主要以企业内部信息为内容，以内部沟通为功能的办刊理念。深圳企业报刊强调“外向性”，以企业文化建设为主要功能。如《万科》周刊就是国内较早的敢于突破传统企业报刊定位的新型企业报刊之一，它提出“人文视角，企业情怀”的办刊理念，率先将“企业文化建设”引入企业报刊的功能范畴，并一反当时盛行的将企业报刊作为思想宣传和信息交流工具的办刊思路，站在中国企业的角度看待经济、企业方面的问题。这样前卫的办刊理念对后来的一批企业报刊产生了深远的影响。为增加可读性，一些企业报刊的内容不再局限于领导讲话和公司动态，而是不同程度的提高了行业、社会信息的比重，越来越注重用企业的视角关注外界的问题，这使得企业报刊的内容体现出百花齐放的多样性，其文化性也随之提升了。深圳企业报刊对产品信息、品牌等宣传工作的重视为企业报刊今后发展指出了新的方向。

第二，灵活运用企业报刊，赋予其多样化的功能，使其为企业的发展服务。深圳企业报刊在传播产品、服务和品牌信息等方面进行了大胆的尝试，并取得了较为显著的效果。如《华为人》报每期出报六万多份，大部分免费赠阅给华为产品的用户，用户从报纸上了解公司的业务状况、发展情况，逐步树立和巩固使用华为产品的信心。《鸿客会》作为鸿荣源房地产开发有限公司的客户俱乐部会刊，在向会员传递鸿荣源地产的最新信息、传播居住文化的同时，展示业主和会员的丰富多彩的生活，倡导优越的生活方式，以独特的文化视角对读者进行人文关怀，成为鸿荣源地产对外展示企业形象的重要平台。

(2)制作精良，可读性强

深圳企业报刊在印刷、装帧方面质量普遍较高，部分企业甚至聘请专业设计公司对报刊的外观进行设计，力求艺术性和企业精神的融合，有些企业报刊的制作水平已经达到甚至超越了公开刊物的制作水平。深圳企业报刊的内容编排也较为丰富，从企业人写自己到企业人观察经济、观察社会，再到社会人写企业，力求观点独到、个性鲜明、视角清新、好看耐看。文章的形式也不一而足，从新闻、通讯到企业与文化并重的财经评论、案例分析、散文随笔、商界访谈等等。多样化的、有一定深度的文章有助于提高读者的阅读兴趣，从而帮助企业报刊实现展示企业文化、对外宣传和对内交流的功能。一些优秀企业报刊登载的部分文章,如《华为人》刊登的《华为的冬天》、《北国之春》、《我的父亲母亲》等先后被公共报刊转载,其中《华为的冬天》由于具备对市场的敏感性、前瞻性以及专业性,甚至在业内成为重要的参考文献。

(3)有高水平的制作人员

深圳企业报刊界拥有一批高素质的从业人员,他们都具有大专以上学历,少数人员甚至具有硕士学位,平均年龄在30岁左右。深圳过半数企业都设有企业报刊编辑部或者编委会,一些企业报刊编辑部最多的配置十几号人,一些企业还有非常专业化的采编制度。制作人员的专业化和编辑部功能的齐全化是深圳企业报刊领跑于全国企业报刊的重要因素。

(4)深圳是全国企业报刊界活动的中心

在深圳市委、市政府的关怀下,深圳早在1994年就成立了深圳市企业报刊专业委员会。深圳市企业报刊专业委员会隶属于深圳市文化局,对全市的企业报刊实行会员注册制度,负责深圳企业报刊的组织协调工作,每年都举行大量的关于全市、全省乃至全国性的企业报刊交流活动,使深圳成为全国企业报刊交流活动最密集的地区。深圳市政府对企业报刊的重视以及企业报刊委员会的积极运作举办的一系列活动,为深圳乃至全国企业报刊的发展作出了重要的贡献。

四、深圳企业报刊与深圳文化的构建

深圳企业报刊是在深圳特区具有其他城市不可比拟的改革开放先行先试条件和背景下成长起来的文化传播载体,虽然它不是大众传播媒体,但其本身所具有的文化特质与深圳建市30年来所形成的文化特色以及在国内城市文化中的地位和影响是密不可分的。深圳企业报刊既是深圳独特文化的表征之一,又是独特文化重要的传播载体,成为深圳文化发展的鲜活的文化样本。

1. 企业报刊传播与深圳文化特色

深圳文化是伴随着经济的快速起飞和现代化建设的迅速推进逐步形成的,这是一种在中国特色社会主义先进文化指导下,以市场经济为经济基础,以对外开放为现实背景,与深圳的工业化、现代化、城市化相适应的充满活力的城市文化，是一种正在焕发勃勃生机的朝阳文化。

深圳是因改革开放而成长的新兴城市，这座城市也有着一般城市没有的与城市俱来的发展特点：

一是移民城市。据统计，目前深圳户籍人口仅有 200 多万，而办理了居住证在深圳常住的人口已达 1060 万，也就是说生活在深圳市的总人口已达 1260 万人，而建市初期深圳市即宝安县人口只有 30 万人，因此现有人口中，98% 是来自全国各地的移民，移民程度之高，在全国首屈一指。占绝大多数的移民既包括了社会各个领域的精英，又包括从内地城市来的普通打工者，也包括了大量从内地乡镇来的农民工。来自不同区域的人们带来了他们各自的生活方式和文化风俗，使深圳成为各地移民共处、多种语言混杂、新风旧俗渗透碰撞的“熔炉”。这种以移民为主体的特殊人口结构，也使移民文化成为深圳文化的必然形态，这种形态最大的特点是具有极强的包容性。

二是创新城市。特区的设立本身就是一种制度创新，又因为特区被赋予改革开放的特殊政策，所以自特区创设之日起，创新就与深圳形成一种生死关系，创新成为特区的灵魂和生命线。特区成立初期，我们国家刚刚确立以经济建设为中心的基本国策，面对从计划经济转向商品经济、市场经济的雄关漫道，一切都是新的，需要从头开始，摸着石头过河，探索前进。创新成为摸着石头过河的最好的探索武器，由此深圳也根据国家确定的改革开放试验田的角色定位首先从经济体制改革、建立社会主义市场经济体制上率先探索创新，而后又从政府管理体制、社会管理体制上大胆创新，在微观层面就是大力促进企业的自主创新，引进国外的先进技术、管理理念，以市场为导向推动和扩大产品生产。由于深圳本身就是个新建的城市，大批来自内地的人才和建设者怀着梦想来到深圳，解除了原有的束缚，迸发了创新创业的激情和智慧。求新求变、求知求职成为促进城市创新氛围的原动力。

三是多元城市。深圳经济结构与内地相比有明显的差别，特区是以“三资”企业为主体，以国际市场为目标的市场经济的模式，流通交易主要是受国际市场供求关系和价值规律的调节。国有经济、中外合资经济、私营经济以及外商独资经济等多种成分并存。又因毗邻港澳，容易受到西方文化影响，加上移民所带来的本土文化的融合碰撞,形成兼容并包的城市多元文化格局。

四是大众城市。深圳不是政治中心,人们更多地关注世俗生活,加上它的文化与市场结合度又高,文化消费群体主要是几百万打工青年,这就使得深圳文化市场在品位上是以通俗性、娱乐性为特色,在文化结构上以大众文化为主体,严肃高雅文化、精英文化不发达。深圳文化的旨趣注重直观,讲求感性的娱乐,以获得人们心理上的平衡和放松,因为它较少承载学术的使命而较少诉诸理性和思辨。

五是时尚城市。深圳是一个年轻的城市,深圳市的市民主体是平均年龄不到30岁的青年人,这就决定了年轻的深圳市民现代意识较强,加之深圳的国际化程度较高,便于接触到世界各国新兴文化,这就决定了深圳城市的时尚、先锋特色。

城市发展深刻地影响着企业的发展,而企业报刊作为企业的文化载体,自然对企业所在的城市给予关注,所以实际上,企业报刊的特色风格受城市以及本身企业的影响,反映城市,传播城市,而企业报刊的传播又通过企业组织的经济行为和社会行为对城市以及城市的文化形成起到了不可忽视的推动作用。

从企业报刊本体来说,深圳企业报刊不断创新,尤其是理念、形式、内容、载体、品牌等方面的持续创新直接受之于主办单位,即企业的创新行为的推助,而企业的创新本身就是深圳整个城市创新的一部分,所以企业报刊对企业内部创新的宣传以及企业与社会关系的创新协调发展将对城市的整体创新、营造良好的创新氛围、形成充满活力的创新文化起到重要作用。从企业组织来说,企业报刊作为企业主办的创新文化产品,可以使企业员工、企业所在社区的公众以及企业的客户通过阅读企业报刊而体会到深圳的企业文化。由此,企业报刊、企业组织和企业社区等都成为深圳城市文化的传播者、认同者、实践者,从而共同推动深圳新兴文化特色的形成。

在反映深圳城市特点方面,企业报刊在内容的设置上强调立足于企业,多方面议题并存的方针。企业一般会根据读者的不同层次、类别在企业报刊中安排不同的内容,因此我们在深圳的企业报刊中常常可以看到,一本刊物里既包括如专业技术类的面向知识精英、行业精英的文章,也包括人文类的面向普通读者的文章,既有面向内部员工的关于企业动态类的文章,也有面向外部公众的讨论社会性话题类的文章。各种类型的内容在企业报刊中交融,形成了具有深圳文化特色的企业报刊。

如华侨城集团公司旗下编印的企业报刊,包括《华侨城》、《康佳通讯》、《华侨城地产》、《华侨城生活》等,在《华侨城宪章》出台后,这些报刊不遗余力地深入传播公司的制度化的企业管理纲领文件,尤其是把与深圳文化特色相一致的内容贯穿其中。如《华侨城宪章》中提出"致力于人们生活质量的改善、提升和创新,以及高品位生活氛围的营造,致力于将自身的发展融入中国现代化事业推进的历史过程中"。而《华侨城生活》推广的就是一个温馨的家。《华侨城宪章》还特别提出如何促进多元移民文化,"华侨城宪人来自五湖四海,既有中华民族优秀文化的渊源,又有国际化文化背景。在经济特区的环境里,在艰苦创业的实践中,孕育产生了充满创造力和活力的华侨城文化。开放意识,创新精神,包容心态,变革勇气,是华侨城之魂",倡导的是多元移民文化。

2. 企业报刊传播与城市人文精神

当今时代,城市和区域竞争不仅体现为物质财富和经济总量的竞争,更根本更深层的是体现在人文和精神层面的竞争,最终必然是以文化论输赢,以文明比高低,以精神定成败。我们讲"文化",重要的内容之一就是通过文化的浸润熏陶,将影响城市发展与市民素质的一些先进观念转化为社会和市民的群体意识、群体行为,内化为一个城市一个地区的人文"基因",即城市的人文精神。城市的人文精神是促进深圳城市发展、无形资源开发、增强城市核心竞争力、提升城市软实力的坚实基础和不竭源泉。在深圳文化发展中,城市人文精神的培育与建设成为30年来最重要的内容之一,由对城市的感性认知上升为一种精神文化层面的人文精神,进而形成为促进城市发展的特有文明模式,既是深圳对全国的贡献,也是对人类历史的推进。

加强城市人文精神建设,终极目标是发展社会主义和谐文化,也是为深圳提出的"和谐深圳、效益深圳"提供精神支持。返观深圳30年来城市人文精神的构建,首先是深圳的企业对深圳城市的人文精神的孕育起到了先行倡导的示范探索作用,而企业报刊则为城市的人文精神的建设提供了广阔的传播平台,同时又对城市的人文精神的诠释发挥了重要的推动作用。

应该说,深圳人文精神内涵的发展丰富有着一个较为长期的积累过程,开始是对某种观念的认同和传播,而后各种社会组织由实践得出的一些共性的价值观念逐步被纳入市民共同的城市人文精神内涵的范围之中,成为促进城市发展的共同价值观。由于深圳的企业是最早感知到改革开放的政策影响的,所以企业在市场经济的大潮中以引领观念的先锋者姿态为深圳城市人文精神内涵注入了鲜活的价值观念。得益于企业报刊在企业内部和企业外部的广泛宣传,那些从企业经营中生发出来的新的价值观念逐步传播开来,影响到社区、社会和整个城市。

深圳招商局蛇口工业区主办的《蛇口通讯报》在这方面起了重要的传播作用。招商局蛇口工业区是招商局集团在深圳特区创办的中国第一个对外开放的工业园区,招商局和招商局文化对中国以及深圳特区的影响,正如招商局总裁傅育宁先生在《招商局与深圳》一书的“序言”中所写:“深圳特区在全国率先改革开放、探索中国现代化建设的道路,有不少振聋发聩的事件和可歌可泣的篇章,肇始于蛇口。蛇口之于深圳,确切说是招商局之于深圳,正如邹容之于辛亥革命,乃是‘革命军中马前卒’。”在招商局和其文化对深圳影响最大的不仅仅在于其经济的贡献力,还在于其价值观念的影响力、辐射力。

在招商局价值观念的建立过程中,最有代表性的、引起轰动效应的口号是时任招商局主要负责人的袁庚提出的“时间就是金钱,效率就是生命”,他命人把这个口号的标语牌树立在工业区太子路醒目的位置上,目的是通过这种方式让工业区的人们树立一种新的价值取向。这个口号打出来后立即在工业区内外掀起轩然大波,引来各种诘难,后来在邓小平的支持和肯定下,“时间就是金钱,效率就是生命”最终得到广泛认同和传播,逐步成为全国各地学习“蛇口模式”的重要内容。1984 年庆祝新中国成立 35 周年华诞之际,蛇口工业区的游行彩车闪亮地打出了“时间就是金钱,效率就是生命”标语,全国人民通过电视发现一种新的作风、新的观念、新的思想已在中国南方的深圳特区正式出现。这口号树起了一座丰碑,矗立起了一个时代的文化坐标。当时的深圳市委、市政府主要领导李灏这样评价这个口号对深圳人的影响:“袁庚提出‘时间就是金钱,效率就是生命’的口号时，陈旧的计划经济观念还牢牢地占据着人们的头脑。这个口号的提出在当时的确需要勇气和胆识。它不仅打破了人们谈钱色变的传统观念，更带给人们符合市场经济规律的效率观、价值观。”招商局在蛇口还提出“空谈误国，实干兴邦”、“社会呼唤正义，人类需要良知”等口号。国务院总理温家宝在庆祝深圳特区成立 25 周年大会上讲话中特别强调由蛇口工业区等企业在创新观念，带动整个城市观念更新的贡献，指出：深圳经济特区在发展中培育出敢想、敢干、敢闯、敢试、敢为人先的创新精神，催生出“时间就是金钱，效率就是生命”、“追求卓越，崇尚成功”等一系列新理念，创造出许多改革开放新鲜经验，极大地鼓舞和激励了全国人民，有力地推动了全国改革开放和现代化事业，为从理论上和实践上深化人们对中国特色社会主义的认识起到了重要作用。这种思想上、精神上的巨大作用是不可估量的。《蛇口通讯报》作为公开发行的工业区报，既是企业报，同时又是整个工业区的传播载体，在传播宣传工业区倡导的新的企业价值观念中自然责无旁贷、不遗余力。翻阅当时出版的《蛇口通讯报》，几乎每期都有这种观念的体现和有关讨论的内容，宣传和推广工业区提倡的精神与理念。如该报还秉持监督批评工业区的风格，和蛇口新闻出版协会联合举办蛇口新闻沙龙，自 1986 年 3 月起举办了第一期，而后每个月举办一次，议题十分广泛，只要不反对中国共产党，不搞人身攻击，谁都可以讲话，坚持自己的观点，反驳其他不同观点，每期新闻沙龙的发言录音经整理后在《蛇口通讯报》公开发表，所以该报又成为开放讨论的舆论平台。

深圳其他企业创设的企业价值观念也是在企业报刊的广泛宣传和推动下，在得到员工认同后成为自觉行为的一部分。这些价值观念因为与城市人文精神的本质内涵相一致，所以其本身就是城市人文精神价值的源流基础。《华为人》报宣传《华为公司基本法》，突出企业核心价值观。如该公司法第四条规定：“爱祖国、爱人民、爱事业和爱生活是我们凝聚力的源泉。责任意识、创新精神、敬业精神与团结合作精神是我们企业文化的精髓。实事求是是我们行业的准则。”爱祖国、爱人民、爱事业和爱生活与社会主义核心价值体系是相吻合的，责任意识、创新精神、敬业精神与团结合作精神也是传统文化和现代道德所要求的，实事求是更是我们党一贯坚守的准则。《金地》在宣传其企业文化纲领时，突出金地集团公司的核心价值观:“用心做事,诚信为人;以人为本,创新为魂;专业之道,唯精唯一;坚韧内省,超越自我。”

深圳人文精神的集中体现是深圳精神的概括,1987 年提出“开拓、创新、献身”的特区精神,1990 年发展为“开拓、创新、团结、奉献”的深圳精神,到 2002 年再次丰富扩大为“开拓创新,诚信守法、务实高效、团结奉献”十六个字的内涵,对照深圳企业报刊所传播的深圳企业精神可以看出,两者是高度一致的。

五、企业报刊未来发展的展望

1. 提升和巩固企业报刊品牌

(1)企业报刊是企业品牌的补充

品牌既体现为企业的商标、产品包装等有形资产,又体现为企业的声誉、文化、历史等无形资产。因此,企业既可以通过营造企业文化、培养企业精神特质等提升无形资产的方式打造企业品牌,也可以通过生产企业文化产品,提升产品质量等增加有形资产的方式打造企业品牌。企业报刊是企业的重要文化产品,也是品牌的有益补充,企业报刊的品牌内涵体现着企业的品牌内涵。

企业报刊的品牌是企业报刊用以区别其他刊物的名称、标志、包装等符号的组合,是企业的经营理念、服务理念、行为理念、视觉理念的高度抽象和概括,体现着企业报刊的个性和读者的认同感,象征着企业报刊出版者的信誉和实力,表现为企业与读者心理之间的最佳契合。可以说企业报刊是企业印制的一张“名片”,这张“名片”印制得精不精美,内容吸不吸引人,直接反映出企业的自身实力和文化品味,决定了它能否抓住受众的眼球,能否在公众中达到企业期望的传播效果。因此,致力于在外部提高企业内刊的设计、印制、装帧质量,在内部提升企业报刊的文化品味、增强其可读性,是每一位企业报刊人义不容辞的使命。

(2)深圳企业报刊品牌建设现状

深圳市出版业协会报刊专业委员会会长陈昌华认为,企业内刊的发展需要经历三个阶段。第一个阶段是初级阶段,在这个阶段中企业内刊是企业和老板的喉舌,是一个企业的传声筒、留声机、摄像机,它的功能定位就是总结和记录企业的成长。第二个阶段是企业内刊的品牌阶段,这个时候的企业内刊已经完成了自身的积累，开始创造自身的品牌，由比较共性的“企业喉舌阶段”过渡到“打造自身品牌阶段”。第三个阶段则是企业报刊的转型、探索或者说是创业阶段。① 他指出，现在国内大多数的企业内刊仍然处于第一、二个阶段的过渡和转换阶段。

纵观深圳的企业内刊，如同深圳人的观念一样，始终走在全国前列，其中不乏有一些企业内刊进行了品牌化建设的尝试。《华安保险》以财产险行业内的宏观政策、焦点问题为关注点，将其主要受众定位为以监管机关（保监会）等政府机关为主，这就与同行业内的《泰康保险》（目标受众是客户）、《平安保险》（主要面向员工）进行了有效的区分，并且《华安保险》每年都会主动参与全国企业报刊界的交流学习活动，同时将杂志定向寄送给全国 29 家分公司所在地的地方保监会领导，这使得华安保险公司连同《华安保险》在行业内都取得了不错的声誉，知名度得到了较大提升。再如深圳金威啤酒有限公司的企业报刊《金威》，就以其一贯以来所坚持的“通俗文化”在深圳企业报刊界成为一支冉冉升起的新星。与一般企业内刊追求的高雅化、精英化不同，《金威》的负责人认为金威所倡导的啤酒文化应该定位为一种通俗文化，这一方面是由于“啤酒”这一大众消费品自身的属性决定的，另一方面是由于金威的主要消费群体是老百姓，只有通俗文化才能被最广大的老百姓所接受。《金威》正是通过深入挖掘这种通俗文化使公司与消费者拉近了距离，以至于国内一些啤酒文化的爱好者把《金威》当做了一本关于酒文化的权威性杂志。

但不可否认的是，目前深圳企业报刊的品牌建设状况从整体上来讲并不理想，在业界真正具有影响力的内刊仍然是极少数。究其原因主要有以下几个方面：

企业对企业报刊缺乏足够的重视。企业报刊的办刊主体是企业，办刊所需资金一般完全由企业负担，企业报刊与企业的这种依存关系就决定了企业报刊要看企业的“脸色”办事，企业的重视程度直接决定着企业报刊、质量的好坏。

---

① 参见陈昌华：《企业报刊也要“与时俱进”》，《中国企业报刊大全》，企业管理出版社 2002 年版，第 1 页。

就目前企业报刊业的现状而言，企业报刊并没有得到企业足够的重视，部分企业忽视了企业报刊的作用，认为企业报刊仅是副业，登不上大雅之堂，无法赚取利润，最多仅是企业文化建设的有益补充。因此，在对企业报刊的人力与财力投入上随意性极大。笔者在与一些企业报刊的工作人员接触中了解到，绝大多数企业都没有设置专职的企业报刊编辑部，企业报刊的编辑、记者也大多身兼其他岗位的工作，做企业报刊只是他们的“副业”。另外，当企业资金充裕时，就投入较多资金；当企业资金紧张或认为企业报刊对企业的帮助不大时，就减少投入甚至停刊。这些因素往往会导致企业报刊发展波动性，不利于企业报刊品牌的形成和品牌发展的一致性。

企业缺乏打造企业报刊品牌的意识。大多数企业没有将企业报刊纳入常规品牌宣传工具的行列，仍然遵循传统的办刊方针，即企业媒体是企业的喉舌。这些企业的企业报刊基本上是按照企业怎么做或老板怎么说这个思路来做的，所以我们常常能见到一些企业报刊用正版的篇幅来刊登领导讲话和公司动态。诚然，作为企业报刊的“衣食父母”，企业通过企业报刊传播公司内部消息是理所当然，但从品牌建设的角度来讲，一个品牌被受众知晓并记忆的关键在于该品牌所体现的文化、价值观是具有独特性的，是能与受众产生共鸣的，这一点体现在产品上就是该产品的属性可以满足目标客户内在和外在的需求。一本以企业内部事务为主要内容的刊物除了可以满足企业员工了解企业动态的需求外，很难对企业外部公众产生什么吸引力，企业通过企业报刊对外塑造、宣传品牌的诉求自然难以实现。

企业提升企业报刊内在和外在的品质，归根结底是为了体现企业报刊的独特性，即与行业内其他企业的企业报刊进行区分，以便吸引客户的注意，从而达到宣传企业的目的。从市场营销学的角度来讲，这是一种追求品牌差异化的行为。品牌的差异化是指企业的产品在特殊功能、文化取向及个性等方面的差异，企业追求品牌差异化的过程也是建立一个与众不同的品牌形象的过程。① 换言

① 参见汪德智：《实施品牌差异化战略获得竞争优势》，重庆大学工商管理硕士学位论文，2003 年。

之,品牌的差异化即指为某个特定品牌确定一个区别于竞争品牌的卖点和市场位置,使产品在消费者的心中占领一个特殊的位置。同样,作为企业文化副产品的企业报刊,它面临的竞争对手是行业内其他企业的刊物,甚至是包括公开发行的报刊杂志在内的大众媒体。因此,打造企业报刊品牌并追求品牌的差异化,是企业报刊争取受众的时间和注意力的唯一途径,也是企业通过企业报刊达到宣传目的的必由之路。

(3)企业报刊品牌建设的展望

企业报刊的品牌建设是一个长期的过程,这个过程既包括企业对企业报刊重视程度的提高,也包括办刊思路的转变。

企业应转变对企业报刊的功能定位,将企业报刊视为企业的"文化副产品",并将其与广告、公关等一同纳入企业的整合营销传播体系,端正其对企业报刊的认识,树立有利于企业生存发展的办刊理念,以保证企业报刊的稳步发展。

有学者在"马斯洛需求层次理论"的基础上发展出了"马斯洛品牌发育理论",该理论认为:"消费者的需求和欲望决定了品牌的发展①"。读者在阅读企业报刊上花费了自己的时间,也可以视为企业报刊的"消费者"。因此,满足读者的需求和欲望是企业报刊品牌化的核心任务。当然,这里的"满足读者的需求和欲望"既不是要企业报刊像公开刊物那样完全以读者为中心,以社会性公共话题为内容,也并无颠覆内刊的"企业本位"之意,而是"以企业为视角,以受众为导向"。站在企业的角度,对读者所关注的议题进行各种形式的报道、评论,既可以保证刊物观点的独特性,又可以兼顾读者的喜好,以此维持读者的阅读兴趣,还可以使读者在阅读过程中潜移默化地了解企业的价值观和文化。企业报刊界的佼佼者——《万科》周刊便深谙此道,该企业报刊以白领、财经精英作为主要的读者人群,因此在内容的选择上淡化了企业内部信息,强化微观财经领域的议题和一些社会性议题,以"企业视角、人文情怀"为办刊宗旨,极力凸显刊物的"小资情调"和"精英文化"。时至今日,《万科》周刊它在全国企业报刊

① 梅江:《马斯洛需求层次理论与品牌发育》,《品牌 brand》2006 年第 6 期。

界已成为一面旗帜，每年有大量的文章被公共媒体转载，有人甚至感叹："《万科》周刊已经超越了一些公开发行刊物的办刊水准"，这无疑是对《万科》周刊的品牌建设成果最有力的证明。可以预见，今后企业报刊品牌建设将从"专注企业"转变到"以企业为视角，以受众为导向"的道路上来。

2. 企业报刊的市场化之路

(1)什么是企业报刊的市场化

企业报刊的市场化是指企业报刊作为一种商品进入市场经营运作环节。这就要求企业报刊在编辑、广告、发行等重要环节上向公开发行的大众报刊靠拢，最直接的表现就是上市定价销售、经营广告业务和面向社会征订。市场化的企业报刊将打破企业报刊完全依赖企业"供养"的现状，而变成一个独立进行收支结算的经济实体。

(2)企业报刊市场化的体制束缚

在我国，报刊属于意识形态的管理范畴，需要行政审批才能创办。作为企业创办的报刊，除了需要经过新闻出版管理部门审批以外，在日常运作中还要受到许多政策的限制，这无疑给企业报刊的生存和发展空间带来了一定的局限。

根据新闻出版署颁布的《内部资料性出版物管理办法》的规定，从 1998 年起，各地停止了向企业报刊发放临时广告经营许可证的做法，或松或严的执行着"五不准"的规定：不准在名称上称报称刊，不准上市标价出售，不准公开发行征订，不准经营广告，不准以报社或杂志社名义在社会上开展经营活动。在内容上，各地对企业报刊与其他内部资料一样加强审读，诸如超出企业或经济范畴的内容都算是违规。每年的年审成为企业报刊是否能存活的一道门槛。随着内部资料绝对数量的增多，管理部门掌握的标准也越来越严，这些限制因素将企业报刊市场化的道路一一断绝，这就造成了目前企业报刊的运营开支完全由企业负担的现状。

(3)企业报刊迈向市场化的现实需要

不可否认，在现实中确实有一些企业希望将企业报刊以公开化、市场化的方式运作，这是企业和企业报刊发展的共同需要。

首先，企业报刊市场化有助于扭转它的尴尬地位。当下，企业越来越注重投资的成本与收益，追逐利润乃是企业运营的最终目标。企业报刊对企业的影响是一个长期过程，且目前尚缺乏对企业报刊的成本——收益比的量化手段，因此企业对企业报刊的投资难以收到即时的、可量化的回报，这在一定程度上影响了企业对该项投资的积极性，容易导致企业对所创报刊在人力与物力投入上的随意性，资金充裕时就投入较多资金，当认为报刊对自己的帮助不大时，就减少投入甚至停刊。这些因素往往增加了报刊的发展波动性，还可能形成恶性循环，阻碍报刊的优势发挥。将企业报刊进行市场化运作，与母体企业“断奶”，既减少了企业的负担，也解开了企业报刊的束缚。

其次，企业报刊市场化是企业提升竞争力的现实需要。一份具有社会影响力的企业报刊不仅可以成为企业有效的竞争砝码，而且这一优势在短时间内是难以复制的，这就是为什么一些企业不在乎企业报刊定价销售带来的收益，也不拉广告搞经营，并且舍得为之投入巨资的原因之一。一些企业希望以优秀的内刊为基础，逐步将其发展成为公开的、有社会影响力的公共媒体。

(4)市场化的梦想和体制下的现实

在现有体制的约束下，一些企业另辟蹊径，开始了办市场化运作的媒体的尝试，它们以协办、融资或与人合作等多种方式，参与传媒业。如一些企业参与甚至控制报刊的发行、广告和其他经营活动，它们往往以协办单位或联合主办的名义出现在报刊登记证上。当然，其中不乏成功的例子，如三九集团注资《新周刊》，从办刊、包装到发行销售全面介入，使刊物呈现革命性的转机，影响日益增大，2000 年的广告额已达 3100 万，排在我国期刊第 8 位，投资者自然获得了理想的回报①。

但是，少数人的风光并不能遮掩残酷的现实，如三九集团的成功者毕竟还是寥若辰星。在现有体制下，我国报刊实行主办单位和主管单位制，即使是联合主办，只要主管单位不变，企业永远无法成为报刊主要所有权的拥有者，而要变更报刊的主管单位则是难上加难。其一是主管单位自己不愿变更，当一个行业处于行政控制时期，进入这个行业的行政许可自然会成为一种紧缺的经济资源，主

---

① 参见曹宇：《传媒背景下的企业报刊——对中国企业报刊角色定位的一些考察》，《中国出版》2003 年第 1 期。

管单位可以通过这种行政许可的寻租获利，自然不愿放手。其二是报刊管理部门出于惯性思维，觉得报刊是意识形态工具，完全给企业是不放心的，只有交给机关和事业单位才不会出问题。企业无法取得报刊的主要所有权就意味着在与主办单位的博弈中丧失了主动权，这使得大部分介入报刊运作的企业难以收回投资。有些在合作中闹得很不愉快。但由于报刊是事业法人，登记证上的主管部门可以随心所欲的侵害企业利益，而企业很难得到保护。由此可见，企业介入媒体所潜藏着的巨大风险。

不仅是体制的约束，实际的资本运营也给企业报刊的市场化运作带来了极大的难度。随着传媒竞争的加剧，资源日益集中，规模愈发扩大，进入行业门槛的成本也大为提高。1999 年，全国广告收入前 10 名报纸的广告营业额就占去整个报业广告市场 42.15%，要从这些强势媒体口中夺食只有以大资本投入。以北京报业市场为例，1998 年《北京晨报》依靠 1500 万元起家，经过 3 年的发展成为北京位居前列的生活类媒体；2001 年《京华时报》创办时，经过充分的市场调查得出的结论是：没有 4000 万元的启动资金很难办起来。而 2002 年 5 月 15 日《北京现代商报》创刊时，启动资金翻到了 1 亿元。① 美国有学者认为，一份新创办的报纸要想在一个市场存活下来，必须在一段时间内不计成本地确保其市场保有量在 40% 以上。对于想办公开报刊的企业来说，负担如此沉重的经济压力几乎是不现实的，而且企业也不是传媒集团，其主要业务也不是新闻出版，完全没有必要在办报刊方面投入过多精力。

（5）企业报刊市场化前景展望

企业报刊存在于中国新闻出版管理体制的大背景下，业界存在的巨大商机以及成功个案对企业有很强的吸引力，使其在无法主办公开报刊时，经常习惯性地审视自己手中的这份内部报刊，希望将它进行市场化运作并将它公开化，但显然在当前的管理体制下这是不现实的。虽然有些企业致力于调动各方力量，奔走政府部门为其所创办的企业报刊申请公开发行的 CN 号；有的学者甚至预言

---

① 参见《2004 年第四季度传媒行业季度报告》，http://report.cei.gov.cn/doc/zh34/2005012024151.pdf。

在不远的将来，中国企业所创办的报刊有可能获“企业 CN 号”，但中国媒体市场的开放是一个长期的过程，现在还看不到任何企业报刊能取得公开发行刊号的迹象。总的来说，企业报刊的市场化前景是比较黯淡的。

目前虽然有一些企业在现有规定的范围内，在企业报刊的出版、广告经营方面作出了一些尝试。比如，有的企业将一段时期内企业报刊中的精品文章汇编成书，进行定价公开销售；一些有合作关系的企业将各自的广告发布在对方的企业报刊上，进行一种“广告互换”的合作。诚然，这种既不违反规定，又可以为企业带来一定收入的做法是一种大胆创新，但这样的尝试能使企业报刊实现独立经营吗？其所带来的收益较之企业报刊动辄上百万的投入是不是杯水车薪？这不得不让我们怀疑企业报刊的创收能力。

总之，企业应该立足于当下，转变对企业报刊的观念，从“企业报刊是企业供养的可有可无的附属品”转变为“企业报刊是企业宣传战略的组成部分和内部管理的有效工具”，并且要加强对企业报刊传播效能的评估，把它纳入企业效绩评估体系中，以便根据企业报刊的功能发挥状况适时地调整办刊方针。这或许才是在企业报刊无法市场化运作的背景下，实现企业报刊的投入和无形收益平衡的最佳措施。

3. 数字化时代的企业报刊

(1)媒体的数字化对企业报刊的影响

媒体的数字化必然对企业报刊带来一系列的影响，认识这些影响，对深化企业报刊的改革无疑具有重要意义。

第一，企业报刊“对内”特征的消解。现有政策规定，企业报刊只有通过新闻出版部门的审批，获得准印证后，才能在本单位、本系统、本行业内进行交流。这不仅设立了企业报刊的准入门槛，还限定了企业报刊的传播范围，但在网络时代下，这种限制将被瓦解。首先，企业将企业报刊的内容以电子报刊的形式通过网络传播不需要经过新闻出版署审批，也不以获得刊号或者准印证为前提，这就打破了准入门槛的限制，企业可以根据自己的意愿制作网络版的企业报刊。其次，网络媒体的受众具有广泛性和不确定性的特点，使得网络版企业报刊的受众不再局限于某行业、某系统和某单位，只要是关心企业和企业报刊的受众都可以看到。

第二,为企业报刊带来更加生动的传播方式。企业报刊可以一改往日的"文字稿加摄影图片"的排版方式,可以在数字化的报刊中加入视频、声音、图片等多种信息表现形式。这种声画结合的信息在报刊电子版面上的传播极具立体化效果,声音和画面通过配合协调形成了特有的视听空间,创造了完整立体的双通道传播,使人们感知到确定无疑的立体信息。

第三,降低了企业报刊的成本。网络版的企业报刊具有无限的可复制性,并且可以通过企业网站、电子邮件等形式进行传播,极大的减少了纸质报刊在印刷、寄送方面的开支,可以说在复制和传播渠道上真正实现了零成本,企业可以将这部分人力、财力的投入转移到提高内容质量上去,从而提升企业报刊的吸引力。

(2)深圳企业报刊在数字化时代下的发展现状

目前深圳市共有60家企业报刊拥有网络版,占全市企业报刊总数的40%,这说明深圳市企业报刊在利用网络媒体提升办刊质量方面还没有做好充分准备。虽然一些企业提出了"围绕网络媒体打造数字报刊"的想法,但对如何使企业报刊与网络媒体相结合的认识还不是很清楚。

纵观深圳市拥有网络版的企业报刊,绝大多数都是在企业网站中专门开辟一个版块,将纸质报刊的内容以网页或电子杂志的形式呈现,将网络版作为纸质版的备份。这仅仅是把报刊内容搬到网上去,只是在终端介质上有所转变,还不能称为"数字报刊",只能叫做"企业报刊的数字化"或者叫"企业报刊的数字版"。数字报刊与报刊数字化的根本区别就在于先做报刊还是先做网站,这是一个主次问题。先做报刊是把网站建立在报刊的基础上,通过新的传播手段去延伸报刊;先做网站是首先把网站作为数字平台,通过数字平台进行数字产品的内容整合、分析、加工,然后按照不同内容的特点以及受众的需求和接触习惯,分别放到最合适的介质上去。在这里,数字内容不仅是由媒体生产,也由受众生产;传播不仅由媒体完成,也由受众完成。媒体不仅发挥其在新闻、观点、导向上的核心价值,而且是受众的信息"管家"。① 目前有一些企业在打造数字报刊方

---

① 参见崔保国:《中国传媒产业发展报告2007—2008》,社会科学文献出版社2008年版,第52页。

面作出了一定的尝试,如万科集团创办的《万科周刊》论坛网站,不仅通过网站发布《万科》周刊上最新的文章,网站还允许网友上传自己的文章,并针对网友上传的文章内容设立 33 个版块,涵盖了财经、人文、摄影、建筑、音乐、旅游等多个方面的内容,使得网友不论有什么兴趣爱好,只要来到《万科》周刊论坛,总能找到可以产生共鸣的话题。这种由企业提供空间,由网民提供内容的形式不仅使篇幅有限的纸质报刊通过网络实现了内容的无限扩张,而且使读者从内容的观看者变成了既是内容的观看者又是内容的生产者,从单纯的信息接受者变为既是信息的接受者又是信息的传播者,并借此网罗了一大批忠实的受众。可以说这种办刊思路是符合数字化报刊发展的趋势的,但能够作出这种尝试的企业在我国还是极少数,无法代表企业报刊界的总体状况。

一些企业报刊工作人员的观点也许可以总结企业报刊在数字化时代下的现状:纸质媒体在短时间内是无法被网络媒体取代的,一般读者还是习惯阅读纸质刊物而不是上网浏览刊物的网络版。因此,企业报刊将继续以纸质版为主,网络版只是作为纸质版的辅助,企业也没有把网络版的企业报刊做大的积极性。

(3)数字化时代下企业报刊发展前景展望

虽然企业报刊在数字化时代的发展现状不尽如人意,但数字媒体将在越来越多的方面取代纸质媒体并发挥更大的作用,这是不争的事实。因此,在这里展望数字企业报刊的发展趋势是具有现实意义的。

第一,企业报刊的数字版还将继续存在一段时间。网络计算机技术发展到今天,已经具备了成熟的技术,可以在企业报刊的数字版中将文字、图形、声音、视频合理搭配,交错穿插以达到最好的观看效果。同时网络赋予它的时效性使其已经稳稳的从纸质报刊的手中接过了信息传播主力军的大旗。将有越来越多的企业将企业报刊的内容搬到互联网上,并且致力于提高文字、图像、声音、视频的综合效果。在将来的一段时间内,一些制作更加精美的数字版形式,如电子杂志等,将逐渐取代网页,成为企业报刊数字版的主要形式。

第二,纸质报刊在一段时间内仍将是企业报刊的主要载体。一方面是由于技术水平的限制,企业报刊数字版的普及还有一定难度,主要表现为媒介接近性上的限制——不是每个人都拥有联网的计算机;浏览便捷性的限制——一些电子杂志要求用户下载桌面阅读器,有的电子杂志动辄几十兆,经调查发现,超过70%的阅读者没有耐心下载一个多达几十兆的文件,中途放弃下载;终端浏览器的限制——计算机的便携性较差,而专用电子杂志浏览器的成本过高,难以普及。这都给读者随时阅读企业报刊带来了障碍。相对于数字媒体,纸质报刊的优势就在于它的便携性、易获得性和成本低廉上,便于读者随时翻阅。另一方面是大多数企业报刊的内容吸引力不够,读者不愿花费时间和精力专门去网上浏览企业报刊的数字版,更多的是随手翻阅纸质报刊,若有感兴趣的文章就读一读,若没有就把纸质报刊搁置一边,不会投入过多关注。技术的限制和阅读习惯的限制决定了纸质报刊将在今后一段时间内继续成为企业报刊的主要载体。

第三,企业报刊将利用互联网衍生出更细化的传播方案。目前令企业报刊的编辑人员头疼的一个问题是:企业报刊的内容如何平衡。一些企业对企业报刊承载了过多的希望,既希望企业报刊是企业文化的载体,又希望它有助于内部沟通,还希望通过它宣传企业形象。前文已指出,不同功能定位下企业报刊的编辑方针、内容选择和刊物风格也是不同的,甚至是相冲突的。因此,如何平衡不同类型的内容在一本报刊中的比例关系,一直是企业关心的问题。企业报刊的数字版完全可以解决这些问题,若企业希望通过企业报刊同时发挥传播企业文化、促进内部沟通和开展公共关系的作用,可以设立一个仅供内部员工浏览的数字版报刊以进行内部沟通,同时制作一本完全对外的纸质报刊开展公共关系和传播企业文化,这不仅不会给企业带来过度的经济负担,而且使企业报刊到达的受众更加精确,也就提升了企业报刊的传播效果。企业报刊利用网络进行内外分离,各司其职是其今后发展的方向。

第四,数字报刊的时代终将到来。今后,随着计算机信息技术的不断进步,以及人们的媒体使用习惯的逐渐转变,决定了企业报刊将从"以纸质报刊为主体"转变为"以数字报刊为主体",企业将专门建立互动式的企业报刊网站,通过全数字化的采编技术将各方信息在这个数字平台进行整合、分析、加工,然后按照不同内容的特点以及受众的需求和接触习惯,分别选取最合适的媒介进行传播。总之,数字企业报刊将稳定地度过报刊数字版的鼎盛时期,之后逐步赶超、取代报刊数字版,成为下一个主要的企业报刊载体。

总之，在我国现有的新闻出版体制下，企业报刊作为一种极具中国特色的媒体，一直游走在“大众传媒”和“内部资料”之间的灰色地带。随着经济体制的转轨，现代化企业成为国民经济的主角，企业报刊种类越来越多，规模不断增长，对企业和社会发展的影响力也与日俱增。它的经济价值和社会价值正不断被挖掘，业界和学界对企业报刊的重视程度也在提高，但在现有新闻出版管理体制的规制下，企业报刊要以组织传媒的身份在组织运行中发挥更大的作用，承担起更多的社会责任，确实还有很长的路要走。

第一章

闯　创

伟人毛泽东说过，夺取革命胜利靠的是两杆子——枪杆子、笔杆子。中国的改革开放是一场没有硝烟的战争。在这鸿篇巨制中，深圳是试验田，蛇口是开山斧。“时间就是金钱，效率就是生命”是中国改革开放先行先试的前奏曲。在这场决定中国变革命运的迈进中，《蛇口通讯报》是先行者的舆论推手。

从“时间就是金钱，效率就是生命”到当年的“蛇口风波”，《蛇口通讯报》始终立马潮头，搅动一江春水。《蛇口通讯报》作为深圳特区始创的企业报，为弘扬特区人敢为天下先“闯与创”的改革精神，展现了舆论的积极作用，在中国新闻史上写下光辉的篇章。

随着深圳改革开放的不断推进，《蛇口通讯报》也逐渐变成为《蛇口消息报》，它是深圳目前唯一公开发行的企业报，并与所处的行政区域融合，正在为南山区的深化改革发挥着积极的作用。

从《蛇口通讯报》到《蛇口消息报》，是中国改革开放在蛇口工业区的全程记录和见证，它给我们留下的不仅仅是历史文字，也留下了许多社会变革中的新闻启迪。

第一节　《蛇口通讯报》的创举

1979 年年初，招商局引领改革开放风气之先，全资创办了中国第一个对外开放的工业区——蛇口工业区。在开发与建设过程中,蛇口工业区进行了大胆的改革探索和试验,冲破旧有的价值观念、时间观念、人才观念,提出“时间就是金钱,效率就是生命”、“空谈误国,实干兴邦”等口号,并在劳动用工制度、干部聘用制度、薪酬分配制度、住房制度、社会保险制度、工程招投标制度及实行企业股份制等方面进行了多项改革和创新。因此,蛇口被视做中国的“希望之窗”、改革的“试管”、开放的“模式”,在国内外产生了广泛而深远的影响。

从“试管婴儿”起步,历经“以企代政、政企合一”的发展阶段。蛇口工业区于 1987 年成立招商局蛇口工业区有限公司,并逐步推进“还政于政”。目前,该公司已发展成为一家以房地产开发为核心产业,以土地经营、风险投资、公共设施、客运、酒店为主营业务的大型国有企业。

蛇口工业区历史上新闻事业较为发达。蛇口曾先后诞生了在深圳市、广东省乃至全国较有影响的“两报”——《蛇口通讯报》和《蛇口消息报》。《蛇口通讯报》存续时间约为 6 年。历史虽短暂,影响却很大。《蛇口消息报》则是在通讯报停刊之后而新办的一张报纸,至今已有 20 年历史,属于深圳经济特区早期的报纸之一。

招商局蛇口工业区的企业文化特点:闯与创。

《蛇口通讯报》于 1984 年 12 月 30 日试刊,初名《蛇口通讯》,不定期出刊。1985 年 11 月起改为半月刊,总编辑为韩耀根(1984 年 12 月至 1987 年 12 月)。1986 年元月起国内外公开发行。从 1987 年元月起,改出周刊(逢周一出版)。

1987 年 9 月 24 日,通讯报启用全国统一刊号 CN44—0029。1988 年元月起改出对开四版,总编辑韩耀根离任,副总编辑张梦飞主持全面工作(1988 年元月至 1989 年 10 月 9 日)。1989 年 11 月 27 日,报纸停刊。

通讯报创刊伊始,开宗明义提出“四个一”,即一张鼓吹改革的报纸,一张宣传开放的报纸,一张疏通信息的报纸,一张活跃思想的报纸;定位为“企业之声,希望之窗,试管之报”。

一、首开同级报纸批评同级党委先例

在中国当代新闻史上,“同级报纸不能批评同级党委”成为一条不成文的规则。1985 年 2 月 28 日,《蛇口通讯报》发表署名"甄明伲"的读者来信《该注重管理了——向袁庚同志进一言》,公开批评蛇口工业区领导人袁庚(时任招商局集团常务副董事长、蛇口工业区管委会主任兼党委书记)。在袁庚本人支持下,首开同级报纸批评同级党委之先例。这组报道(包括来信、评论、通讯)被评为 1985 年度全国好新闻特等奖,并被载入《中国新闻年鉴》。此事被海内外媒体连续报道达两年半之久,后来又成为广东省话剧团创作《决裂》的典型素材。《争议与启示》一书亦称此事为"前无古人已经肯定无疑,甚或能够成为后无来者的一首绝唱"。由此可见,袁庚在蛇口亲自点燃并全力煽动的那场新闻改革之火,其冲击力之强,影响之深远。多年以后的今天,"袁庚纳谏"仍为不少人所津津乐道,仍被不少报刊作为新闻背景材料而广为转载。

此后,《蛇口通讯报》还发表了《蛇口选举发生一场对话》、《两教师指名道姓公开批评袁庚》、《袁庚此说,一半可取》、《岂可用"冻结疗法"——与袁庚主任商榷》、《党员称号是保护衣吗——与熊秉权局长商榷》等篇,均是指名道姓地批评性报道。

二、首创"新闻沙龙"舆论监督形式

如何突破传统的框框,主动性尝试新闻改革,创新舆论监督形式?《蛇口通讯报》在这方面有所突破有所建树。该报与蛇口新闻协会联合开办"新闻沙龙",可以说是中国新闻史上一个创举。1986 年 3 月 3 日"新闻沙龙"首次开张,重点探讨蛇口民主与法制问题。沙龙采取重点发言和自由交流形式,畅所欲言,该报负责人充当沙龙主持人。3 月 10 日,该报开辟"新闻沙龙"专栏,如实选登发言。此后"新闻沙龙"不定期举行(先后办了 21 期)。从各次沙龙所涉及话题看,大都是讨论蛇口自身某些问题及蛇口人普遍关注的话题。特别是每年 4 月,进入蛇口工业区员工对干部信任投票阶段,"新闻沙龙"更是成为吸引蛇口人关注的舆论场所,被戏称为"4 月地震的震中区"。这一阶段的"新闻沙龙"总的基调是关注蛇口的前途,对台上干部进行监督。蛇口人可以睁大眼睛去搜索是否有干部以权谋私等问题,他们也有权利在公开场合坦率地表明态度。正如袁庚所言,"新闻沙龙"真正成了一种"压力团体"。实际情况是,早期的蛇口真还没发现严重的经济犯罪案例。

早期《蛇口通讯报》的舆论监督可谓力作迭出，有声有色，如《蛇口决策层“甘拜下风”》、《“女娲补天”雕像设计的争论》、《小人物“制服”总经理》、《企业可以批评政府吗？》、《丁传作经理慨然引咎辞职》、《关于蛇口童工情况的报告》、《袁庚疾呼：该是起死回生的时候了》、《一则亮丑新闻引起连锁反应》、《公园住宅楼》的投诉与调查等，均在当年引起较大反响。

蛇口领导人鼓励、支持报纸开展舆论监督。如袁庚指出，面对改革开放中的各种问题，“报纸应当挺身而出大呼大叫”。新闻界人士胡绩伟、方言、孙旭培、童兵、陈登科等人，则主张“中国新闻业大胆跨越禁区”，宣扬“只有新闻自由才能长治久安”，认定“揭露丑恶是新闻工作者的天职”。

三、关注与探讨政治体制改革话题

在《百期告读者》中，《蛇口通讯报》明确主张“倡导政治透明度，增强新闻的开放度，扩大读者在各个领域的参与度”；“努力树立宏观意识和现代观念”；办“一张不囿于地域界限的试管报、窗口报、开放报”。而袁庚为该报题词“纸上人间正气，笔下宇宙风雷”，更是鼓舞了通讯报人的信心与热情。

在《蛇口通讯报》不长的生命周期里，主动介入全国改革开放尤其是政治改革进程是其最大亮点。该报纸大胆探索前人和时人较少涉足或不便公开议论的“争鸣性”课题，作者多为当年“敢于发言”的“改革家”与“知名人士”。从1987年下半年起，该报先后发表了温元凯与蛇口青年的对话——《改革：一项复杂的社会系统工程》，提出“当前中国政治体制已成为经济体制改革‘紧身衣’”的观点；金观涛在蛇口演讲《访美归来谈改革难》，提出“目前所进行的改革难度远远超过我们的想象”这一判断。作者认为中国改革难点之一是还没有把改革作为一个整体来研究……有可能造成整个改革的失误。王军涛的《中国经济改革面临困境》，闵琦的《中国：呼唤政治文化的根本变革》，孙越生的《中国社会大弊端：短期行为爆炸》，王绍培的《一元真理观：专制主义的心理强化剂》，于光远的《“公有制”是一错译，社会所有制才是应有之义》，郑宇硕的《对当前中国政治改革的建议》，李晓明的《改变中国改革的决策模式》，严家其、温元凯对话《改革出现停滞比失败还严重》，苏绍智的《对中国改革的最大担忧》等，在当年引起了社会广泛关注。

人性的自由解放及民主法制问题，也是《蛇口通讯报》的关注点之一。该报当时发表的代表作有高梵的《中国为什么盛产“马屁精”》，黄克剑的《现代自由意识的确立是现代人的根本标志》，刘晓波的《中国文化最缺乏的是“人的意识”》，远志明的《和谐的坏处：虚伪、虚幻、挤压人性》，雷祯孝的《奴才道德把人格扭曲成狗》，张宗厚的《以历史悲剧的血与火锤炼法文化》，初晓的《中国人的承受力何以脆弱》，黄小榕的《公民权利实现的障碍在哪里》，金观涛的《不加怀疑就相信是一种混浊》，井娃四郎的《“大公无私”的口号科学吗》，许良英的《驳民主缓行论》，蔡崇国的《从精神被遮蔽的洞穴中挣脱出来》，《关于新权威主义的论争》，于浩成的《人民应有免于恐惧的自由》等。

第二节 激荡全国的“蛇口风波”

1988年年初发生的“蛇口风波”，引发了一场大范围的讨论与争议。一场小小风波，竟然震荡全国，经久而不息，甚至波及日本、美国、法国、挪威、澳大利亚……

“蛇口风波”成为蛇口新闻史上、蛇口工业区历史上乃至当代中国新闻史上的大事件。

1988年1月13日晚，蛇口招商大厦9楼会议室。蛇口工业区团委主持“青年教育专家（李燕杰、曲啸、彭清一）与蛇口青年座谈会”，近70名蛇口青年参加。座谈会并没有什么中心议题，先由三位专家谈特区观感。在接下来的对话中，专家们与蛇口青年发生了某些观念撞击。这种撞击，似乎带有某种历史偶然性，实则包含了时代的必然性。

专家们与蛇口青年就有关“淘金者”与“艰苦创业”、“商品经济”与“姓资姓社”、“个人利益与特区建设”、“个人的价值”与“群体价值”、“虚伪说教”与“直面现实”、“精神文明”与“物质文明”、“中国特色”与“对祖国的爱”、“进口小汽车”与“体制改革”等话题，发生了一些分歧、争执与交锋，其间还发生了“名片插曲”。

1 月 15 日，一份署名为“北京师范学院青年教育研究所”的《“蛇口座谈会”始末》的材料，从深圳分送给中央和有关单位领导。蛇口方面称之为“一份不光彩的材料”、“小报告”。这份材料，经过排列组合，连缀成文，给人以整个座谈会充满“明显的错误言论”，已经走上“邪路”的印象。李燕杰则称座谈会有点“突然袭击”味道。这份材料“陷人以罪”的文风与笔法，令蛇口人很反感。

《蛇口通讯报》主持工作的副总编辑张梦飞认为，对专家们贬损蛇口青年的说法，以及那份“不那么光彩的材料”，“我们不能再沉默了，要维护蛇口青年的声誉”。

2 月 1 日，该报发表“蛇口青年与曲啸李燕杰坦率对话——青年教育家遇到青年人挑战”的消息，震惊全国。《羊城晚报》紧随其后，于 2 月 12 日发表《“热门话题”和它的余波——记蛇口青年的一次座谈》的通讯，使座谈会风波广为扩散，引起了内地不同读者群的关注。3 月 28 日至 4 月 25 日，《蛇口通讯报》再发表三篇深入剖析文章，把“蛇口风波”更尖锐地提到了人们面前。该报记者魏海田所写的《蛇口：陈腐说教与现代意识的一次激烈交锋》、《蛇口青年与曲啸等同志还有哪些分歧》，以及曹长青所写的《“神的文化”是对人的全面窒息》等长文，引起了更大范围的争议与反响。

随后，《天津青年报》、《新观察》、《现代人报》、《黄金时代》杂志、《南京日报》、《中国青年报》、《文摘周报》等纷纷卷入进来。“蛇口风波”由南向北涌动起来……

1988 年 8 月 6 日，《人民日报》头版发表曾宪斌采写的长篇通讯《“蛇口风波”答问录》。该文记录了有关各方共 13 人在事后评述“蛇口风波”的发言。主要围绕四个问题：1. 这次座谈会是“突然发难”吗？2. 会上争论有哪些问题？3. 名片插曲和“材料”是怎么回事？4. 对这次座谈会应如何评价呢？

在回答记者提问时，李燕杰重申：“我一贯主张对青年一代要做到深入、信任、理解、爱护”，又说“蛇口那几个人的做法可以概括为五不对：立场不对，观点不对，事实内容不对，路子不对，手段不对”。

曲啸则说："对于那极少数别有用心专事制造谣言挑拨是非的人，我们还想奉告一句，如果认为我们在任何时候都不会或不敢运用法律武器维持自己的正当权益，那就错了。"

袁庚则称："有两点可以明确表态：一、既然不是到这里来传经送道，就不能只允许一家之言；既然是座谈，就大家都可以谈。曲啸、李燕杰同志可以有自己的观点存在，也应该允许其他的观点存在。我们还是要提倡，坚持不论对内对外，不论是谁，不论什么流派、什么观点，只要不反党、不搞人身攻击，都可以让他们在这里发表，在这里交流，在这里探讨。但有一点要讲清楚，我们不欢迎教师爷式的空洞说教，听不得不同意见，甚至要问你是哪个单位的？叫什么名字？这种作风连我这个老头都不能容忍，青年人是不会欢迎的。二、我非常赞赏这句话——'我可以不同意你的观点，但我誓死捍卫你发表不同意见的权利。'希望记者同志一定要把这个观点报道出去，这是保卫宪法赋予的言论自由的神圣权力。所以，对那位被追问姓名并上了什么材料的青年人，我们一定要加以保护。即使他的发言有什么不妥，也不允许在蛇口发生以言治罪的事情。"

随后《人民日报》开辟了"关于'蛇口风波'的讨论"专栏，并坚持了一个月零6天。《人民日报》的介入，在全国掀起了评论这场风波的热潮。短短数月间，有几百家报刊纷纷就此发表文章，其中绝大多数指出思想政治工作必须改革，以适应发展的新形势。1989年年初，《人民日报》评论部编辑马立诚发表《"蛇口风波"始末》长篇报告文学，中国新闻出版社出版了《蛇口风波》一书。

马立诚先生写道："蛇口风波"所争论的问题，"实际上已经超出了加强与改造思想政治工作的范围。它所反映的，是我们这个民族从传统向现代的演进中，道德观念、人伦准则、行为规范和价值体系所发生的激烈变迁；它所呼吁的是：深化改革绝不能仅仅偏重经济，中国的改革是一场整体的改革，只有同步推进实质性的政治体制改革和意识形态改革，才能找到振兴的出路。"他认为，这正是"在新的国内和国际环境下所遇到的热点问题"，也许，这是"为什么这场风波引起了全国和世界如此重大的关注"的原因。①

---

① 参见马立诚：《蛇口风波》，中国新闻出版社1989年版。

这场大辩论后来戛然而止，一直未见正式定论。也许，原本就无须深究结论。我们欣慰地看到，自“蛇口风波”发生以来，中国现代文明前进的脚步虽显跋涉艰难，却也铿锵有力。

——在宪法原则下，公开表达不同观点成为社会舆论常态，“以言治罪”的时代宣告终结；

——尊重个人自由与私有利益被提到宪法保护的高度；

——“姓社姓资”、“姓公姓私”等争论基本解决，在更大范畴内达成深刻共识；

——平等精神与公民意识日益觉醒，法治新秩序逐步建立；

——民主政治建设由点到面迈开更大步伐。

上述文明进步显然不能完全归功于“蛇口风波”所产生的直接成果，但也不可否认，当年“蛇口风波”及其后所引发的大辩论，却是白纸黑字、真枪实弹地触及了这些重大问题。

综观《蛇口通讯报》的版面：言论大胆泼辣，追求针砭时弊，流露出浓郁的忧患意识。也不难发现，某些篇章倾向性较为暧昧；某些观点显得偏激浮躁；一些立论过于超前；某些论据失之严谨；还包括那一时期主流媒体所共有的“失误”等。这些或明或暗的“伤痕”，为该报后来夭折埋下了伏笔。

1989年11月27日，《蛇口通讯报》出版最后一期即告终结。报社主要负责人被“开除党籍”，全体员工就地遣散。从崛起到夭折，《蛇口通讯报》仅仅走过了6个年头。

第三节　从《蛇口通讯报》到《蛇口消息报》

1989年晚秋，天意渐凉。名噪一时的《蛇口通讯报》悄然退出人们视野。

喜欢看报议事的蛇口人怅然若失，呼吁再办一张报纸。

翌年春末，蛇口工业区党委顺应民心，有意重起炉灶。“别再出风头了，办成黑板报也行。”这是党委当时的想法。

1990 年 6 月 18 日,《蛇口消息》试刊发行。1991 年 1 月 1 日,正式创刊。奚尚仁任总编辑。

1993 年 1 月 4 日,该报获全国统一刊号后,正式命名为《蛇口消息报》。

《蛇口消息报》的版式,从最初 4 开 4 版周报、对开 4 版、8 版周报,发展到周三、周五刊,每期达 16 个版、周五 20 个版的规模。

恍惚之间,这张“黑板报”姗姗起步,从周报到日报,竟然已走过了 20 个春秋。

几年下来,借蛇口工业区“扬改革先声,吐开放豪气”之势,《蛇口消息报》逐步探索出自身的定位与风格——“改革牌、现代味和独特视角”,张扬人文精神的旗帜。坚持“南国有竹竹有节,蛇口有报报有格”的风骨,从内容到形式,力求办“一张特味浓郁的报”。

1993 年 3 月,首届深圳新闻奖开评。这是对初出茅庐的《蛇口消息报》一次公开检阅。结果《蛇口消息报》一举夺得一等奖、特别奖各一个,另获两个三等奖。第二届又夺一等奖一个,二等奖、三等奖各两个。1995 年和 1998 年,《蛇口消息报》先后被评为全国业界“百优”和“20 优”。

读者、作者、专家、主管部门,对《蛇口消息报》已有公允评价。

一、监督政府工作见锐气

在舆论监督方面,尤其是在批评与监督政府工作方面,《蛇口消息报》一直保持应有的锐气。1994 年 10 月初,有读者反映,蛇口天天商场利用“购物还钱”欺骗消费者。经初步调查,《蛇口消息报》于 10 月 17 日发表了《天天上当》一文。第二天,天天商场以损害其名誉权为由致函该报,要求公开赔礼道歉,并赔偿其经济损失 11 万元(报社 10 万,作者 1 万),否则,法庭上见。对此报社并未退缩,于 10 月 31 日全文刊登天天商场《来函》及顾客投诉与“购物还钱”的凭证。随着事态的发展与调查的深入,又于 11 月 7 日在一版发表了记者调查《天天商场究竟在干什么》,揭露其单方面违约及某些不光彩行为,并在 3 版发表 13 位各界人士的看法和《有关法规选登》。随后又披露出天天商场拖欠 550 万元房租、250 万元贷款及 15 万元员工工资，早已资不抵债的事实。至此，报社意识到，“天天事件”不单是一起简单的合同违约纠纷，而是一起有预谋的特大诈骗案。果然，天天商场老板张勇在向众多货主开出巨额空头支票后，于 11 月 24 日晚携款潜逃（1000 万元）。面对这突如其来的变化，该报及时发表了《“天天”老板逃了》、《天天商场败露天机》（11 月 28 日）及《天天事件的前前后后》（12 月 5 日）等文章，全面揭露了张勇等人的犯罪事实，指出有关部门严重失察的沉痛教训，并提出了加强市场经济监控体系这一重大课题。第二年，以女记者章晓霁为主采写的“天天事件”连续报道，荣获 1994 年度省、市好新闻奖。

多年来，《蛇口消息报》不少典型报道曾给读者留下深刻印象。如《修建升天阁塔园合适吗》、《报刊亭成了风波亭》、《东滨路：高架桥还是地下通道》、《“环保斗士”向“霸王条款”宣战》、《个别政府部门网站成摆设》等篇，监督和敦促有关政府部门或收回成命，或调整方案，或修订政策，或承诺改进，达到了预期效果，受到公众欢迎。再如，《月亮湾：四大烦恼何时解》、《深圳湾海底还剩下什么》、《大冲大赌窝，雨夜终被端》、《记者卧底黑职介，连环骗局被揭开》、《1 号选房者难圆住房梦》、《来深支农 26 载，数百菜农面临遣返》等篇，则是深度提出问题，启发政府部门思考，在一定程度上督促了政府部门积极改进工作。

此类有影响力的报道，在《蛇口消息报》历史上并不鲜见。

1995 年 3 月，深圳市新闻出版《审读报告》第 3 期以“动真格才能让老百姓信服”为题，重点评介了《蛇口消息报》开展舆论监督的做法。文章称，“《蛇口消息报》开了一个很好的头”，“它以真实性与公开性很好地发挥了新闻舆论的正确导向与监督作用”，“这种做法不仅让报纸的内容丰富起来，也让报纸的形象丰满生动起来，更让群众信服起来”。

二、以专刊与专题策划制胜

2004 年 7 月 24 日，《蛇口消息报》挺进南山区。8 月 12 日，新版《蛇口消息报》出炉。逐步由周一至周三而周五，变身为日报规模。

《蛇口消息报》确立以“生活人文服务”为主的六字方针，转型定位为一张“富于现代人文精神，社区居民十分喜爱，领导机关感到有用”的社区报。

2005年3月初,新任总编辑沈文建到来,进一步推进《蛇口消息报》的转型与发展。坚持办报与经营并举,不断丰富报纸版面与内容,加大经营创收力度,改善报社生存环境。

在版面上,坚持以新闻报道为主,推出和丰富各类专刊(周刊),以适应不同读者群的口味。2004年下半年以来,《蛇口消息报》先后推出了“21世纪教育报道”(即“教育周刊”)、“文化周刊”、“创业周刊”、“消费指南”、“健康周刊”、“快乐体育”、“生态南山”“文化产业”等专刊。这些专刊喜获政府部门热情支持,也深受广大读者及商家欢迎。

从历史上看,《蛇口消息报》的重大专题策划与报道颇具影响力。如“西部通道”、“九七回归”、“百年辉煌”(招商局135周年)、“汶川地震”、“F1大赛(国际摩托艇深圳站大奖赛)”、“激荡30年”、“家春秋(新中国成立60周年)”等系列专题,有声势、有深度、有影响,受到社会各界与广大读者好评。其间,为了纪念中国改革开放30周年,《蛇口消息报》从2008年9月17日起,正式推出《激荡30年·蛇口试管/南山热土》特稿系列暨“纪念招商局创办蛇口工业区30周年有奖征文”活动,历时半年多,共发表文章、图片230余件。如此跨年度大型报道活动,在该报历史上尚属首次。2009年,专题部分特稿以《春天的故事》为书名结集出版。

三、推动南山文化立区建设

《蛇口消息报》与政府部门社会各界合作,不遗余力地鼓吹和推动南山文化立区,已初见成效。从2005年开始,《蛇口消息报》与众商家合作,启动首届“南山宝贝”评选活动。每届历时8个多月。至2009年年底,此项赛事已顺利举办五届,成为参与者众多、关注度很高的区域性选美盛事。

《蛇口消息报》主动承办政府部门的文化项目,实现了“双赢”效应。如,2009年6月,由政府主办、该报策划并承办的首届“放歌南山”大赛活动,历时两个半月,参赛者突破千人,被称为“南山建区以来规模、影响最大的一次文化活动”。又如,2010年1月,由该报策划并承办的“海上世界广场音乐会”,历时半年多,一共举办了17场。

这些赛事与活动，不仅提升了南山区的文化品位，丰富了社区居民的休闲文化，而且大大增强了报纸品牌的辐射力。

第四节　《蛇口消息报》的新闻价值与文化启示

从更为宏观的视角看，《蛇口消息报》的物质形态与规模不算大，给人以小巧玲珑的感觉，但它绝非"小肚鸡肠"、"小家子气"，其骨子里蕴涵着一种大气派，一种壮怀高远的精神追求，甚至是一种"蛇口吞鲸"的理想、梦想或妄想。袁庚曾为《蛇口通讯报》题词"纸上人间正气，笔下宇宙风雷"；勉励"《蛇口消息报》要走出南山，办出特色来，让读者喜闻乐见。办出一张有气派的大报来！"不仅表达了一位老革命家的博大理想，而且代表了蛇口几代报人的不懈追求。

应该说，蛇口报史上的阳光风雨，在一定程度上丰富了当代中国新闻史。蛇口报纸早期的探索与尝试，为中国新闻改革抒写了光彩一笔。直至今天，蛇口报史的精神与文化价值，仍不失浓郁的现实意义，它带给人们多方面的思考与启示。

报纸应该旗帜鲜明地坚守和维护宪法精神。宪法赋予公民的言论自由，不应仅仅停留在私人空间，而应充分体现在公共领域。报纸作为公共舆论平台，应该义不容辞地维护与体现这一宪法精神。早期蛇口报纸，探讨各种问题，引入新思想、新观念，开展批评与舆论监督，重视公共意见表达等，多少体现了这一宪法精神。这也是报纸的使命与责任所在。

在法制不完备时期，领导人的开明与远见成为推动新闻改革的主导因素。早期蛇口以袁庚为代表的领导层，以及分管报纸的熊秉权、彭顺生、马纪凯等人，积极支持开展舆论监督，使报人"开心办报"、"放胆办报"成为可能。

报人团队趋同的核心价值观，保证了新闻改革与舆论监督落到实处。在蛇口报人意识中，媒体是社会公器，媒体应该成为社会正义与良知的代表。媒体离开了舆论监督，就什么也不是了。早期蛇口宽松的政治、舆论环境，为这批报人实现新闻理想提供了条件。

一个具有文化品位与社会正义感的企业与企业集团,往往会赢得社会与公众更多的认可与尊重。作为一份企业主办的报纸,很难为主办方增添利润。若以狭隘眼光来看,贴钱办报,显然不合算。然而,一张有追求、高品位的报纸,无疑会为主办方带来其他好处。比如,提升企业品牌形象,向社会表达企业的责任与义务,沟通主办方与服务对象的关系,凝聚社区、企业的文化精神等,均是报纸的长处与优势。

处于社会转型期的报纸,向资本折腰既是一种无奈,也是某种必然。如何保持报纸高尚的灵魂与独立品格,对于一些地方报或企业报而言,已越来越显得底气不足了。报纸作为企业文化一部分,由社会角色转变为企业化或准市场化经营,无疑是一个严峻考验,甚至是生死考验。

改革的超前性,既预示成功的可能性,也潜藏失败的危险性。尤其是某些局部的、小区域的改革,更是如此。蛇口报纸与蛇口工业区共命运同起伏,也表明了这一点。

应该说,蛇口在经济改革领域成就斐然,并率先实现了从计划经济向市场经济的转型。在政治改革方面,蛇口却浅尝辄止,虎头蛇尾,包括当年某些轰动一时的改革。

作为意识形态领域的报纸,当年的新闻改革随之无疾而终,也好理解。皮之不存,毛将焉附?应该说,跟当初崛起时一样,蛇口淡出历史也有其必然性。“蛇口模式”曾经创造了不少辉煌,却也缺乏内在的逻辑性与必然的延续性。

同理,一张企业办的报纸,在初期可以扮演“一唱雄鸡”的角色,却终究难以辐射“天下白”。《蛇口通讯报》中途夭折,即是为“初试啼”所付出的代价。而《蛇口消息报》后期及时转型定位为“富于现代人文精神,社区居民十分喜爱,领导机关感到有用”的社区报,才使它得以稳步走到今天,并获得了发展的可持续性。

今天看蛇口,作为物质形态的蛇口工业区已还原为纯粹的企业属性,并淡出了历史的视野。然而,作为一股洪流的初潮,一个时代的标签,一种精神的象征,“蛇口光芒”与“蛇报火花”,依然闪烁在历史的天空。中国改革开放仍在往前走,新闻改革也未停止探索脚步。当人们试图寻找某个改革的起点与版本时,“蛇口”,无疑是一个值得审视与探究的不可多得的标本。

第二章

探　索

深圳经济特区生长、聚集了万家企业。20 世纪 90 年代初,"下海"、"闯深圳"是最时髦的流行语,不同地域文化,不同思想观点在这里汇聚、交融和碰撞。对于刚刚萌芽"市场经济"观念的一代特区创业者来讲,面对文化背景繁杂的员工们,他们需要一种东西来引领和统合,于是便有了"企业文化"。"企业文化"是企业价值观的体现,传承先进的文化思想。1992 年《万科》周刊应运而生,这是王石的作品。王石认为一张企业报的承载实在有限,他要办一本周刊来对内沟通自己的员工,对外传播企业的声音。《万科》周刊开宗明义提出了"企业精神、人文情怀"的全新办刊理念,体现了特区人敢为天下先的精神,改变了长期以来企业报是企业党委喉舌和工具的固有概念。《万科》周刊不说大话官话空话,贴近经济和企业运行实际,在企业传媒中吹起了一股无比清新的风。一石激起千层浪,《万科》周刊现象即刻在全国企业中引起强烈反响,一时间深圳许多企业纷纷跟进。作为中国第一批上市企业,中国宝安集团迅速招兵买马,引进人才推进自己的月刊《宝安风》,《宝安风》站在中国经济前沿,传播企业的声音和文化诉求。

第一节　《万科》周刊：创造健康丰盛的人生

万科企业股份有限公司成立于1984年5月，是目前中国最大的专业住宅开发企业。2008年公司完成新开工面积523.3万平方米，竣工面积529.4万平方米，实现销售金额478.7亿元，结算收入404.9亿元，净利润40.3亿元。

万科认为，坚守价值底线、拒绝利益诱惑，坚持以专业能力从市场获取公平回报，是万科获得成功的基石。公司致力于通过规范、透明的企业文化和稳健、专注的发展模式，成为最受客户、最受投资者、最受员工、最受合作伙伴欢迎，最受社会尊重的企业。凭借公司治理和道德准则上的表现，公司连续六次获得"中国最受尊敬企业"称号，2008年入选《华尔街日报》(亚洲版)"中国十大最受尊敬企业"。

万科集团的企业文化特点：创造健康丰盛的人生。

一、万科：企业文化是企业核心竞争力的源头

在深圳改革开放30年的洪流中，尽管任何一个企业都有它不可替代的独特性，可是作为房地产业翘楚的万科却是最不可能重复的。深圳的巨变是一部鲜活的改革开放大戏，万科无疑是其中最为耀眼的角色之一。

跟大多数那个时代的企业一样，万科出身卑微，不过是靠倒卖录像机起家，纵然改革开放确立了它们的合法地位，不必担心遭遇10年前常见的"投机倒把"罪名，但是这批中国的第一批企业远远谈不上拥有什么社会地位，不过万科从来就没有打算泯然于众，就像一个青春期的少年，他不满意被成人社会漠视，他总要不遗余力地张扬自我，以叛逆的方式反抗传统价值观，并创建新的价值观，最终为主流社会所认可。

二、万科最大的骄傲

在一次次地不断挑战传统，提出新的价值理念时，万科无意识地开始了企业

文化的建设,因为企业文化就是公司上下共同认可的价值观的统称。二十多年的发展,万科打造企业文化从无意识到自觉主动,并上升到一种企业经营的战略高度。在万科董事长王石看来,企业文化应该是"企业核心竞争力的源头","要成为高瞻远瞩、可以面对巨变、数十年繁荣发展的持久公司,第一步也是最重要的一点,就是明确核心理念",在管理层如此高度重视下,"在房地产业还不成熟的时候,万科就确立了价值观",这也被王石认为是万科最大的骄傲。今天,万科对于企业文化已作出明晰描述,每个员工从入职的时刻就开始接受万科企业文化的洗礼。

价值观显然需要通过媒体来传递,在企业内达成共识,这才最终成其为企业文化,万科内部媒体《万科》周刊无疑要算建设企业文化的大功臣。创刊于 1992 年的《万科》周刊最初只称得上几页纸的小册子,印刷很简陋,只是 8 页纸的内部通讯。逐渐地,《万科》周刊成为从老总到司机人手一册的读本,企业的价值观由上而下得到贯彻和理解。但《万科》周刊对万科企业文化的传播并不止于此,在 20 世纪 90 年代中期,这份只能以赠阅方式发行的刊物俨然成为中国财经界最炙手可热的读物,一本难求,乃至在思想界、社会精英阶层那里都有极大的影响力,万科的企业文化也逐渐为社会所知。在那个文化、传媒资源还较为匮乏的年代,这本企业内刊某种程度上成为了深圳的一个城市名片,它所传递出的一些企业文化价值理念和人文领域的思索甚至令一些北京、上海的文化精英愿意投奔深圳而来,他们是"被《万科》周刊带到深圳来的"。

对于万科和《万科》周刊在中国推进企业文化建设方面的影响力,中国知名的学者、曾担任《南风窗》、《第一财经日报》总编辑的秦朔曾经撰文提出这样一个疑问:假如没有万科创办的《万科》周刊,中国企业的文化建设会怎样?

三、以人为本

这个问题显然很难有准确的答案,但是万科对自身企业文化的描述却是十分明确:万科将企业的核心价值观定位为"创造健康丰盛的人生",2008 年王石在中国人民大学就此主题演讲时详细阐述说,实际上就是以人为本,万科深刻地认识到对人的尊重和对市场经济规律的尊崇是企业持续发展的根本。

事实上,对人的尊重和对市场经济规律的尊崇与深圳30年改革开放的轨迹是一脉相承的。始于1980年改革开放有一个众所周知的宏大历史背景,僵化的计划经济体制日渐瓦解,传统的计划经济体制乃至中国传统文化重视集体意识,忽视个体的经济理性,但市场经济体制却是以尊重个人、解放对个人的经济束缚为前提,当经济体制改革率先在深圳这个改革试验田萌芽时,尊重个人的意识也在这个试验田里生了根,个人出于经济理性创建的企业取代政府成为市场经济的主体,成为自由、独立的企业公民,诞生于1984年的万科便是这样一个企业公民。

这个企业公民自诞生后便不遗余力地推广尊重个体的现代意识,张扬自己的个性;这个企业公民深知尊重个体不单只是尊重自己这个个体,而是尊重企业运行中遇到的每一个个体,包括客户、行业竞争者,尊重企业微观运行环境中的每一个个体意味着要遵循市场经济运作的游戏规则;这个企业公民还将尊重的"人"的含义放大到全社会,当它成为世界第一的房地产企业后,它开始尊重社会,履行企业公民的社会责任。

四、《万科》周刊:尊重人的产物

承载着传播万科企业文化的《万科》周刊实际上本身就是一个尊重人的产物,同样是企业的价值观、经营理念,相对于至上而下派发一份生硬的、命令式的、必须执行的公司制度文件,或许高层在《万科》周刊上登载一篇小文更能令员工感到被尊重,更愿意思索。《万科》周刊曾经刊载的王石2004年新春致辞阐述了尊重人对于公司的重大意义。

企业内刊上传下达只是一项规定动作,仅仅完成这个远不值得令人称道,《万科》周刊之所以更为卓越,或许在于它对于人性更深层次的尊重。企业文化从来不只是自上而下,更重要的是在基层员工那里达成共识。尊重人便要尊重人的多元化,尊重人的差异性,《万科》周刊要做的就是呈现万科"人"的多元性、差异性。1999年,王石接受《北京青年报》采访时说:"《万科》周刊目的就是信息沟通,让不同的声音在这里得以听见,不用担心自己的领导怎么看,一篇稿子、一个化名就解决了"。

《万科》周刊第一任主编郭钧就是万科内部著名的“与王石持不同政见者”，或许是这样一个不同政见者主编为周刊奠定了发表不同意见的风格，并延续至今。实际上，这正是王石最初授意创办《周刊》时的初衷：一个独立于企业之外的观察者、评论者。

《万科》周刊的第二任主编林少洲在一篇《企业刊物可以做些什么》的文章中这样描述周刊的功能，“在公司运作和管理上，周刊很多时候也近乎于鲶鱼的角色”，当时的《万科》周刊设有“管理八宝粥”、“意见传真”、“各抒己见”等栏目，由于这些栏目登载的来自员工的“真话”，甚至得罪了不少公司同仁，同时还设有“周刊评论”、“南腔北调”、“特别报道”等栏目，林少洲称，或许还令不少人有过不舒服的感觉。

《万科》周刊就是以这种令人不舒服的栏目、文字践行着万科倡导的“尊重人”的核心价值观，在万科的企业文化手册那里，“尊重人”有更为详尽的阐释，套用中国官方在解释“人权”的含义时所解构的那样：万科尊重人首先是尊重人的生存权和发展权，万科还进一步地尊重人的多元和差异性，正视人的精神需求。

五、财富意味着基本的生存权

万科为何会将尊重人放到如此高的地位？除了前文所提及的中国社会转型的宏大背景，还跟万科创始人王石的经历有莫大的关系。王石来深圳创业的历史和早期来深圳掘金的人并无二致，王石自己写到：“我在上个世纪的 1983 年从广州到深圳进行创业，当时已经 33 岁。当时我之所以到深圳创业是怀着理想和激情去的。与当时很多下海创业的人不同，我当时具备了两个条件，一个是我还很年轻，第二，我从当时的主流社会到了这样一个边缘地区，我当时在广东省外经委联络处工作，为什么到了深圳去？因为我当时觉得很受压抑，觉得这个社会是老人社会，论资排辈。我觉得深圳有这样的机会可以使个人进行创造、发挥个人的才能，前景怎么样不清楚，但是可以尽我的所能去做。我是以这样的理想去的深圳。我当时有一个想法，如果我能创建公司，如果我能做一个公司的领导者，我绝不让我所领导和管理的年轻人重走我的道路，就是十年媳妇熬成婆，看别人的脸色工作和生活。"①

不想压抑自己和公司员工的王石日后开始在万科推崇"尊重人"的核心理念,在那个个人经济欲望曾经被严重束缚的年代,尊重人、不想压抑人也意味着让他放开手脚去追求自己的经济欲望。事实上,在一个短缺经济、缺衣少粮的状况下,一个拥有财富的人便意味着拥有生存尊严,对于财富的追逐何尝不是对于个人尊严的追逐?万科便凭着无限的激情和梦想开始释放自己的能力,追逐财富和梦想,这便是当年的深圳梦中的一个场景吧。几年前有一本畅销书《深圳向左,天堂向右》中这样描述:(深圳)就像一个迅速膨胀的大面包,每天都有数不清的公司成立,每天都有数不清的人怀揣梦想、拿着边防证涌进这个南海边的小渔村。一夜暴富的传奇随风飘扬,公车上经常能听到这样的对话,一个破衣烂衫的家伙说:"我明天有一船货到蛇口码头,你要多少?"另一个同样破衣烂衫的家伙一脸不屑:"做贸易?那不是糟蹋钱吗,我刚在宝安圈了十几亩地,做房地产才能赚大钱,兄弟!"

1984年万科公司的前身——深圳现代科教仪器展销中心充分释放了自我的能力,该中心标榜主营业务是精英办公设备、视频器材的进口销售业务,但实际上,王石自己都笑称是除了"黄、赌、毒、军火以外",什么都觉得自己可以干干。

在万科早期的经营领域里,今天的人们大概想不到,万科还曾拥有过"万科模特队"、"万科牌服装"和"万科足球队"。当时深圳有一家深圳市模特儿中心,经营亏损,万科公司经过"严格考察和研究"后,于1991年的1月正式收购了深圳市模特中心80%的股权。当时模特中心还开辟了歌舞厅节目综合策划和制作、大型演艺项目经营等业务,进入镭射影碟的发行业,建立了全国性的镭射发行网,还成立了激光影音部。

而跟房地产毫不相关的"万科牌服装",则起缘于万科的管理团队当时认为这是一个拥有广阔市场的行业。于是,承租了一家只能生产西裤、短裤的小厂,

① 参见王石:《创造健康丰盛的人生》,王石在中国人民大学劳动人事学院的演讲稿,2008年1月5日。

希望以此进军服装业，为此还专门成立了服装公司。

截至 1988 年万科公司成立时，已经形成了商贸、工业、房地产和文化传播四大经营领域。这个不想压抑自己的万科果然释放了自己对经济欲望的追求，早期的万科公司进入任何一个领域，大都以成功取胜，使得万科当时在深圳有一个外号“金手指”，意指万科做什么都赚钱。

一个正忙着赚钱的个体首先要解决基本的生存权，但是两年后，在解决了基本的生存权后，《万科》周刊的前身《万科简讯》就诞生了。1990 年 11 月 4 日创刊的《万科》周刊都只是一份小简报。引用该刊第一任主编郭钧的话来说，《万科》周刊“一开始是以单页快报的形式出现的，是一份小报纸，它每期 5 到 6 篇文章”。“《万科简讯》历经一年零三个月，发刊 100 余期（含增刊、副刊）”，到 1992 年 3 月 12 日植树节这天，终于结束了其历史使命。

新诞生的《万科》周刊受到董事长王石的高度重视，从其办公室的位置设置亦可以看出。在深圳万科总部，独立的王石办公间外，就是《万科》周刊编辑部。虽然王石不决定稿件的选用，不过据现任主编韦业宁回忆，其“每期必看”，而且历任周刊主编几乎都是王石身边重要的助手之一。

六、持续发展和领跑

万科之所以成为日后中国排名第一的房地产公司，显然并不止于投机抑或淘金，或许是珍惜这中华民族上下五千年来之不易的机会，万科特别愿意学习进取，更进一步把握发展机会。

讲述万科的持续发展用一整本书的容量也不为过，不妨以《万科》周刊的发展轨迹来管中窥豹：1992 年，《万科》周刊出现；1999 年，《万科》周刊论坛网站筹建；2004 年 4 月，《万科》周刊推出地产员工版；2006 年 8 月，《万科》周刊推出万科物业员工版；2008 年 11 月，《万科》周刊论坛推出新版；2008 年 12 月，《万科》周刊“员工版”电子版正式推出。

万科 20 多年的巨变、持续发展，成为一个行业领跑者，靠的是不断地学习新技术、新知识，并积极创新。“学习”也是万科企业文化中的一个重要内涵，万科企业文化手册提倡，学习是一种生活方式。在一本记载王石语录的著作《王石管理日志》目录中，以“学习”为标题的讲话多达7处，学习的榜样古今中外皆有，万科学习日本的丰田、索尼，学习大型国企的管理制度，学习美国的帕尔迪、西点模式和慈善体制。

曾担任香港华润创业有限公司总经理、北大光华管理学院访问教授的黄铁鹰是万科的长期的战略合作伙伴，收购了曾属于万科公司的怡宝蒸馏水公司后这样评价万科：这是一个可怕的公司，因为它们不拒绝学习。黄铁鹰记载了他和王石的一次电话沟通，王石在电话里向他抱怨，华润创业的收购条件为什么这样复杂和苛刻。原来他指的是：香港律师要求万科公司在收购前要签署30多条对怡宝蒸馏水公司的资产和经营状况担保的条款。于是，黄铁鹰很礼貌和委婉地解释这是收购方对收购对象的一些不确定问题，要求出售方给予承诺的合理要求。讲着讲着，王石有点急了，他开始指责华润创业不信任万科，没有收购诚意。于是，黄铁鹰也急了，说话直截了当了，“你也是个商人，请你站到我的角度看看，如果我把怡宝收到手后，怡宝在你经营时期的应收款都收不回来，那怡宝还值这个价钱吗？如果你对你的企业那样有信心，为什么你都不敢保证它的应收款有90%能收回来？如果你说这些厂房和设备真是你合法拥有，你为什么连这个事实都不能白纸黑字地承认？”讲着讲着，他发现王石不吱声了，沉默了一会说：“那我们再考虑考虑吧。”3天后，万科在我们律师起草的收购合同文本上签了字。于是，怡宝的收购成了黄铁鹰在收购的14个公司中速度最快的一个。更让黄铁鹰意外的是：签字时，王石当着他的一群下属，盯着黄的眼睛说：“我们今后收购和兼并企业，也要向你们学。你让我们知道了专业和非专业的区别，我们4年前收购怡宝时，只用了1页半纸的合同，而你们收购我们是用了30页纸。我想专门请黄先生给我们讲讲企业并购的问题。”

在尊重和促进人的“发展权”上，《万科》周刊的作用体现得尤为明显。作为一本内刊，《万科》周刊有着大众传媒都艳羡不已的撰稿队伍。在2005年之前，在《万科》周刊发表文章的人多是在中国经济学界成名已久的学者，不乏德高望重的老前辈；文章论题已经远远超出一般企业刊物所辖范围，多是有关宏观经济、社会变迁、制度改革等较大的话题，理念很新，甚至不乏彼此之间的争论；《万科》周刊的文章被媒体所转载的频率，也远在一般杂志之上。来自重量级人物的大手笔和小思索何尝不是万科发展的一剂超级养料？万科的员工们在闲暇时便可以吸收到这些养分。王石自己也时常以“帆生”的笔名在《万科》周刊上撰文对房地产业的反思。即使不是名家手笔,《万科》周刊编辑部自行撰写的一些篇章也是针对当前房地产业界的热点话题的详尽阐释,浸润在这样的土壤里,想不发展都难。

《万科》周刊还特别为“学习”做过一期专题,不愿意墨守成规的万科将“学习”叫做“研修”,实际上这个词也是学习来的,研修是日本人对“学习”的称呼,王石到日本参观后便将“研修”这个概念引入到万科,在这一期的封面上,便是“研修:第四种修炼”。

为尊重人的发展权,万科特别重视员工培训,针对那些即将跨入万科的大学生们,万科开展了一个名为万科新动力的培训计划。不仅是针对新员工,从 2004 年起万科还为即将退休的老员工培训,让他们在离开万科后,能继续有从社会获取收入的能力。

万科成长的早期和深圳所有的企业一样积极地吸取外来的养分,但是时至今日,房地产业界发出“学习王石好榜样”的口号后,也有人称其为中国教父级的 CEO,万科仍然在持续地学习,这或许是其能够持续发展的秘诀之一吧。就拿万科最令业界称道的专业化而言,2008 年已经相当成熟的万科在台湾学习时发现,台湾专业的住宅公司竟然开发了几百套房子专门针对单亲妈妈,引起了万科的反思。

七、尊重个体的差异性

提到万科,人们很容易想到的是其董事长王石身上令人目不暇接的桂冠,他掌管中国最大的房地产企业,爱好广泛,忽而登顶珠峰,忽而滑翔,忽而又航海,还涉足南极。在商业社会里,王石还是广告代言的明星,是时尚杂志的座上宾,他就是以这种夸张的方式体现着一个“人”的差异性。与其说体现着差异性,不如说万科追逐这种差异性。这也与万科身处的深圳特区有莫大的关系,在当时的深圳,有关改革、市场、公司的各种多元化的讨论都可以轮番登场,这种舆论大环境显然也是造就万科尊重差异性的一个因素。

不仅是王石,万科所有的管理人员都有极强和外露的个人风格,坊间有句俗语,从万科出去的人有水土不服的现象,或许在中国当下的企业经营环境中,能像万科这样具有包容性的企业仍不多见吧。

《万科》周刊也是差异性的践行者和推动者,形成了比较明确的办刊方针,依然体现了其与广大的企业内刊巨大的差异性,这就是曾任周刊特约撰稿人的王石所提出的编辑方针。这个方针衍化到后来,概括成为《万科》周刊广为人知的一句话:"企业视角、人文情怀"。这句话成为了《万科》周刊独具特色的口号。时至今日,中国多数企业内刊都受到这句口号的影响。

何谓企业视角,这里选一期《万科》周刊的专题做阐释。《万科》周刊第531期曾刊载了奥运会专题系列文章,如《更高、更快、更有钱》、《不再奥运》、《谁是奥运牛》、《联想奥运》、《万科离奥运还有多远》五篇文章,分别的阐述角度为奥运会全球合作伙伴的"门票"价格高低,为何柯达、IBM等退出赞助行列,为何蒙牛乳业集团等企业会被误认为是奥运会赞助商,联想的奥运全球合作伙伴之路,万科是否要打奥运牌。这样的报道与阐释视角,可谓是在商言商,从企业自身来谈论企业。

从企业视角上来做文章,使得刊物更具有来自企业、商业实践第一线的氛围。这种原生态的东西,相比众多媒体加工后的口味,更能让沉浸其中的人热衷。

《万科》周刊虽是内刊出身,但是其运作模式被差异化地叫做"定向出版",现任主编韦业宁称这源自美国的企业内刊模式。美国人给企业杂志取了一个学名"定向出版"(Custom Publishing),包括主题出版物、杂志、时讯性内刊、网站、商业指南等,其中32%是杂志。它是基于内容传播的行销工具,以直接接触客户的方式,传播完全量身定制的信息,以增加品牌认知度、渗透度和忠诚度以及产品销售为目标。

对定向传播模式的定义,不同的学者、周刊参与者还有不同的见解。依照中国社会科学院文学研究所助理研究员杨早的观点:《万科》周刊显然不太想做成一本商业刊物。当然它也不是严格意义上的同仁杂志,但从它一直对"企业视角"和"人文情怀"的强调,它对于弘扬某些理念,推动某类思潮,构建某种氛围,应该也有自己的思考进路。

在运作方式上,《万科》周刊一开始就借鉴国外的新闻出版模式,设置了新式的组织架构:1994 年 1 月 11 日,笔名为潮生的编辑人员发表公告,“新年周刊在组织架构上所做的第一件事不是别的,乃是把编委会解散,取消编委建制”。

翻看周刊的原始资料,可以查阅到,这个决定是在 1994 年 1 月 8 日周刊的第二次编委会上作出的。万科集团当时的总经理,周刊首席编委王石认为:真正为周刊发展呕心沥血的是编辑部人员,编委固然对周刊也有不少支持,但与编辑部人员相比投入精力远远不及,所以在贡献上不宜强调编委,反而忽视真正该强调的编辑人员。其言外之意,就是不能导致“出力不出名,出名不出力”的局面。

王石的观点得到了与会编委的一致认可。主编林少洲提出:编委制盛行于国内,境外刊物多无此建制。作为一本以境外优秀刊物为参照系的出版物,周刊在实际运作上也以借鉴境外经验为主,编委会更多的是扮演撰稿人角色,而并未从组织角度对周刊的编辑方针发生影响。

事实上,自从 1993 年 7 月底第一次编委会宣布成立,到第二次编委会宣布解散,事隔半年才有一次会议,说明这种组织确实形同虚设。根据当事人回忆,“两次开会主题都是文章如何写法,十足十的撰稿人会议”。有鉴于此,解散编委会确有还其本色的味道。王石在编委会上提出,对编辑部其他未予列出的“幕后英雄”,《万科》周刊应参照境外刊物的界定方式全数列出。

1997 年 12 月 21 日,《万科》周刊总第 275 期,姜宇自万科文化公司杀回周刊担任主编一职,“特约撰稿人”阵容被精简:首先被斩于马下的是王石本人和担任万科文化公司的总经理郑凯南,给现最高上司与原顶头上司来了个下马威;同期被斩的还有两位,即周刊第一、二任主编郭钧和林少洲。

“外行人办刊物应该算周刊的一个特点”。这是王石曾经的一句回顾之谈。回顾当初,那种现象与其说是特色,不妨称之为无奈更有解释力。试想,在 20 世纪 80 年代末 90 年代初,要从一个国家包生老病死的新闻出版机构跳槽去一家私营小企业的内刊,其所要突破的樊篱并不少。于是,就有了这种现象,《万科》周刊的编辑基本上都不是学新闻、搞编辑出身。第一任主编郭钧是学社会学的,第二任主编林少洲也是学社会学的,第三任主编丁长峰是学国际政治的,第五任主编姜宇是学经济管理的,而现任主编韦业宁,则是毕业于中国人民大学金融系。

办刊的非专业性比较容易突破惯例,体现和传统刊物的差异性。一个凸显其先行性的例子,即是《万科》周刊刚出版时,就在人员目录中,将编辑部全体人员悉数亮相。"全数列出",在今日,已基本上成为市面上各种杂志的通例。不过,在1994年,这个通例的施行,带有一种罕见的刊物内部追求平等化的色彩。

八、传媒集团的梦想

尊重人本身就是来自文艺复兴时期的人本主义思想,这属于精神层面,而万科这个逐利的经济个体却始终对精神层面的东西颇有关注。万科尊重人亦包括正视人的精神需求,以至于本来只是企业内刊的《万科》周刊还一度有着传媒集团的梦想。在《万科》周刊创刊之处,借地利之变,万科的编辑人员有更多的机会接触香港媒体,第二任主编林少洲和他的同事们参考香港《信报》、《壹周刊》等相对先进媒体的运作经验,要把《万科》周刊办成市场经济的《新青年》。"要做到这一点就必须要布道,让所有看到这个刊物的人们内心振奋。"林少洲自称"在万科的前4年,主要是为传媒集团的梦想在奔波,直到现在仍痴心不改"。

万科这个有着极强精神追求的个体在早期也始终对属于精神层面的文化产业恋恋不忘。万科甚至还组建了影视公司,1986年制片人郑凯南来到深圳,因为没钱,开始向各大企业拉赞助。因为向深圳万科要钱,而使她最终在片子拍完之后的1988年,成了深圳万科影视公司的总经理。这家公司早期知名的电影有《过年》和《找乐》,这两部拍摄于20世纪90年代初的电影均以当代普通中国人的家庭生活为题材,风格朴素却充满了民族传统色彩与人情味,推出后犹如平地一声雷,开创了当代中国电影的一阵新风,不仅在国内异常火爆,而且在国际上拿回了包括东京国际电影节在内的近十个国际电影大奖。万科对精神层面的追求可见一斑。

万科亦倡导员工的精神追求,在万科企业文化手册中,最核心的价值观即是倡导丰盛的人生。丰盛的人生是指:在工作之外,鼓励所有的员工有身心的健康、家庭的和谐,追求个人生活内容的极大丰富。在当下中国经济利益至上的语境下，这可以理解为除了追逐财富，必须要追求精神层面的生活。王石作出了最好的表率，在《万科》周刊的论坛上，王石“online”栏目关注频率更高的不是企业发展，而是那些丰盛的生活内容，万科的员工也组建了各种运动俱乐部，他们相约在《万科》周刊电子论坛。

九、《万科》周刊：万科的“黄埔军校”

对于《万科》周刊，有一个传奇般的称呼，那就是万科的“黄埔军校”，其历任主编、甚至编辑，都相继被委以重任，或成为万科各大分公司的领军人物。自《万科》周刊1992年3月12日创刊以来，前三任主编——郭钧、林少洲、丁长峰已经分别被委任以天津万兴集团董事总经理、北京万科公司总经理及上海万科公司副总经理。第四任主编全忠曾任成都万科副总经理；第五任主编姜宇目前在华润创业任职；第六任主编单小海是前任上海万科销售总监，现任大连万科副总经理；第七任主编王永飚目前供职东莞万科总经理助理。

这个现象在房地产界被人概之为“《万科》周刊现象”，以致周刊第八任主编——毕业于北京大学中文系的缪川，在创作完王石的传记作品《道路与梦想》，调任无锡分公司营销总监后，有网友以此为例，写出：《从缪川晋升想到教师的职业发展》的文章，很讽刺地陈述道：“如果你（像缪川一样）只有四年教龄，你的基本头衔大概只有‘年轻教师’四个字。至于教导主任乃至校长之类岗位与你的距离，估计不会比地球至火星近多少”。

主编杂志的文人何以成长为职业经理人？这是媒体热议的问题，这大概与万科的一个核心价值观——致力于建设阳光照亮的体制有紧密的关系。中国知名的经济学家吴敬琏认为，所谓好的市场经济是建立在公正、透明的游戏规则之上的，即法治的市场经济。

改革开放30年的深圳也正是一直在这条道路上摸索前行的。作为这个经济体系中的一分子，万科自觉地推动、高举旗帜倡导阳光透明的体制。《万科》周刊自然也长期为这一价值观鼓与呼，长期浸润在市场经济游戏规则的主编何以不能在这海浪中掌舵远航？

十、万科永不行贿

在中国这个长期行政体系主导的国度里，想办点事绕不过政府或主管部门，在人们传统的思维里，行贿、寻租是一个常态，但是万科却不遗余力、不厌其烦地讲述着一个“万科永不行贿”的故事，这一故事之所以能够发生，大概也是因为其地点是在特区草创的深圳，官员们抑或主管机构也在追求建立一个公平、透明的经济运行环境。今天深圳拥有更为透明的游戏规则，是政府和企业合力的结果。

王石在自己的自传里也形象生动地讲述了“永不行贿源于一次未遂行贿”的故事。

> 我的玉米畅销时，从成本的角度考虑，超过200公里距离，通过铁路运输较划算，但特区内的饲料产品并没有纳入铁道部门的货运计划，要想利用铁路运送成品饲料只有申请计划外指标。打听下来，计划外指标却很难申请到。
>
> 我了解到笋岗北站货运主任姓姚，抽烟，也得知了他的住处。怎么同姚主任套近乎呢？交代手下邓奕权花了20元买两条三五牌香烟给姚主任送去，“烟放下，什么也不要说就回来。”
>
> 两个小时后，小伙计提着香烟回来了，“主任不收”。
>
> “真没用，两条烟都送不出去！不会赚钱，还不会花钱？”
>
> 我决定亲自出马。骑自行车到了铁路宿舍。敲门进了屋，将两条烟放到了桌子上，动作却不大自然。为了获得商业上的某种好处给对方送礼，我还是第一遭。
>
> “要车皮的吧？”货运主任笑吟吟地问。这种开门见山的询问，让我反而不知该怎么回答。若说“是”，突兀了点；若说“不是”，我来干吗？“能给批两个计划外车皮吗？”
>
> 姚主任将两条烟递到我手上：“哪，烟你拿回去，明天你或小伙计直接去货运办公室找我。别说两个车皮，就是10个也批给你。”我愣住了。

> “我早注意到你了,你不知道吧?在货场,常看到一个城市模样的年轻人同民工一起卸玉米,不像是犯错误的惩罚,也不像包工头。我觉得这位年轻人想干一番事业,很想帮忙。但我能帮什么呢?我搞货运的,能提供帮助的就是计划外车皮。没想到你还找上门来了。你知道计划外车皮的行情吗?”
>
> “什么行情?”我一头雾水。
>
> 主任伸出两个手指头:“一个车皮红包100元,两条烟只是行情的1/10。”
>
> 带着两条烟返回东门招待所。躺在床上脑海里浮现着姚主任的那张笑脸,是嫌两条烟太少还是真想帮忙?辗转反侧,一宿难眠。翌日,顺利办下两个计划外车皮指标。
>
> 通过这件事,我悟出一个道理:在商业社会里,金钱不是万能的,金钱是买不来尊重和荣誉的。想通了,也清楚了经营企业的底线:绝不行贿!在不规范的市场环境中,这或许在短期内会遇到问题和麻烦。但从长期来看,市场一旦公平化,大家都是处于同一条起跑线时,我们就处于一个很主动的地位。①

在推崇这一价值观上,实际上万科在下一个理想主义的赌注,那就是坚信中国市场经济运行会越来越规范,会越来越尊重经济运行的客观规律,是的,万科赌对了!这也是坚持规范化的万科能够走到今天并成为行业老大的原因。

坚持规范化运作并非嘴上一句漂亮话那么简单,毕竟是几千年积习的文化传统哪有那么容易甩掉的道理,万科在很多城市运作的时候也被认为“不识做”,遭遇并不公正的待遇,不过令万科欣慰的是,由于《万科》周刊,竟然减少了一些遭遇不公正对待的机会。王石自称在有一些城市拿不到地,但很偶然地,由于当地领导一直收到《万科》周刊,并因此认同了万科的价值理念,给予了万科参与的机会。

---

① 王石、缪川著:《道路与梦想——我与万科20年》,中信出版社2006年版。

十一、客户是永远的伙伴

在万科的企业文化里，客户是永远的伙伴被放在重要位置。“客户是永远的伙伴”意味着：客户是最稀缺的资源，是万科存在的全部理由；尊重客户，理解客户，持续提供超越客户期望的产品和服务，引导积极、健康的现代生活方式，这是万科一直坚持和倡导的理念。“在客户眼中，我们每一位员工都代表万科。我们1%的失误，对于客户而言，就是100%的损失。”

处理跟客户的关系就离开不了客户的投诉，无论是在《万科》周刊还是万科的网站上都有投诉的专栏，投诉的内容全部公开。万科甚至创造了诗意的语言：“让万科在投诉中完美”。万科分布于全国20多个城市的项目都开设了这一网络沟通渠道，业主、客户在与万科打交道的过程中遇到任何不满，都能以公开、直接的方式表达出来。

支持万科客户关系管理的系统也是来自市场经济体系下的一个新鲜物：物业管理。20世纪80年代的深圳率先在全国推出了以服务客户为理念的物业管理，抛弃了其他城市的更具行政色彩的居民委员会的基层管理模式，万科物业管理后来也成为了全国响当当的品牌。在尊重客户的理念基础上，万科更进一步在1991年牵头成立了中国第一个业主委员会“天景花园业主委员会”，实则是将客户摆在了跟物业管理方完全平等的位置。

十二、超过25%的利润不做

作为房地产业的翘楚，万科毫不吝啬将自己对房地产业运作规律、走势的判断跟同行交流。在房地产业日渐蓬勃时，万科有一句著名的口号：超过25%的利润不做。这虽是万科自身的经营理念，但却反映了整体房地产业界的状况。热衷于将自身教训传递给行业的王石也不断地讲述这一令人惊诧的判断缘由：

> 万科做贸易出身，20世纪80年代做录像机，也做过200%—300%的利润生意。因为是超额利润，许多公司都进口录像机，供过于求，录像机降价，销售的边际利润就开始下降，甚至利润变成负数。今年，我让财务将万科从

> 1984 年到 1992 年的贸易记录整理了一遍，赚钱用黑字表示，赔钱用红字表示，结果红字多于黑字。这说明这么多年贸易的结果是赔钱超过赚钱；这也说明市场很公平，先前你怎么暴利赚的钱，之后你都得吐出来，而且还要多吐。
>
> 现在的房地产火爆同 20 世纪 80 年代的贸易何其相似。如果任由下去，一旦市场逆转，利润空间变窄，你怎么办呢？①

万科超过 25% 的利润的理性思维获得了市场的认可。在许多发展商艰难度日的宏观调控期间，万科地产的规模以平均 70% 的年均速度递增，到 1998 年，万科突然发现自己排在了沪深两市上市房地产企业的第一名。

凡此种种万科对地产业界的判断也时常出现在《万科》周刊上，《万科》周刊从来就不止关注万科，而是关注整个业界。

十三、万科的专业化

万科在二十多年的发展中，在企业自身建设方面最值得人称道的当属其“做减法”，专注于住宅业的发展。万科自称很骄傲，在中国企业界一直坚持专业化的发展战略，从 1992 年起就已经坚定地专注做一个行业。时至今日，王石很骄傲地说，只需要 10 秒钟就能说清楚万科是个什么公司，也正是这样，万科才逐渐发展成为中国房地产业响当当的品牌。

为了专注做房地产业，从 1994 年开始，一些曾经运作得很好的项目相继被调整出去，这也是业内人士所称的“做减法”。在王石的坚决主张下，被减掉的有日后在零售业占据一席之地的万佳百货，有知名的“怡宝”饮用水。在“做减法”的同时，地产却在深圳、上海、北京的多个城市成功运作。

如果说理想主义和坚持让王石能够成功的话，坚持制度化生存，则将王石和很多其他的成功者区分开。王石一直坚持透明化运作，遵循制度规则，他多次总结说，房地产业发展初期或许有很多不规范交易，但万科能取得现在的成绩恰恰

① 王石、缪川著：《道路与梦想——我与万科 20 年》，中信出版社 2006 年版。

是坚持规范经营的结果。

万科在成长初期一件轰动的大事是主动进行股份制改造，这也是王石力主规范化运作企业的结果。20 世纪 80 年代，深圳的国有企业日子都过得红红火火，虽然早在 1986 年，深圳特区政府就下达红头文件，在国有集团公司系统推行股份制试点工作，王石所在的万科也属于深圳一家国有集团的下属公司，主管公司从来未对此有过任何改动的意愿，倒是作为下属的王石认识到股份制改造后，万科才会朝着符合现代企业规范的方向发展。当主管的上级国有公司得知王石要进行股份制改造时，断然拒绝，甚至还闹到当时的市政府办公厅，王石不愿意放弃这个规范企业发展的改革创新路子，主动找到深圳市委书记李灏，请求帮助实现改革。

更令人想不到的是，1999 年，王石自己主动把万科“卖”了，寻找到了有海外背景的婆家华润。被华润收购，意味着王石本人也有被炒掉的可能性，但是王石认为，万科要发展，必须建立现代企业制度，而华润能够在将来如何运作大企业及融资方面起到作用。当年参与收购的香港华润创业有限公司总经理黄铁鹰感慨说，公司在并购前曾请会计师事务所审计万科的账目，得到的答案是，“这是所建账目最清楚的中国公司”。

十四、《万科》周刊的专业化

与万科倡导的专业化一致，走上正轨的《万科》周刊一直在追求专业的运作。《万科》周刊在发展的过程中，发生了几次重要的变动：

一是从月刊到双周刊。从大环境上，扩版有其深刻的外部原因。从 1998 年开始，随着中国互联网络硬件设施的逐步普及，主要门户网站如新浪（创办于 1997 年）、搜狐（创办于 1998 年）、网易（创办于 1998 年）等的相继涌现，中国迎来了信息化、网络化时代。在这种情况下，社会上受众的信息源逐渐由短缺变为过剩，与此相伴随的是，受众的注意力变成稀缺资源。随着每单位杂志传播效率的下降，增加传播次数就成为了争取注意力的必然手段。

二是分立内部版与外部版。从一个版本，发展为三个版本。《万科》周刊开始了中国企业刊物的一次大胆尝试：将刊物逐渐分化，分成内部员工版、外部版，并增设物业员工版。

企业刊物开始针对内部读者与外部读者量身定做不同的版本，这几乎成为了中国大部分企业刊物的发展趋势。每一家企业刊物，当它成长到一定时候，都会遇到这个瓶颈。企业刊物要兼顾外部读者，注重对外内容，无疑很重要，否则企业刊物无法完成在外部的公关宣传与企业形象塑造；而专注于企业自身上下的员工，这是企业刊物安身立命之本。企业刊物存在初衷就是充当企业内部各阶层相互交流的平台。但是，在信息与新闻传播中，根据众所周知的读者对消息关注的“相近性原则”，外部读者对“企业家务事”缺乏兴趣，而内部读者也不指望在一本企业刊物上读到高深的、适合外部读者的内容。所谓众口难调，在这种情况下，分家在所难免。

《万科》周刊的内外分开是在 2004 年，分开之后，变化的并不是《万科》周刊外部版，而最大的变化是在原来的基础上多了一份万科员工所熟悉的《万科》周刊员工版。

三是从内部员工版分离出内部物业员工版。物业员工版是考虑到物业员工属于劳动密集型行业，而地产行业属于典型的资本、知识高度密集型行业，两种从业人员禀赋、爱好、知识层次等完全不同。

作为《万科》周刊年度精选文集的《白领》丛书，从 1993 年开始进行年度出版，至今已经出至第 14 季，且版版畅销，这几乎是一个民营企业的奇迹，它替深圳等多个中国城市勾画了白领影像轮廓。

什么是《万科》周刊所界定的白领？有人曾如此在《万科》周刊上发文认为，白领首先应该是一种现实的理想主义态度：有思想，但不故作高深；有追求，然而并不偏执；有激情，同时拒绝狂躁；有幽默，但绝不流于油滑；有立场，同时宽容别人的思想……坚持兼收并蓄、自由开放的姿态。但也有学者如此认为：“《万科》是深圳的精神产物，《白领》则是《万科》的精神产物，也是企业家的精神产物。”

十五、万科要做好的企业公民

2008 年汶川地震后，由于董事长王石在捐赠方面不合时宜的发言，使得万科遭遇了前所未有的信任危机，这场“捐赠门”以王石的道歉告终。但事实上，万科在履行企业公民责任方面一直走在中国企业家的前列。自从1999年辞去总经理职务后，王石这位万科的精神领袖带领着万科越来越深入地关注整个社会，他个人甚至将三分之一时间投入公益，这使得万科多次获得“最受尊敬的企业”、“优秀企业公民”的称号，这是万科所渴望的。

2006年，万科提出“变革先锋、企业公民”，将这一年视做万科的企业公民元年，在王石看来，行业领跑者的位置不仅意味着业绩和能力的领先，也意味着更广阔的社会责任和引领行业健康的使命。

在上海正在进行的世博会上，名为2049的万科馆展演内容中的五个故事也都是从不同方面讲述了人、城市与自然之间的故事。在“感动”之后，万科馆希望引起参观者对城市、人与环境之间关系的“思考”，并在思考之后从自己能力所及的地方着手行动。万科馆从建筑材料、展演内容等方面都希望能够回应“尊重”自然的主题，这正是《万科》周刊“企业视角、人文情怀”在世博会上的延展。

第二节　《宝安风》：风从宝安来

中国宝安集团股份有限公司成立于1983年7月8日，是新中国第一家股份制企业，总部设在深圳。

经过27年的发展，中国宝安集团目前拥有上市公司——中国宝安、马应龙药业、深鸿基和全资企业及控股企业二十多家，已发展成为以高新技术业、房地产业和生物医药业三大产业为主的投资控股集团。总股本109075万股，总资产93亿元。在高新技术业方面，拥有锂电负极材料市场占有率全球第一的深圳贝特瑞公司和锂电正负极材料完整的产业链。在房地产方面，开发足迹已遍及全国11个省、18个大中城市，开发项目近百个。“宝安·江南系列”被认定为“2008年中国房地产项目品牌价值TOP10”，品牌价值6.48亿元。① 在生物医药业方面，拥有荣获中华老字号、中国驰名商标的马应龙药业。在世界品牌实验室发布的“2010 中国最具价值品牌 500 强”排行榜中，中国宝安集团名列第 94 位，品牌价值达 90.56 亿元。②

中国宝安集团企业文化的特点：创新为源，和谐共赢。

没有宝安，就没有深圳——这里的“宝安”，是指老宝安县，深圳原是它的县城所在地、闻名中外的中国改革开放的窗口；没有深圳，就没有宝安——这里的“宝安”，指的是成立于 1983 年 7 月的中国宝安集团股份有限公司，一家和深圳特区同步成长的投资控股集团。

1994 年是《宝安风》的元年。也许是一种巧合，正在中国宝安集团刚刚走过十年创业历程之际，《宝安风》应运而生。从此以后，《宝安风》就是宝安集团营盘中的号角、阵地上的红旗。无论是凯歌高奏、风光无限的辉煌高峰，还是壮士断腕、关停并转的调整低谷；无论是“一大中心、九大总部”的全面出击，还是地产和生物医药两大主导产业的相继崛起；无论是资本市场上宝安功夫的频频出手，还是高新技术、地产和医药的三足鼎立；《宝安风》都是企业成长历史的忠实记录者和见证者。200 多期刊物，每一期专题，每一篇文章，每一幅图片，一字一句都浸透着办刊人的心血和智慧，都浓缩着宝安人的创业艰辛和胜利欢欣，都抒发着宝安人的真情实感，都寄托着宝安人太多的期待和希望。

一、敢为天下先

“敢为天下先”，这是一句老生常谈，可却是“宝安风骨”最传神的描述。在宝安集团近三十年坎坷伴着辉煌的漫漫征途上，那诸多的“新中国第一”无疑是

① 2008 年 9 月 20 日，由国务院发展研究中心企业研究所、清华大学房地产研究所和中国指数研究院三家研究机构共同组成的“中国房地产 TOP10 研究组”在北京发布了《中国房地产品牌价值研究成果》，中国宝安集团——“宝安 · 江南系列”获得 2008 中国房地产项目品牌价值 TOP10 称号，品牌价值 6.48 亿元。

② 2010 年 6 月 28 日，在北京举行的 2010 年（第七届）世界品牌大会暨 2010 年（第七届）中国 500 最具价值品牌发布会上，世界品牌实验室（World Brand Lab）发布了 2010 年（第七届）《中国 500 最具价值品牌排行榜》。中国宝安集团以品牌价值 90.56 亿元入围百强，居第 94 位。

最闪光的亮点。

2008年夏天,中央电视台一个摄制组到深圳拍摄改革开放30年的专题片,市委宣传部一位处长亲自带领摄制组,专程采访宝安集团发行新中国第一张股票的历史。

1983年7月8日,宝安集团的前身——宝安县联合投资公司挂牌,成为新中国第一家股份制企业,刚刚成立的公司可以说是"两手空空,囊中羞涩"。自古饥肠出奇策。形势把公司逼到一条不靠国家拨款而靠自己筹款的窄路上,被困境逼出闯劲的宝安公司"拓荒牛"们终于想出点子:发行股票。就这样,公司于1983年7月发行了新中国第一张股票。

当年宝安县文化馆的一名普通美术工作者,现任深圳市美协主席的骆文冠讲述了他当年设计股票时的情景,依旧栩栩如生:远方海面无尽的波澜里是点点的鱼帆,近处惊涛拍岸,银珠四溅,一只矫健的大鹏鸟羽翼戟张,凌空翱翔。宝安集团创业元老之一的曾伟利,这位当年骑着自行车走街串户推销股票的"老宝安",至今还保存着第一张股票的设计草图。像当年安徽凤阳县小岗生产队的那张皱巴巴的分田到户契约日后被珍藏在中国历史博物馆一样,中华人民共和国的第一张股票被纽约的博物馆收藏。那一纸契约,成了中国农民告别饥饿的宣言书;这一张股票,成了中国人民冲破桎梏发展经济的挑战书。这一张小小的股票,打破了三十多年来一直禁锢着人们头脑的"股票是资本主义的专利"的固有观念,在新中国的经济体制发展史上开创了一片历史的新天地。

从这第一张股票开始,宝安集团以"敢为天下先"的气概,连续创造了九项"新中国第一":在国内最早收购机场(武汉南湖机场)、进行房地产开发;发行新中国第一张企业可转换债券——宝安可转换债券;成功策划武汉商场成为深圳第一家异地上市公司,成立新中国第一个财务顾问公司——安信财务;发行新中国第一张中长期认股权证——宝安认股权证;首次通过证券二级市场控股上市公司——上海延中实业;分拆马应龙,成为中国境内首家分拆企业上市的上市公司……

宝安人的血管里,一直流淌着创新的基因。正是因为这种第一个吃螃蟹的创新精神,宝安集团才演绎了中国资本市场上那一幕幕风生水起的传奇。宝安人血脉中流淌的创新血液，让他们不断创新求变，抢占了一个又一个的制高点，创造了一个又一个第一。追求创新、追求卓越的精神使宝安人不满足于过去的成绩，宝安人没有躺在曾经的辉煌上睡大觉，而是不断鞭策自己奋发向上，迎接新的挑战。如今，宝安集团旗下的上市公司马应龙已经发展成为治痔领域的第一品牌，“宝马联姻”使这家有着四百多年的老字号重现辉煌；旗下的深圳贝特瑞公司在锂电负极材料领域排名世界第一，2008 年成为国家行业标准的制定者；深圳天骄科技公司在宝安集团介入后的短短两年经营业绩成倍增长，迅速成为三元正极材料的龙头企业。

“创新是出路，创新是活路，创新是生存和发展的唯一之路；向创新要动力、向创新要优势、向创新要资源、向创新要空间、向创新要新的发展，使创新成为我们的名片；坚持创新以结果为导向、以实效为目标。我们不仅要能够发现机遇、捕捉机遇，而且要善于创造机遇、主导机遇，不失时机地把机遇转化为成果。”这是陈政立主席总结的中国宝安集团 20 年的基本经验之一，也是宝安企业文化中最鲜明的个性和特质之一。

宝安集团的这种文化个性的形成有着深厚的历史传承，同时也离不开制度的保障。作为集团三大管理工具之一的“标杆管理”，体现着其追求卓越、争创第一文化抱负，在集团内部形成学标杆、争先进的文化氛围。

“春种一粒粟，秋收万颗粮”。经历了五次搬迁、六易其名的宝安集团从 20 万元起家，已发展成目前拥有中国宝安、马应龙、深鸿基三家上市公司、总资产 90 亿元的大型投资控股集团。这么多年始终坚持并发扬壮大的“敢为天下先”的创新传统，这正是宝安集团立于不败之地的企业灵魂和制胜武器。

二、宝安风采谁写尽？

“有限投资，无限价值。”

“一切从新开始。”

这是宝安集团中最广为人知、也是最能照见宝安人风貌意志的两句口号。在制定《宝安集团品牌管理手册》时，这两句简短的话被共同选定为宝安集团的企业品牌推广口号。如果说，“一切从新开始”，更多的是偏重于宝安集团“敢为天下先”的创业历程和创新理念的话,那么“有限投资,无限价值”则更准确的概括了宝安集团以“高新技术、地产和医药”三业鼎立的投资控股品牌形象。

文化是一个企业的风骨。宝安企业文化最鲜明的个性和特质就是“一切从新开始”。《宝安风》在2000年提炼的这句企业口号,不仅准确的概括了宝安集团靠创新起家、靠创新发展的企业历程,也是宝安企业文化不断丰富演变的真实写照。

1991年,宝安集团导入了CIS系统,不仅对企业口号、企业精神、价值观做了提炼,而且对企业标准字、标准色做了明确规定,并制作了寓意深远的企业标徽。

1992年,由陈政立作词,苏越作曲,韦唯、阎维文演唱的中国宝安集团司歌《宝安之歌》面世。

1998年1月,宝安集团启用了新标徽,并将沿用多年的标准色由绿色改为了红色。2001年宝安集团重新修订了价值观体系,明确提出了新的企业使命:为顾客创造价值,为员工创造机会,为股东创造财富,为社会创造效益。

2003年7月,宝安集团总结了成立20周年的十条基本经验,成为企业走向成熟,迈向未来的新起点。

2006年以来,宝安集团开始建立以“1+3”为核心的企业文化体系。其中的“1”是指《宝安宪章》,它是企业的根本大法,也是企业文化建设的核心大法。企业明确了“建设一个高新技术产业、房地产业、生物医药业为主的投资控股集团”的定位,并制定了“三步走”的战略目标。其中的“3”指的是三大管理工具,即《三力系统》,内容包括压力系统、动力系统、活力系统;《标杆管理》是瞄准国内外相关行业的优秀企业,找出差距、学习改进,不断超越;《加减法》是实行“一手抓加法,一手抓减法”的两手抓策略。

纵观宝安集团“一切从新开始”和“有限投资,无限价值”的路线图,企业文化与企业发展相始终,共同成长、不断积累的脉络清晰可循。作为企业文化的旗手,《宝安风》更是一马当先。从早期的长篇报告文学《东方辉煌》,1983年至2003年的两卷本《中国宝安集团志》,到后来的宝安集团《经典投资案例》、《成长·成熟》的25年历程大型画册,再到《宝安之路》的企业专题片,以及那16年的《宝安风》合订本，人们可以清晰地看到《宝安风》在其中扮演的角色和运行的轨迹。

宝安风，顾名思义，写尽宝安人的风采。企业内刊是企业文化的凝聚，是企业发展的见证，在宝安集团的发展历程中，《宝安风》是照相机、是广播站，为集团的发展与壮大鼓与呼。无论是在《人民日报》、《经济日报》等全国 11 家大报同时刊登的“全国诚聘精英大行动”广告，还是在钓鱼台国宾馆举行的“宝安集团发展战略与现代企业制度”研讨会；无论是在北京展览馆参加“中国改革开放 15 年企业发展成果展”，还是在中央电视台黄金时段投放“与发展中的中国一起发展，与成长中的中国一起成长”的电视广告；无论是宝安集团捐献 200 万深圳教育基金的仪式现场，还是汶川地震宝安集团组织小分队奔赴救灾前线……《宝安风》作为这一系列大手笔、大动作的忠实见证者和记录者，都共同参与，共同策划，共同完成。

春天播种，秋天收获。《宝安风》的呐喊与高歌没有白费，在为企业文化与企业品牌而努力耕耘后，稻谷满仓。

2010 年 6 月 28 日，北京。由世界经理人集团旗下的 1999 年诺贝尔经济学奖获得者罗伯特·蒙代尔担任主席的世界品牌实验室发布了 2010 年（第七届）《中国 500 最具价值品牌排行榜》。在这份基于财务分析、消费者行为分析和强度分析而获得的中国 500 强品牌排行榜中，宝安集团以 90.56 亿元的品牌价值名列第 94 位。在入榜的 86 个广东地区品牌中居第 13 位，在入榜的 24 个深圳品牌中居第 8 位。2009 年 12 月 9 日，由广东省企业联合会、广东省企业家协会主办的“2009 广东企业发展高峰会”在广州召开，中国宝安集团荣获“2009 年度 30 家广东省最具核心竞争力企业”和“2009 年广东上市公司最具抗风险能力十强企业”。

在大力推广宝安母品牌的同时，《宝安风》也从未停止过对宝安三大产业子品牌的关注和推广：

宝安高新技术产业的领头羊，锂电负极材料排名世界第一的贝特瑞公司董事长贺雪琴和正极材料龙头企业天骄公司的海归博士、总经理王卫东，谈起往事时总是念念不忘，当初正是《宝安风》帮助他们策划并组织了《深圳特区报》的记者到企业共同采访、报道,使这对双英争雄的正负极材料企业声名大振,双双入选“中国创业企业百强”。

宝安地产中最负盛名的项目,当属“江南”系列。对于“江南”,《宝安风》一直精心策划,大力推广,其武汉宝安·山水龙城“中国院子”的广告推广语一经面世,风靡武汉三镇,一时间知名度竟然盖过了项目的案名。而“中国建筑中国情”、“宝安地产多江南,青出于蓝胜于蓝”的系列平面广告设计,也正是通过《宝安风》,传播到了四面八方。2008 年,“宝安·江南系列”荣获中国房地产项目品牌价值 TOP10,品牌价值 6.48 亿元,这其间,《宝安风》居功甚伟。

始于 1582 年的中华老字号马应龙药业,治痔领域的唯一“中国驰名商标”,多年来在宝安药业的方阵里一直一马当先。《宝安风》也多次以封面故事、专题报道的形式跟踪宣传。曾当过《宝安风》副主编的夏友章,被调入马应龙企业后,也接手创办了《马应龙》杂志,与《宝安风》一脉相传,遥相呼应。

如果说,宝安集团的这些品牌之花之所以能香飘万里,那么,《宝安风》一直充当着这些品牌的护花使者和传播者的角色。

好风凭借力,送我上青云。

三、风行千万里,涤荡十六年

“一支没有文化的军队,是一支愚蠢的军队”。同理,一个没有文化的企业,也是一个愚蠢的企业。正是基于此,《宝安风》从创刊那天起,就把宣传宝安企业文化和推广宝安企业品牌作为了刊物安身立命之本。

1994 年至 1995 年,是宝安创新文化的形成时期,也是《宝安风》的起步阶段和初级阶段。《宝安风》最初的刊物定位是“宣传企业的发展和业绩,增强企业的凝聚力和影响力”。这个阶段最显著的特征,就是做企业的喉舌,做企业的留声机、照相机、摄像机,给企业代言、立言、传言,忠实记录企业发展的足迹和企业文化成长的历程。当时的《宝安风》围绕着宝安集团创造的九项新中国第一所折射的创新文化,策划组织了一系列文章,出色地完成了自己的历史使命与企业职责。

1996 年开始,宝安创新文化进入了一个成长阶段。“银湖整风”和“香蜜湖产权会议”标志着宝安创新文化进入了理性科学的总结阶段,《宝安风》也开始进入了一个全新的探索阶段。套用体操术语,如果说《宝安风》在初级阶段做的更多的是企业和老板要求你必须做的规定动作的话,那么到了中级阶段,《宝安风》开始尝试做一些高难度的自选动作。在这一时期,随着企业与企业文化的发展,《宝安风》也开始了自己的“进化”,从初级阶段的记录企业文化成长,发展到了中级阶段,开始推动企业文化成长。

1995 年下半年,随着《证券时报》和《投资导报》两名专业记者张凤春和张信东的相继加盟,刊物吹进了一股新鲜的变革之风,最初的定位逐步演变,开始尝试“用企业的视角观察社会,用社会的目光审视企业”。随着这股新风的吹来,《宝安风》的视野开阔了,题材拓宽了,内涵加重了,特色鲜明了,文风活泼了。《宝安风》不再简单地就事论事来记录报道企业的各种内容,而是放在一个更大的社会空间和经济背景之下,来重新打量、审视自身所在的企业。其中一个明显的变化是,增加了对经济周期、经济规律的研究,以及对企业影响和本企业在所处行业位置的思考,加强了与中外企业纵向与横向的对比,加大了经营管理方面内容的比重。《宝安风》过去比较随意的栏目设置,也开始压缩合并为“经济潮”、“宝安风”、“文化林”这三个相对固定的版块。与此同时,刊物的四封及版式也顺应这一变化,做了必要调整。《宝安风》以新的面貌和新的活力,受到了企业内外读者的关注和好评。这一阶段影响力较大的是文化版块的“三家村”栏目,以“老莫、子夏、寒山”等为主笔的文化随笔,嬉笑怒骂皆成文章,针砭时弊,回味悠长,颇受读者青睐。

1998 年开始,宝安创新文化进入比较成熟的阶段,《宝安风》也进入了一个品牌阶段。从 1998 年 7 月总第 109 期开始,《宝安风》在刊物封面开宗明义打出了“经营智慧,管理人生”这一新的定位。在这个阶段,《宝安风》一来更加注重新闻的针对性,及时捕捉财经热点,对近期经济、产业重大趋势进行联系企业实际的跟踪报道;二来更加注重企业经营管理的探索和深度报道,对中外著名企业的经营模式、管理方法、成功经验和失败教训进行由点及面、由表入里、由浅入深的系统研究,用以对比、观照自身企业。从这种借鉴和反思中,企业内部受到了巨大震动与深刻的启迪。

《宝安风》的财经和管理方面的鲜明特色，也让不少新闻界、财经界圈子里的朋友颇有感触。"有分量也有深度，有新闻性也有可读性。"他们的对《宝安风》好评，正是得益于《宝安风》这份坚持不懈的努力和探索。也正是从这时起，《宝安风》从一本地域性的刊物，走出了深圳，成为在全国的企业报刊中有较大影响力和知名度的品牌刊物。企业的创新文化哺育了刊物，刊物也羽翼渐丰，开始创造无形价值回报自己的企业了，在这一刻，企业、企业文化与企业刊物血脉交融，成为一个相辅相成的整体。

星移斗转，多少流年暗中偷换。宝安集团从纤纤小苗长成了参天大树，《宝安风》也从当年一份有点简陋的企业刊物成长为同行中的佼佼者。桓温曾道：木犹如此，人以何堪。那些曾经为《宝安风》挥洒汗水的人们，用青春不仅换来了企业与《宝安风》的壮大，也为自己赢得了一片人生的新天地。这些年从《宝安风》走出去的，老熊（熊考核）做了社联副主席，老莫（张凤春）做了上市公司总助，张信东做了公开期刊主编，夏友章做了上市公司董秘，李宁太做了企业副总，王玉玲和唐学鹏做了著名媒体的策划总监和部门主管，张结又去做了一份企业内刊，宋军做了宝安集团办公室副主任……正是这一拨拨主编、副主编、编辑部主任，把一本普普通通的企业内刊，打造成了一张宝安集团精美的名片，一个在众多著名企业报刊中出类拔萃的品牌，一道在企业丛林里亮丽的风景线。

在这众多主编中，老莫（张凤春）的嬉笑怒骂，张信东的内敛含蓄，王小屋（王玉玲）的婉约秀丽，老熊（熊考核）的满腹经纶，李宁太的激情洋溢，宋军的专业内涵，小夏（夏友章）的轻灵飘逸，唐学鹏的深厚功力，张结的严谨细致，冯小白（冯至亚）的多才多艺，他们不同的风格，都给读者留下了深刻的印象。他们各自的智慧，终汇集成了宝安风之大成。

赋云：夫风者，起于青萍之末。宝安风，一去千万里，涤荡十六年。这"风"，从何处来？

风从作者来。从前些年北京的王安、方向明、胡占凡、李章喆，到上海的谢百三；从广州的谢翔，成都的洁尘，到深圳的子夏、陆新之、苏迪、塘舞……正是他们用才华横溢的生花妙笔，为宝安风增光添彩，给众读者一道道丰盛的精神美餐。以至于有些专栏作者搁笔之后，不少读者还来电询问，怎么不见 XXX 作者的文章？足见其在读者心目中的分量。

风从读者来。正是他们的关注与热爱，才使宝安风风行万里，经久不衰。不分圈里圈外，不分年龄、职业，或致函或来电，热情的读者们都对宝安风表现出了一份执著的喜爱和真诚的祝愿。

风，从宝安来。

第三节　《康佳通讯》：文化塑造品牌

康佳集团成立于 1980 年 5 月 21 日，前身是“广东光明华侨电子工业公司”，是中国改革开放后诞生的第一家中外合资电子企业，初始投资 4300 万港元。1991 年，康佳集团改组为中外公众股份制公司。1992 年，康佳 A、B 股股票同时在深圳证券交易所上市，现有总资产近百亿元、净资产近四十亿元、总股本 12.04 亿股，华侨城集团为第一大股东。康佳集团主要从事彩色电视机、手机、白色家电、生活电器、LED、机顶盒及相关产品的研发、制造和销售，兼及精密模具、注塑件、高频头、印制板、变压器及手机电池等配套业务，是中国领先的电子信息企业。

康佳集团企业文化的特点：创造卓越，成就梦想！

一、先行一步：康佳文化与《康佳通讯》

品牌根植于文化。企业的品牌，就好比人的气质，二者都是文化积淀的成果。品牌有形象，有性格，甚至还有性别，而这都来自企业的文化底蕴。文化塑造了品牌，就如同岩石堆成了山脉。

假如说品牌是一株高耸入云的大树，那么企业文化就是它脚下深沉而肥沃的土壤；假如说品牌是飘飘四溢的酒香，那么企业文化就是那缸中饱满的高粱。

问渠哪得清如许，为有源头活水来

“创造卓越，成就梦想！”这是康佳集团的核心理念，也是康佳自己为之骄傲的企业文化的集中体现。

作为一家有着30年辉煌历史的企业,康佳一直非常注重自身企业文化的建设与积淀。康佳的企业文化随着企业的不同历史发展时段有着不同的理念和内涵,是一个不断创新和与时俱进的企业文化动态系统。早在1981年,康佳的前身——光明华侨电子厂就提出了“爱厂爱国,团结协作,遵纪守法,好学上进”的十六字“厂风”,在“企业文化”还是新鲜事物的当年,康佳就在企业文化的建设上走在了前面,而这十六字“厂风”,很快也被广东省委宣传部誉为康佳企业文化的萌芽。

企业文化之于企业,正如同价值观之于人。随着康佳集团不断成长,康佳集团的企业文化也在积淀中逐渐成熟。1987年,步入“少年”的康佳集团提出了一系列“康佳文化”的理念,其中包括康佳宗旨(质量第一,信誉为本)、康佳精神(团结开拓、求实创新)、康佳目标(领先国内、赶超世界)等在内的一套企业经营发展理念。很多人也许还能记得当时康佳的一句口号:“我为你,你为他,人人为康佳,康佳为国家”。这正是那个时期“康佳文化”的集中体现,就这么一句简单而豪迈的口号,让全国人民认识了康佳,也让康佳的员工明白了奋斗目标,一个朝气蓬勃、充满干劲的企业品牌形象就这么深深的扎根在了国人的心中。

康佳的企业文化建设是与时俱进的。1995年,康佳已经是国内知名的大型企业了,经历了十几年的扩张发展与文化积淀,康佳集团在这一年全方位引入了CI系统,企业文化建设变得更加正规化、科学化。在这一年,康佳集团提炼出了“为企业内外公众创造健康、快乐的生活,不断奉献优秀的产品和服务”,即“康乐人生,佳品纷呈”的企业经营理念。

时间进入21世纪,康佳集团在企业文化建设上更是快马加鞭:2000年,康佳提出了“创新生活每一天”的经营理念;2005年,提炼出“创造卓越,成就梦想”作为康佳的核心理念;2008年,康佳推出了新的品牌理念“精致产品,美妙生活”……

二、《康佳通讯》:企业文化的旗手

企业内刊是企业文化的旗手,在企业文化建设上理念超前的康佳集团当然也拥有这么一位优秀的“旗手”——《康佳通讯》。早在 1984 年，那个时候，“康佳”还不叫康佳，叫“光明华侨电子厂”，康佳人就建立了自己的企业报刊《康佳通讯》。

“《康佳通讯》创刊于 1984 年，是由康佳集团股份有限公司主办、广东省新闻出版局批准的一份企业内刊，报型，半月刊，4 开 4 版，每期 10000 份。《康佳通讯》内容主要为记录企业发展历程、报道重大经营事件、反映员工生活心声、建立信息沟通平台等……”这是《康佳通讯》的简介，从这平实的描述性语句中，已看不出这份报纸曾经的筚路蓝缕。当年企业还处在草创阶段，却毅然决然的拍板，办了这么一个似乎与“挣钱”没多大关系的“文化部门”，康佳的眼光不可谓不长远。作为一份起家于 1984 年的企业内刊，《康佳通讯》绝对称得上是同行业中的先行者。“开路者”总免不了披荆斩棘，尽管二十余年间岁月流转，人员变动，已经很难找到当年的“元老”，可《康佳通讯》历尽艰苦、从小而大的发展历程却在《康佳通讯》人的口中与心里流传。“最开始的时候很简陋的！”现在《康佳通讯》的负责人、康佳集团办公室的高级经理陈立伟是个爽朗的人，他为笔者一点点勾勒出《康佳通讯》的发展历程，“最早就只有一张，全黑白的；后来开始报头套红；然后开始彩印，再改成铜版纸、全彩印……”陈立伟 1997 年来到康佳，算是《康佳通讯》的资深人士了，尽管没有亲身经历过 80 年代的草创阶段，可说起《康佳通讯》的故事，他依然是如数家珍。

1984 年，《康佳通讯》建立。

也许是巧合，就在这风起云涌的 1984 年，康佳迎来了一次“大事件”：第一条电视机整机生产线建成投产。笔者翻开了康佳集团自己的企业大事表：“……在这些机器的外壳上，清楚的打着‘MADE IN CHINA’字样，这标志着‘中国制造’的产品真正从自己的厂房中走向了世界！”

《康佳通讯》从一降生，就见证了康佳的一次飞跃，从此与康佳、康佳品牌、康佳文化紧紧的结合在一起。

如果说企业报刊是企业文化的旗手，《康佳通讯》就是康佳企业文化建设道路上那一抹永远在前方招展的猎猎旗帜。《康佳通讯》不仅为康佳集团的企业文化鼓与呼，还是企业文化建设中关键的一环。前文提过，1995 年，康佳集团引入了CI系统，打出了“康乐人生，佳品纷呈”的口号，这句曾经让人耳熟能详的康佳企业文化口号，就离不开《康佳通讯》的功劳。笔者翻阅《康佳通讯》1995年合订本时，当年1月21日的第三版上，印着一张醒目的表格：“康佳企业理念评选征集表”，表格中列出了10句候选的口号，旁边还有如何评选的说明。这一张小小的评选征集表，见证了康佳集团的企业文化理念不是凭空喊出来的，而是扎扎实实的长在康佳人的心坎上。笔者翻阅到当年的4月5日刊时，发现整个第四版都被一张宏伟的宣传画占据了，“康乐人生，佳品纷呈”八个大字分外醒目！这，是康佳人的选择，是康佳人的呼声，是康佳文化最有力的口号。《康佳通讯》不仅见证了企业文化的成就，还是企业文化建设中的一根顶梁柱。

三、《康佳通讯》助力品牌传播

谈起康佳这个品牌，国内恐怕是无人不知、无人不晓，即便是在国外，康佳品牌的知名度也在迅速提高。品牌者，以品立牌。康佳品牌之所以深入人心，可以说产品就是康佳最好的名片。从初期的康佳电视，到风靡一时的康佳“彩霸”，再到后来的康佳手机以及最新的康佳LED电视，康佳的品牌就是建立在这一个个坚实而出众的产品之上。

“因为我相信康佳！”这是1995年2月21日《康佳通讯》第三版的一封“未来用户”的来信标题，来信者是辽宁省凤城市东方增压器集团的吴俊义，他在信中表达了他对康佳产品、康佳品牌的信任：“在我眼里，康佳彩电的质量是相当不错的，不但清晰度高，而且色彩好，最近推出的彩霸，样式新、功能全……我今年二十四岁，等我结婚时，一定首选‘康佳彩霸’！这里不是说好听的，都是心里的实话……”这封信，饱含着对康佳品牌的信任与肯定。

《康佳通讯》不仅是企业文化的旗手，品牌传播也是它的战斗阵地——“我为康佳鼓与呼。”

《康佳通讯》为康佳的新产品呐喊助威：

“数字电视，真棒！”1999年2月4日《康佳通讯》头版《数字电视引来海内外聚焦康佳》见证了康佳数字电视的诞生，作者动情的写到：“如果在半年前，有人告诉你，一台电视可以显示出像实景一般逼真清晰的画面，你可能会连连摇头，而 1 月 22 日上午,假若你有幸参加由康佳集团举办的中国第一台真正数字电视新闻发布会,现场亲眼目睹数字电视那犹如打开窗户看风景一般的亮丽景致,你一定会说一声:数字电视,真棒!……"

"康佳喜获'红点奖',加冕全球设计王冠。"这个颇具豪气的句子,是 2008 年 4 月 1 日《康佳通讯》C 版头条新闻的大标题。红点奖,全称是全球红点设计大奖,是全球最富盛名的工业设计大奖,2008 年,康佳集团的 MINI668 艺术电视凭借出色的艺术设计,赢得了评委的一致好评,力夺"红点奖"。"此次获奖,填补了我国在 CRT 电视外观设计领域的空白,'康佳'也因此成为 2008 年度国内电视行业中,唯一获此殊荣的品牌。……"

《康佳通讯》还为康佳提升经营管理水平献言献策:

康佳集团的总经理陈伟荣也以《康佳通讯》为平台,与大家一起讨论企业管理问题。"一室不扫,何以扫天下?这说明要治理好一个公司,首先要从细微处入手。"在 1995 年 7 月 5 日的头版,陈伟荣总经理抛出了这么一个论题:"这个道理引申到企业管理中同样适用。如果一个领导连本单位的工作环境都管不好,很难想象他能领导这个单位高效率的运转。……卫生环境与办公环境的管理固然不是领导的专职,但管与不管却反映出一个领导者的素质优劣。建设文明高效的工作环境不是一件小事,而是企业管理的大事。"

不仅老总们可以在《康佳通讯》上发表对公司经营管理的看法,企业的其他职工也可以在这里畅所欲言。"合理授权是简政放权的关键!"2005 年 6 月 15 日的《康佳通讯》上,来自陕康的党耀辉针对集团推行的"简政放权"政策提出了自己的看法:"合理授权,是简政放权的关键,做到了合理授权,权力就会授之有度,放而不乱,就能发挥合理授权所带来的积极作用。"

为品牌推广擂鼓呐喊,为经营管理出谋划策,《康佳通讯》在康佳品牌的传播中,不仅是先锋官,还是装填手,遇山开路,遇水搭桥,其活跃的身影处处可见。

四、文化孕育品牌

西谚云:播下龙牙,长出武士。

什么样的企业文化,就会孕育出什么样的企业品牌。文化是品牌的土壤,品牌需要培育,文化需要积淀。曾几何时,那个名字叫"光明华侨电子厂"的小工厂还只是一个来料加工的简易"作坊",而现在,这个以"康佳"为名的本土电器巨无霸已然开始了吞食天地的大业,而从前简单到只有十六个字的直白"厂训",也已经繁育出深厚而丰富的企业文化。

五、苹果文化

过端午吃粽子,过中秋吃月饼,过年吃饺子,这是中国的文化。

"康佳人吃什么?"

"苹果!"

对,这个"苹果"就是康佳人的"苹果文化"。

苹果文化可谓是康佳的独特企业文化了。笔者了解到,当公司或某个业务单元在某一时期创造了突出业绩,或者在某一项目上刷新历史纪录,取得优异成绩时,康佳人就吃苹果——这就是康佳的苹果文化。

康佳人吃苹果的企业文化,起源于2003年。

2003年3月,康佳手机销售实现45万部,创历史新高。为此,公司领导决定,3月26日康佳总部员工每人分发三个苹果,共同分享、庆祝这一胜利。这是康佳苹果文化的起源。

3月28日,多媒体事业部2003年第一季度也实现了突破,彩电销量162.91万台,创造了历史同期最高纪录,集团总部员工再次品尝了美味的苹果。

两次吃苹果形成了一股风气,领导、员工还开展了热烈的讨论。紧接着的2003年4月1日,《康佳通讯》用了第三版整版报道了这一股"苹果风":

集团公司全体员工:

康佳手机三月再创历史新高,实现销量45万部,进入国产品牌前三名。

今天,集团发给每位总部员工三个当下最好的苹果,让我们一起分享通信科技公司成功的喜悦。

康佳的2003年是超越历史、走向未来的一年,每个业务单元都会用业绩创历史新高的方式邀请大家分享美味的水果,分享成功的喜悦。我们留着胃口，我们期待着！

总裁　侯松容

2003年3月26日

总裁侯松容的这封公开贺信，就在《康佳通讯》最醒目的右上角。在这个“苹果专版“上，洋溢着兴奋与骄傲，从当时的报道中，不难发现吃到了苹果的员工们兴高采烈的心情。

“吃苹果这一形式，是对员工劳动付出的一种肯定，重在精神上的一种肯定，”康佳通讯科技总经办的解安军说，“寄领导的褒奖与自我的庆祝于几只苹果，活泼而不失人文关怀。”

而听到“神秘通知”而兴致勃勃的张国强去领苹果，看到总裁办的工作人员衣着笔挺，桌子上摆满了花篮和水果篮时，“突然有一种肃然起敬的感觉。当时就感觉这是胜利的喜悦，是丰收的喜悦……作为一个康佳人的自豪油然而生，”他说，“对于经历了艰难岁月，与康佳荣辱与共的康佳人来说，这是最甜的果子！”

2003年，康佳年销售收入超过一百亿，提前超额完成了全年的经营任务，创造了历史新高。10月28日，康佳两万多人分享、共庆这一胜利，再次吃苹果。全国各地的分康和分公司也在同一天分享了象征着成绩和喜悦的苹果。这是康佳第五次吃苹果，至此，苹果文化真正形成。

“苹果宴！”10月31日的《康佳通讯》里如此描绘此次活动，“10月28日上午，康佳集团总部门前的广场上洋溢着苹果的香味，……8吨苹果把整个广场变成了苹果的海洋！”

从那以后，对于康佳人来说，苹果就意味着胜利，期待着苹果，期待着胜利。从2003年起，康佳“吃苹果”的活动延续至今，已经举办了数十次。现在，康佳人取得成绩之后吃苹果，就像过端午吃粽子，过中秋吃月饼一样，成了一种风俗，成了一种文化。

六、“用创新赢得尊严”

“用创新赢得尊严。”这是2008年7月20日，温家宝总理视察康佳时，为康佳集团亲笔题的字。对于康佳人来说，温总理的题词既是赞赏，也是勉励。“创新”，一直是康佳文化中重要的组成部分。

创新是什么？总理的话一语道出了“创新”的含义，温家宝总理在康佳视察时说到：“创新，就是要做到人无我有，人有我优，人优我特。”《康佳通讯》忠实的记录下了总理在康佳的每一句谆谆教导。在康佳集团的研发现场，温总理不无感慨地说：“我看到门口这条标语很有感触：‘用创新赢得尊严’。我过去也讲过尊严，我说我们靠什么赢得尊严？靠国家的发展、道德的力量，靠健全的民主法治，靠人的精神面貌。但是今天我觉得我讲的还不够，应该还加上一条：就是用创新的精神来赢得尊严。中国人有创新精神能够屹立在世界民族之林。我们的企业也可以成为同行业的领军人物。我希望我们的企业，尤其是研发人员要发扬创新精神”。①

总理的教导如黄钟大吕，康佳始终将创新作为指导方针来开展各项经营工作。2000 年，康佳确定将“创新生活每一天”作为企业的核心理念，从此，创新成了康佳的核心价值观；2006 年 2 月 5 日，公司董事局主席兼首席执行官侯松容提出创新工程，从此，创新在康佳被纳入战略的高度。

自创建以来，康佳集团不断追求创新，成效斐然，精品迭出。

1992 年，康佳研制出中国第一台流线型全遥控彩色电视；

1999 年，康佳研制出全球华人世界第一台数字电视 3298；

2007 年，康佳全球首发八倍高清电视，分辨率高达 3840×2160；

2008 年，康佳推出“运动高清”液晶电视核心技术和行业最节能液晶电视，能耗降幅达 52%；

2009 年，康佳发布了 LED 网络电视并成功研发出国内首台厚度不足 7mm 的电视机；

……

另外，康佳 D163、D263、5610、EC006 手机，智能电饭煲 KRC——ZNA 系列分别获得 IF 设计大奖、红星奖，康佳造 LED 显示屏雄踞北京鸟巢、水立方，广受

① 《康佳通讯》2008 年 7 月 23 日。

国内外关注。

> 什么是创新,用大白话讲,就是去做别人没想到的事情,或者是别人想到了但不敢去做的事情。因此,要创新,你必须比别人更有“识”,因为别人没想到你想到了,其次你还得比别人更有“胆”,因为别人不敢去做而你敢去做,所以,创新的本质是“识”和“胆”。也就是说,创新一定是和风险相伴的。
>
> ——董事局主席兼首席执行官　侯松容

七、企业的社会责任:义重如山

> 山路弯弯
> 银色的路轨
> 龙的脊梁
> 岁月的期盼
> 一同伸展——向着远方。

这是 1996 年 12 月 23 日《康佳通讯》上关于京九铁路的几行文字。这几行文淡意深的文字蕴涵着康佳对于国家、社会的一种责任感。

京九铁路是我国当时的最大的工程,投资最多,也是目前仅次于三峡的第二大工程,是贯穿我国南北的三大通道之一。

1996 年 12 月 26 日康佳在北京召开“康佳心 · 京九情”新闻发布会,宣布三年内投资 3000 万元,向京九沿线的九省市及全国农村郑重推出“扶贫、爱心、便民”九大举措。

悠悠康佳心,浓浓京九情。“康佳心 · 京九情”活动启动后,康佳不折不扣地实施了当时提出的九大举措。

在启动“康佳心 · 京九情”活动时,时任康佳集团总经理的陈伟荣说:“回报社会是康佳应尽的义务，是不附带条件的。”简单而朴素的话，体现了康佳强烈的社会责任感，成就了仁义康佳，成就了一个顶立天地间的品牌。

2008年5月12日14点28分，四川省发生里氏8.0级强烈地震。

面对灾难，康佳召开紧急会议，部署和安排抗震救灾工作，立即决定向灾区人民捐款500万元，并紧急采购430顶帐篷支援救灾。康佳集团董事长侯松容发出致各位同事的一封信，指导支援救助工作，并抵达受灾分公司慰问。在灾难面前，康佳总部及五大分部、六家配件企业等单位2万余名员工踊跃捐款，康佳80余个党支部千余名党员交纳“特殊党费”10余万元支援救灾工作。

5月16日的《康佳通讯》记录下了这些感人的故事：

> 5月13日清晨，公司召开紧急会议，决定向灾区人民捐款500万元，并紧急采购430顶帐篷支援救灾；
>
> 5月14日，成都分公司收到第一批帐篷等救灾物资；公司第一批慰问小组到达川渝地区，对受伤或遇难的员工及家属进行了慰问，第一时间为他们送到了每人5000元的抚恤金；
>
> 5月15日，上午11点，总部和五大分部、六家配件企业等2万余名康佳员工举行了“众志成城，抗震减灾，康佳万人捐款献爱心”为主题的捐赠活动；
>
> ……

八、“无悔进康佳”

“无悔进康佳。”1999年11月8日的《康佳通讯》上，一位来自西北工业大学的博士康小明如此说道：“康佳吸引年轻人，靠的是‘能者上，平者让，庸者下’的人才竞争机制。……只要你用心去干，就会有回报。”

康佳优秀的企业文化是吸引康小明的重要原因，“康佳有着优秀的企业文化。在这里，‘康乐人生，精品纷呈’是每个人的崇高理念；‘我为你，你为他，人人为康佳，康佳为国家’的口号体现着康佳风格；‘质量第一，信誉为本’是企业的宗旨铭刻在员工心上;'团结开拓,求实创新'是企业的精神。……"

员工对企业的认同,来自于企业文化的感召力、亲和力。康佳文化中有一种温厚的东西,这让员工的归属感大大加强了。2009 年 7 月 31 日《康佳通讯》一则名为《康佳迎来 53 副新面孔》的新闻,为我们展现了康佳独特的企业文化,是如何在短短 20 天的培训中,就让这些"新人"为之所吸引的:军训,礼仪培训,商务培训,人际关系与沟通,辩论赛,……培训项目充实而新颖。《康佳通讯》也成了这些新人表达自己想法的麦克风:

> "军训给了我很多启示,让我有了面对挑战的勇气。"尤加康对于军训,自觉受益良多,而许启迪则对康佳的培训课程赞赏有加:"对于刚走出大学的我们来讲,培训课程是让我们在短时间内了解企业文化、制度以及职场技能的最直接有效的办法。"

九、30 年风云际会

30 年风华正茂,30 年风雨兼程。

30 年前的 1980 年,中国第一个特区——深圳特区正式成立,也同样是在 30 年前,康佳也为自己的厂房砸下了第一锹。

30 年后的 2010 年,深圳特区与康佳集团,不约而同迎来了自己的而立之年。

"立",一个多么响当当直挺挺的字。回顾这艰辛与辉煌交织的 30 年,无论是深圳,还是康佳,都可以无愧地当得起这个"立"字。

深圳是康佳的福地,康佳是深圳的旗帜。

30 年,康佳闯下了响当当的名号,从一个华侨电子小厂,成了过百亿规模的家电巨头。这期间,康佳创出了自己的傲人品牌,也积淀了自己的独特企业文化,不信?这 26 年来从无休刊的《康佳通讯》便是明证。

30 年,一个继往开来的时刻。

"康佳三十年三十件经典作品"、"康佳三十年三十项技术创新"、"康佳三十年十大创新文化活动”、“康佳三十年十大公益活动”……且读青史数战功,《康佳通讯》在这 30 年的当口替我们回味了一次光辉岁月。

凭栏远眺,气吞万里如虎。

是怎样的一种气势,让康佳一往无前,未来还将光明无限!

“虽千万人,吾往矣。”

第三章
积　淀

深圳拥有众多全国知名品牌:地产界的万科;保险金融界的中国平安、招商银行;IT 界的华为、中兴;旅游界的华侨城;印刷界的雅昌;还有享誉行业的康佳、创维、金威啤酒、万厦物业、面点王、京基地产;等等。在这些优秀的品牌背后,是企业文化的有力支撑。所谓品牌创造价值,文化决胜千里。文化是提炼品牌、传播品牌最有效的手段。深圳企业品牌的锻造与传播无不与企业报刊紧密联系在一起,企业报刊日积月累、潜移默化,对品牌的知名度和美誉度起了至关重要的建树和传播作用。

第一节　《中国平安》平安中国

中国平安保险(集团)股份有限公司于 1988 年诞生于深圳蛇口,是中国第一家股份制保险企业,至今已发展成为融保险、银行、投资等金融业务为一体的整合、紧密、多元的综合金融服务集团,在香港、上海两地上市。

中国平安是中国金融保险业中第一家引入外资的企业,拥有完善的治理架构,国际化、专业化的管理团队,拥有中国金融企业中真正整合的综合金融服务平台。约 41.7 万名寿险销售人员及 8.3 万余名正式雇员,以统一的品牌向超过

5100 万名个人客户和 200 万名公司客户提供保险、银行、投资等全方位、个性化的金融产品和服务。

2008 年,中国平安进入《财富》世界 500 强,并成为入选该榜单的中国内地非国有企业第一名。2009 年 6 月,在英国《金融时报》公布的 2009 年度“全球 500 强”企业榜单中,中国平安列全球寿险公司第二名,中国企业第八名,中国非国有企业第一名。公司还是《福布斯》杂志 2009 年度“全球上市公司 2000 强”第 141 名。

平安企业文化的特点:中西合璧,兼容并蓄。

报章一页阅兴替,草木一叶知春秋。

1988 年 9 月,油墨版的《平安之友》见证了平安创业者们在保险市场上艰难的拓荒历程;1996 年 3 月,对开彩版大报《平安保险》报记录了平安掘进寿险之路和第一个百亿保费大关;2004 年 6 月,更名了的《中国平安》报与中国第一个真正意义上的综合金融集团——中国平安在香港上市的新闻一起,展开了新的历程。2006 年 1 月,平安金融培训学院正式开业,平安张江全国运营管理中心正式投入使用,平安香港资产管理公司设立,平安举资 49 亿元人民币收购深圳市商业银行……换装橙色纸的《中国平安》与平安一起走向更稳健、成熟的未来……2010 年,战略投资深发展,产险公司排名市场第二,平安的脚步一直不停歇……

如今的平安,保险、银行、投资三大业务支柱齐头并进,打造“国际领先的综合金融集团”,梦想坚定,战略清晰,一步一个脚印。对股东资产增值的责任承载,对数十万员工的家园感承载,对数千万客户的信赖,对行业创新、社会和谐的承担,令平安逐渐取得了更有厚度、更有道德内涵的发展。百年基业和综合金融的梦想,早已不仅仅是一个企业的商业追求,而是一个中国企业公民的“天赋使命”。

在这条需要不断创新、求变、进取、执著的道路上,平安是一个企业,坚守商业伦理,遵循市场规则,平安也是一个中国的企业,扎根中国,面向世界,融会全球智慧。在平安金融培训学院大堂,摆放的爱因斯坦和孔子的两尊塑像说明了这个企业的特点:中西合璧、兼容并蓄。

22 年的光阴、800 多期的报纸、2000 万的文字量、近万张的图片……《中国平安》报与平安一路相随，记录披荆斩棘的酸甜苦辣，书写几代平安人的青春热血，将一个企业的商业追求和人文情怀纳入到了铅字油墨中，甚至生发出自己更灿烂、宽广的平安报系天地。

一、血液里的蛇口精神

今天的平安和二十几年前相比，早已经是万象更新，但是源于蛇口当年的改革创新精神，仍旧是平安肌体中跳动着的血脉。

1986 年春天，当年轻人马明哲在纪念招商局成立 100 周年的座谈会上向袁庚提出"100 年后我们重操旧业好不好"建议的时候，有人觉得这个想法不错，但是有更多的人对此并不抱有希望。为了获得开业批文，创业者们用了三年不懈的努力和耐心，终于等到了行业破冰的声音。1988 年 5 月 27 日，中国第一家股份制保险企业——平安保险公司正式对外营业。时任平安名誉董事长刘鸿儒说：成立平安保险公司是为了试验一个以企业股东为主体的、独立的、股份制的、现代化的，能够真正独立自主经营的保险公司，给企业改革树立一个样板，走一条新的路子。

创业艰难百战多。一辆印着"平安保险公司"字样的旧面包车每天在罗湖与蛇口之间转悠，作为一面流动的广告牌，悄悄地执行宣传任务，让市民认识"平安保险"。做业务的同事，则怀揣着"三宝"——一本地图、一张公司营业执照复印件和一些名片，从基础的保险知识普及解释开始，勤奋扫楼，一点一点地搭建起平安的事业。有人将蛇口人的"时间就是金钱，效率就是生命"口号移植到平安的企业文化中，提出了"先生产，后生活"的口号——员工全部住在 6 人至 8 人一间的集体宿舍，有的甚至睡在办公室里，还有员工出差时，在北京的小旅馆里被老鼠咬伤了脚趾头。马明哲和深圳公安局的领导，聊了两个小时的保险，末了，人家还问："一个城市能有两个公安局么？为什么要有另外一家保险公司？"

在万象待兴的忙碌和艰苦里，创业者们的故事需要记录和思考，燃烧的青春和精神需要寄托和交流。马明哲亲自指示，"我们要办一份平安人自己的刊物。"当时平安办公室里最先进的一台进口中英文打字机配备给了"兼职"编辑们——将文章打成“豆腐块”，剪裁好，贴在A3的打印纸上，按报纸格式再进行版块美化，套红复印。9月的一天，散发着油墨香的《平安之友》正式和员工们见面了，他们亲切地把这份小报称为“平安的百花园”。诗意的创刊词说道：“这一个小小的百花园属于你，属于我——属于平安保险公司每一位同仁……《平安之友》愿成为你坚定人生信仰，追求知识，燃起生命热情的挚友。祈愿你——平安保险公司的职员为这一株幼芽的生长献出爱和关心。”

《平安之友》的栏目有十几个，学英语、谈保险、聊桥牌——凝聚创业的精神，点燃改革的激情——又先进、又艰苦的《平安之友》就像平安之路上的一个小小缩影。在它走过的整整3年时间里，平安从全员展业开始，从蛇口走到了深圳，从深圳走向了海南和大连，在最大赔案“沱海轮”事件中得到了教训，建立了晨会制度——平安事业开始立足，平安文化也始见雏形。

《平安之友》最初的创办编辑之一梁泓漪说：“那些彰显出单纯、热情，充满激情、奋斗，饱尝艰辛、跋涉，品尝酸甜、甘苦的日子！蛇口的岁月，我们全心依赖的是平安，付出期盼的也是平安——平安就是我们的家，而我们如一群天真烂漫的孩子，在家里的时间每天都是十几个小时，从早到晚，三顿饭都在家里吃。人生的种种关系在这里体现得很简单：拼命工作，然后享受生活。这是那个时期刚刚获得开放的思想里，一种绝对颠覆传统的生活观，背叛禁锢和束缚的决裂式的职业思潮。”多年以后，《平安之友》的纸张已经枯黄。梁泓漪说：若干年后纪念《平安之友》，我有了一种感觉，那感觉残酷得就像你不得不回头去面对一直忠诚地跟了你无数年，而今却让你觉得又老又丑的一条狗……差距太大了。平安以飞的速度把过去抛在脑后，而今，岂是一个“茅屋”所能见证的？但不管怎么说，历史将《平安之友》留在那里，就像中国革命时期延安窑洞里的灯火一样，照亮过、温暖过平安人艰苦时期创业的意志和信心。面对《平安之友》这几张枯黄的报纸，我们宛如面对逝去了的青春。只有它记录了我们的过去——作为平安人，我们曾蹒跚的脚步、执拗的品格、爽朗的笑声和纯净的感情。

二、文化也是一种力量

1991年10月，《平安保险》报创刊，代替了原来的内部小报《平安之友》。马明哲在创刊号中这样说道:“成绩从来属于历史。我们必须勇敢地面对现实,通过良性竞争,促进自身的发展,促进中国保险事业的发展,完成时代赋予我们的历史使命。”报纸主编罗春风说:“三岁看老,一个人的性格与气质很大程度上在三四岁就已‘定格’,后来的发展仅是展陈与修饰。而作为人格化的组织,企业亦如是。1991 年,平安三岁,《平安保险》报诞生,平安从此逐渐修得独特的人文气质。”

从全国布局到成为真正的全国性“中国平安保险公司”,然后到打造国际一流的综合金融服务集团。业务积极进取探索,企业文化逐渐成形发展,公益事业愈加成熟多面——“平安”这个企业逐渐获得了更多的内涵,它不仅仅是数万内外勤员工安身立命之所,也是社会的重要组成部分,承担着社会和谐文明的一份责任。在平安海外上市之后,马明哲在记者招待会上以四声感谢作为开场白:“首先应该感谢的是全体平安人的拼搏与风险,辛苦与汗水,造就了中国平安今天成功的品牌;其次要感谢的是平安广大的客户,他们对平安的信任和支持帮助平安实现了今天的梦想;三要感谢公司所有新老股东多年来的鼎力支持和鼓励,他们是平安持续创新、不断发展的坚强后盾;四要感谢各级政府、监管机关多年来对平安的扶持和帮助。”

他总结了平安成功的原因:“国际化标准,本土化优势。”10 年国际化征程,平安实现了资本国际化、制度国际化、管理团队国际化、产品服务国际化,因而能够更好地适应中国不断变化的市场环境,保持市场领先地位。在本土化方面,平安拥有独一无二的金融集团架构,具有强大的多渠道分销能力,逐渐建立了统一的后援平台,以及 16 年来在市场上建立的“先入为主”的市场优势,对“吾土吾民”的了解和认同。

一方面,外资、外体、外脑快速地改变着平安的“进化周期“,接轨国外先进的管理机制和经验,平安走出了一条不同寻常的稳健发展之路。1994 年,平安邀请台湾保险人才黄宜庚、郑舜文等人,帮助平安建立、推行个人寿险营销体制。1997 年,平安保险业务加速成长,但战略目标不是十分清晰。在确定阶段性使命时,平安聘请麦肯锡进入。对麦肯锡提出的涉及资金使用、寿险业务流程改造、人力资源改造、十年远景规划等建议,全盘接收。为了能够不走样地执行方案,平安陆续把其小组负责人张子欣、吴岳翰等人“娶入”平安,直至授予集团总经理等重任。2003 年,平安花重金延聘香港打工皇帝之一梁家驹,将集团的保险业务交由其全权打理,授职首席保险业务执行官。2007 年,在美国普天寿(Prudential)保险公司、苏黎世金融集团等企业任职的祝光建加入平安,全权领导车险改革项目,帮助平安在公司内建立了中国国内第一份完整的车险精算费率表,使平安产险迈向车险精细化经营模式,有效控制风险……1994 年算起,平安在全球范围内招聘人才的步伐从来没有停止过。现在,平安在企业经营管理的每个重要环节上都有外籍人才,排名前 100 位的高管,近三分之一为外籍人才,最高决策层中 10 个人里 6 位具有海外背景。在中国金融企业中,平安第一家引进外资股东,第一家聘请国际会计师进行审计,第一家大规模引进海外专业人才,第一家进行国际流行的投资连接保险产品开发……国际化的视野和发展路径,确立了平安开放的胸襟。马明哲曾说过,不管洋猫、土猫,抓住老鼠就是好猫。

另外一方面,像那句让人耳熟能详的广告词“让每个家庭拥有平安”和“中国平安,平安中国”所祈愿的那样,二十几年来中国平安始终深耕中国市场,服务中国民众。“早上好!”“您好,这边请!”着装规范、佩戴司徽,以微笑和鞠躬为标识的平安礼仪成为平安人共同的名片,谦谦有礼的风范和仪态树立起了专业的平安人形象。十几年如一日的优秀业务员赵小东、刘宝辉等人,以敬业、诚信的职业态度,撒播保险知识,永攀业务高峰;由平安首创的一年一度的客户服务节,广大客户和平安一起分享成长和快乐;持续了八年的少儿平安行动,则为数百万中国少儿带去了安全教育,传播自护知识;专门针对年轻大学生的励志计划,激励年轻大学生成长,同样是这个国家的希望所在。中国平安扎根于中国,让企业的文化建立在深厚的中国文化的基础上,对股东、客户、员工及社会,关怀尽责,感恩回馈。

在平安金融培训学院的大堂里,中国的孔子和西方的爱因斯坦塑像下面,有马明哲亲自撰写的铭文:“孔子与爱因斯坦,东方圣人与西学泰斗,蕴涵中华之人本精神与科学之理性精粹,为我平安文化生生不息之母源。平安大学之创立,志在融会传统文化与现代文明,兼蓄本土智慧与全球经验。”这是平安血脉中的基因。

《平安保险》报与平安一起，见证了共同发展的脚步。

曾是 80 年代著名的朦胧诗人，亦曾任职深圳《投资导报》的丁当，于 1992 年加盟了《平安保险》报，做了一个小编辑。对开 4 版半月一期的报纸，具体由丁当和曹旭两个人负责。朋友们不解他的选择，“怎么从大报往小报走，放着主任不做又重新由编辑干起？”以前光爬爬格子、编编稿，就可以大撒手，什么都不管了。但是在这里却大不一样——写稿、编稿、采访、组稿、摄影、外联、校对、画版、跑印刷厂、排版、搬运报纸、糊信封、打包、到邮局发运等等，都得亲历亲为，光印刷厂就得 7 道环节，要一道一道小心翼翼地盯着，给人赔小心和笑模样，稍不留意，一道环节出了问题，出版日期就要拖。但是用丁当的话说是“忙得不亦乐乎”。

在印刷厂里，丁当遇上了也在出报的《深圳红绿灯》报主编老易，他对新出的《平安保险》报大加赞赏，并且对其中的小人力大局面大吃一惊，因为在他们那里一份 4 开 4 版一月一期的小报还要 4 个专职编辑呢。丁当忍住了，没有告诉他，“我们还自己做发行”。

让丁当觉得最喜悦的事情是：“辛勤的劳动结出果实，人生的意义和乐趣不尽在此中吗？”安徽机构的同事说，有一单保险，以前跑了十几趟都跑不下来，那天随手给他们寄了一份《平安保险》报，结果他们收到报纸后就立刻打电话，叫马上去签单。客户说：“通过这份报纸，可以感觉到你们平安是一家大公司，而且是一家文化水准很高的大公司。”

所以，关于这份报纸的未来，丁当充满了期待，“随着平安商业的发展，平安报将会起到越来越重要的作用。平安报的现在和将来，不仅是平安信息的传播工具，是平安凝聚力的精神磁铁，而且是平安总体文化水准的一个重要标志。”

1997 年，毕业于复旦新闻系的“老报人”韩耀根加盟平安。在韩耀根的率领下，平安报系进行了大刀阔斧的改革，并逐渐形成了不同定位的两报三刊，打造出了独特的平安报刊文化，在平安文化的土壤上开创出了平安报系自己独特的“花朵”。《平安保险》报是平安交流内部资讯、服务营销同仁的核心媒体，“我的平安，我的家/Home @ Ping An”，吸引了平安内外勤同仁以她为自己的精神家园。另外，1996年4月，平安还编辑出版了中国大陆第一本保险行销刊物——《平安行销》月刊，创造了一个让天南地北的业务人员互相交流、共同学习的园地，“专业创造价值/Value via professionalism”，致力于办成营销员自我学习的良好工具。1997年8月，面向客户的《客户服务》报创刊，核心传播口号“平安就在你身边/Always be there”，宣传保险理念，普及金融知识，传授理财技能，解答客户疑问，成为营销一线日常联络、交流客户的重要工具。创立于2001年1月的《平安剪报》，则剪辑汇聚媒体眼中的平安，通过“第三方见证”来体现平安良好的公众媒体形象，其价值理念是：“平安因期许而成长/View to Ping An”。2003年4月，“一本关于生活及生活态度的杂志/A magazine about life & life value”——《平安生活》创刊起步，这本面向高端客户，最具平安人文气质的杂志，传递“创造生活，享受生活，感谢生活”之理念，从另一个角度展示平安的文化情怀与人文关照。

韩耀根创造性地喊出了“文化展业”的口号，号召业务员们用文化去展业，用文化的力量来展示自己，推销平安，传播保险理念，创立不一样的保险业务员和保险公司品牌形象。文化就是一种独特的品牌，而且更具有持久、软性的魅力。这其中，平安报刊就是一个很好的载体和平台。

为了让文化展业的种子广泛撒播到全国各地，从二级机构、三级机构到只有几个人的四级机构，韩耀根都亲自跑过，每到一处，他都滔滔不绝地向业务员们宣传文化展业的好处。当然，成效也非常显著，他去过的机构，平安报刊的需求量都显著攀升。同时，平安品牌也得到了提升。

作为一份内部的企业报纸，守望和记录，是它的使命。然而它的降生和成长，亦是平安人文精神生发的结果——一封封“平安家书”，成为平安人文气质的载体，同时平安报系的扩大和成长，亦极大地铺陈了平安人文气质。做过这份报纸的很多“报人”，许多后来都在平安获得了成长，从而显得总编名单有些“豪华”。王利平、杨秀丽，平安集团总经理室成员；罗春风，平安基金公司副总经理；丁当，平安人寿总经理；盛瑞生，平安集团品牌宣传部总经理……也许正是基于企业人和报人之间的双重身份，从而给予了他们更敏锐的视角以及对企业和行业更深刻的体会。

三、让每个家庭拥有平安

2004 年 9 月 27 日，在出刊第 500 期的时候，《平安保险》报正式改名为《中国平安》报。马明哲题词："让每个家庭拥有平安"，将平安的商业价值和人文情怀都寄寓进了这份报纸中。总编罗春风则说得更为具体："商业价值和人文情怀的良好结合成就了今日之平安。500 期，13 年，于个人当属最为珍贵的青春；于组织，尤其是胸怀百年梦想的平安，当属起步。更名后的《中国平安》报，自当秉承平安独具的人文气质，将历史延续，将未来开启。所不同的是，这种人文气质将内含更为开放的国际视野和更为宽广的事业襟怀。"

记录和伴随，已经成为《中国平安》报的常规课题。只是此时的平安在追求国际领先的综合金融集团的目标上走得越来越坦荡，百年老店的脚步也一步一个脚印。就像后来做了总经理的丁当所说的那个幽默段子：如果我们将《中国平安》报照这个速度办下去，当办到第 5000 期时，平安肯定会成为百年老店，文化的力量恒久。"再过 84 年，平安庆祝百年华诞之际，许多东西也许都改变了，或是面目全非了，但可以肯定的是，平安的文化还在，平安的这份文化载体还在。你作为平安家族的一员，《中国平安》报会像平安家谱一样，让你的名字和故事一直流传下去，在某个范围内侥幸得到不朽！"

一版版面上，在集团的统一领导下，产险、寿险、信托、证券……各家专业公司都有各自的精彩；二版"营销 · 服务"，随着公司综合金融平台的逐渐构建，综合开拓、标准化服务等各种规划和举措，在各地机构被平安人转变为现实；三版"财金 · 管理"，通用总裁杰克 · 韦尔奇的访谈、3M 首席执行官的变革、信息时代的设计师等文章，则透露了走向国际化的平安人对国际管理和财金信息的关注；四版"文化 · 生活"，越来越多的"员工作家"涌现出来，《由网恋谈开去》、《围棋情缘》等，时代在改变，丰富的平安人生活也同样在与时俱进。正如平安金融培训学院的大厅内树立着的孔子和爱因斯坦两尊塑像——孔子所代表的中国优秀传统文化精粹，"仁、义、礼、智、信、廉"背后的人文精神，是平安企业文化的精神品格；爱因斯坦代表着的西方文明的科学思想和理性精神，代表着保险业赖以生存的"大数法则"，代表着一个现代商业企业的规范运作模式和经营理念,是平安企业文化的物化准则,平安报刊就像一个小小的平台,浓缩和汇聚了平安中西合璧的文化基因,成为平安人血脉中的共同气质。

两报三刊,因不同定位,各自飞速发展,势头凶猛。仅《客户服务》报在2003年全年发行量就突破了300万,此后发行量节节攀升,至2010年,单期常规发行量已逾350万,伴随着平安事业的发展,带着关怀、分享和平安的祝福,撒播到了全国客户的生活中。

虽然各有侧重,但是两报三刊都有一个共同的使命:“以客户为中心”,它的“客户”包括平安内外勤员工和平安客户。在2004年年初的一次大规模改版中,《平安保险》报这样定位自己与读者的关系:“他们是我们存在的价值依据,没有内外部客户,就没有我们存在的任何理由。他们从我们提供的服务得到的‘可感知利益’越大,我们的价值就越大。除了这个使命,我们没有也不应该有其他的价值诉求。”

平安员工符成章把《中国平安》报形象地比喻为“咱们自己的菜园子”。他说:“从2004年刚入司起,就喜欢上了这份平安人自己的报纸,看着那么多平安同仁在上面自由地表达着自己对生活和工作的认知与感悟,我的手也痒痒的。终于在2005年5月写了一篇表达自己对平安司歌有所感触的文章《同一首歌》,从此与《中国平安》报结下不解之缘……”当他的《葵花礼赞》在《中国平安》报一角发表后,一个外省的平安同仁给他发去邮件,告诉他在晨会上读到了作品《葵花礼赞》。符成章感慨说,“是《中国平安》报让我们将自己的信念互相传递,是《中国平安》报为我和其他平安人结下深厚的情谊。”

四、走向橙红

“橙红的平安,源自蓝色,依然充满梦想和激情;保持绿色,依然充满生机和活力;走向橙红,走向稳健、成熟和更加灿烂辉煌的未来。”2006年元旦,新一期的《中国平安》报变成了橙色报纸,改版后的第一期总编寄语这样写道。

橙色的平安,正快速地走入茁壮的青年时代,并逐步走向理性、走向成熟。合理规范的治理结构获得了《欧洲货币》的褒奖,今天的平安更加稳健、规范,从容自信地迎接各种挑战;大量海外人才和许多本土精英一起,将平安文化中的国际化标准和本土化优势完美演绎;各种不断创新的产品、服务与严谨的管理和流程,使今天的平安在激烈的市场竞争中保持领先;逐步成熟的平安文化造就顶天立地、勇担责任的企业公民。厚德载物,今天的平安对自己的未来,对自己的责任,对自己的过去,都更加坚定、清晰。

橙色的平安报也更加成熟稳健。橙色的纸张是原本新闻纸最早的颜色,更加环保,视觉感也更加轻柔。报纸版面变得更瘦长。据说可以使人在翻阅报纸的时候动作更加轻柔,更显气质和尊贵,也更加时尚,更方便展开阅读,许多外部专业的财经媒体都采用这样的版式。

“这就是走向橙红,不断成长和成熟的平安:有实力,有能力——更加自信;有毅力,有责任——更加坚强;有涵养,有抱负——更加执著,更有追求。”总编盛瑞生用几乎诗意的句子来表达这种力量。橙色是时尚的颜色,富有时代的气息,平安是这改革开放浪潮中的弄潮儿。

客户于女士来信说:“精致的封面、特别的用纸、深富人文情怀的内容,让我更多地了解了平安。今天突然想到为什么不参与这份‘平安’生活呢?”平安人寿甘肃分公司兰州七里河第五营业部高级营业部经理江英,有一天在理财酒会上与一位客户交流,相对于她,客户反而对平安的文化如数家珍,赞不绝口。江英很好奇,客户说:“感谢你们的陈晓庆主任,每月都给我送一份你们公司的《客户服务》报,我对平安的品牌认识都从那里来的,算是你们的忠诚客户啦!”

很多机构特别订制了符合本机构当地特色的版面,以方便有的放矢地开展文化展业。例如,《客户服务》报就有十多家机构专刊。原平安人寿甘肃分公司总经理林凯曾大力呼吁外勤主管利用平安报刊这一良好的文化工具,开展“文化行销”,并亲自担任了报刊推销员。他说:“内部报刊是直接有效的主顾开拓工具;是平安广大业务员获利大,成功经营事业的有力武器。一份《客户服务》报,不仅能增长见识、开阔视野,而且带着它去拜访客户情况会明显不同,实实在在的报纸会让客户对我们所从事的行业、对我们所推出的产品有一个更为直观的了解,也更具权威性和说服力。”而负责具体业务推动的营销部负责人则说得更加具体:“之所以主推《客户服务》报,因为它是客户了解、熟悉、认知平安最好的宣传窗口,是展示公司荣誉、树立品牌形象的一面镜子,具备塑造品牌、宣传保险理念、普及保险知识、传授理财技能、解答客户疑问的功能。”

10余万内勤员工、40多万外勤人员、5100万名个人客户、200万家企业客户——对内是文化的联系和凝聚，对外是品牌的传播和服务，平安“两报三刊”逐渐成长为最具生命力与价值的传播平台，伴随着平安事业的掘进，肩负起了传承文化、传播品牌的文化责任与历史使命。

商业价值和人文情怀的良好结合，成就了今日之平安。《中国平安》报就是这样一部平安人的奋斗史：有光荣与梦想，也有挫折与沧桑。当平安书写民族金融保险业的历史时，作为“史书”的《中国平安》报，又何尝仅仅属于平安人？

寒来有暑往，生命有起落。相与伴随，《中国平安》报将秉承平安独具的人文气质，内含更为开放的国际视野和更为宽广的事业胸襟，将历史延续，将未来开启。

商业价值，人文情怀——因为这种独特气质，平安报系将伴随平安一起，打造国际领先的综合金融集团，打造中国民族金融业的百年老店。

第二节 《华为人》：从冬天到春天

华为是全球领先的电信解决方案供应商。华为基于客户需求持续创新，在电信基础网络、业务与软件、专业服务和终端等四大领域都确立了端到端的领先地位。凭借在固定网络、移动网络和IP数据通信领域的综合优势，华为已成为全IP融合时代的领导者。目前，华为的产品和解决方案已经应用于全球100多个国家，服务全球运营商50强中的45家及全球1/3的人口。

华为以丰富人们的沟通和生活为愿景，运用通信领域专业经验，帮助不同地区的人们平等、自由地接入到信息社会，消除数字鸿沟。为应对日益严重的气候变化挑战，华为通过领先的绿色解决方案，帮助客户降低能耗和二氧化碳排放，创造最佳的社会、经济和环境效益。

华为的企业文化特点是：成就客户、艰苦奋斗、自我批判。

深圳经济特区建立30周年之际，中共中央总书记、国家主席、中央军委主席胡锦涛来深出席庆祝大会并发表重要讲话，这是继邓小平、江泽民之后，党中央最高领导再一次对经济特区在我国改革开放战略格局中的地位、作用及其贡献的权威性全面评价，深圳经济特区荣光犹在。与此形成对比的是，人们还记得就在几年前，一篇名为《深圳，你被谁抛弃》的网文在新华网论坛和人民网强国论坛发表后，然后被成千上万个网站转载，一时间成为深圳政府官员、深圳市民热议的话题，文章虽争议甚多，但这篇文章在凑巧的时间，以凑巧的方式，触动了深圳人内心最柔软的部位，引起了深圳这座城市市民的广泛共鸣，蔓延在整个深圳城市上空的尽是悲观的气息。

没有哪一个城市像深圳这样具有强烈的危机意识，即使它拥有荣光；没有哪一个城市的市民像深圳人这样关注城市的命运，因为深圳人原本就是来为国家、为自己寻找出路的人。

这座城市独有的危机意识也给这座城市的企业打下了深深的烙印，这里不乏在危机中成长壮大的企业，其中犹以华为最值得称道。这家总部位于深圳、全球领先的电信解决方案供应商不仅提供世界领先的科技产品时，也向中国企业界输出了一种知名的“危机文化”。华为公司总裁任正非是“危机文化”的阐释者，他的一篇著名的《华为的冬天》至今仍在企业界广泛流传，他居安思危，向全华为员工提出了“IT 业的冬天对别的公司来说不一定是冬天，而对华为可能是冬天，华为的冬天可能来得更冷，更冷一些”的理念，并发出了“居安思危，不是危言耸听”的呼喊。任正非的另一篇著名的文章《北国之春》也有著名的危机理念，“什么叫成功？经九死一生还能好好地活着，这才是真正的成功”；“华为没有成功，只是在成长”。他甚至时刻提醒华为的员工，“萎缩、破产一定会到来”！

和其他成功的公司不一样，华为低调、内敛，它从不像深圳其他一些成功的公司，譬如万科、比亚迪，以公关的姿态高调宣扬其企业文化，而华为的企业文化之所以为业界所熟知，要拜另一个低调的媒体《华为人》报所赐。华为总裁任正非也从来不像万科的王石那样是媒体的座上宾，善于对媒体侃侃而谈，在外人眼里，任正非是神秘的，创业至今，没有一家媒体正面地采访过他。有媒体笑称，在中国商界,任正非如同闭关修炼的高僧,每隔一段时间,你就能听到他从山洞里传出的高论,《活下去是企业的硬道理》、《华为的红旗能打多久》、《华为的冬天》、《北国之春》……人们只能从他陆续撰写的这些文章里揣测其所思所想所为。事实上,这些为人们所知的高论全都是发表在《华为人》报上。《华为人》报就是这样一份供华为员工传阅的内部刊物,在华为企业文化运作的体系里,它功不可没。作为媒体而言,对《华为人》最好的评价莫过于"人人必读",它就是一份华为人人必读的刊物。华为公司高层长期持续在这份报纸上亲自撰文,企业文化就通过这份"人人必读"的刊物传达到全体员工那里,员工甚至爱不释手,将其文章传导到外部社会,这才令从不接受媒体采访的任正非的高论得以在中国企业界广为流传,华为的企业文化业因此被人们定义为"危机文化"、"狼文化"。

在深圳这个具有"危机"意识的城市,人们乐意在危机中思考这个城市的未来,但人们并不愿意始终生活在阴霾中,在思考这个城市的命运的同时,人们也赋予这座城市更多的爱,这些轻松的、温暖的行为令年轻的深圳已成为全国知名的爱心之城。

跟深圳这个城市一样,在华为"危机"文化的背后,也有着一些不为人知的企业文化内涵,那就是提倡职业文化、爱心文化,它们和危机文化共同组成了华为的企业文化,也可以说是这些使华为的企业文化更为和谐,更为人性。

一、华为的冬天

说到华为的企业文化,就不得不提总裁任正非,出生革命家庭的他在"文化大革命"开始时埋头苦读,将樊映川的高等数学习题集从头到尾做了两遍,还自学了三门外语,并成为一名技术尖子。但因为父亲的问题,一直没有通过入党申请,所有荣誉、奖励都与他无缘。任正非 2001 年在写《我的父亲母亲》时坦陈了自己淡泊名利的根由:"我已习惯了我不应得奖的平静生活,这也是我今天不争荣誉的心理素质培养",或许这也是华为这家企业低调、内敛的原因吧。

军旅生涯对任正非产生了极为深远的影响。在部队期间,任正非就是"学毛标兵",这使他有了军事家的雄才大略。仔细研究华为的发展,不难发现其市场攻略、客户政策、竞争策略以及内部管理与运作，无不深深打上传统权谋智慧和“毛式”斗争哲学的烙印。而华为初期在国内以及后来在全球市场使用的“农村包围城市”的战略，就是毛泽东智慧运用最典型的一个例子。

1978 年从部队转业那年，任正非 34 岁。他在《我的父亲母亲》中自述：“转入地方后，不适应商品经济，也无驾驭它的能力，一开始我在一个电子公司当经理也栽过跟斗，被人骗过。后来也是无处可以就业，才被迫创建华为的。”1988 年，任正非和他的 6 个伙伴揣着 2 万多元创办了华为，在最初的两年里，主要是代理香港的一种 HAX 交换机，靠价格差获利。两年后，当代理业务出现下滑迹象时，任正非毅然决定将赚取的钱投入该行业的自行研发，之后的华为势不可挡。

1992 年 1 月，邓小平南方讲话后，经过三年治理整顿后的经济，进入恢复性的高速增长。而这一年，华为开始生产自己的交换机，销售额首次突破 1 亿元；1993 年找到国内农村通信市场突破口，进入高速发展期。

那时候的深圳，知识无用论盛行，房地产、股票泡沫正浓，很多人一夜之间暴富。社会上弥漫着浮躁、投机取巧之风。但是，华为公司没有为浮利所惑，始终专注于交换机产品。任正非坚信，而现代商战中，只有技术自立，才是根本，没有自己的科研支撑体系，企业地位就是一句空话。因此，任正非选择坚持走技术自立之路。

在平均每个员工利润达到近百万的时刻，任正非作出了一个出人意料的决定：投资亿元研制 C&C08 机。直到今天，华为每年仍然坚持拿出销售额 10% 以上的资金用于研发投入。1994 年，华为推出 2000 门网用大型交换机设备 C&C08 机，实现了通信设备核心技术方面的第一次突破。到今天，华为已经跻身于世界少数几家能够提供 CAC08—STP 数字程控交换机设备的巨头行列。那时候，任正非自信地说：“10 年之后，世界通信行业三分天下，华为将占一份。”如今，他做到了。

很多圈外人可能不知道任正非这个名字，但却知道《华为的冬天》这篇文章，该文是任正非在 2000 年科技股暴跌、互联网泡沫的背景下写的，一度被企业中人当成范本一样在网上搜索、研读。《华为的冬天》流露了任正非无时不在的危机感和准确的判断力，也从另外一个角度阐释了华为为何能走到今天的原因。

任正非在这篇内部讲话稿中写道："10 年来我天天思考的都是失败，对成功视而不见，也没有什么荣誉感、自豪感，而是危机感。也许是这样才存活了 10 年。"这种危机感让他总是把目光投向更远的地方，也总是能够领先别人一步。

任正非喜欢讲故事，1997 年的一次会议上，他对"狼狈为奸"的故事大加称道，并直接促成了华为"狼狈组织计划"的出炉。之后，"狼性"就被作为华为精神延续下来。任正非认为，企业的发展要具有狼的特性——敏锐的嗅觉，不屈不挠、奋不顾身的进攻精神，群体奋斗的意识。

从 1988 年创建时一二十人的小企业，发展到现在拥有员工 3 万人，分支机构遍布全球的世界级企业，并在与国外跨国公司的残酷竞争中屡屡获胜，华为创造了一个奇迹。这与华为像狼一般以生存为唯一法则、活用兵法和卓越的人际关系智慧、将各种非常规市场手段化作规范的企业行为有极大关系。

华为这头"土狼"在 2004 年迎来了最惊心动魄的一个事件——结束了与美国思科打了近一年半的官司，这在某种程度上正式宣告了华为作为思科全球竞争对手的地位。这场官司的另一个意义在于诉讼地是在美国，这是一场在美国的"游戏规则"下的较量，是中国高科技知识产权领域的第一场胜仗。

人们说，华为这头"土狼"已经向狮子证明：我是个凶猛而难缠的对手。

任正非得过很多奖，但从未领过奖。美国《时代周刊》评选出的 2005 年度"全球 100 名最具影响力的人物榜"中，他是唯一入选的中国企业家。同样，任正非没有给《时代周刊》面子。

在《华为——土狼向狮子的演进》一书中，作者评价道："在中国企业家群落中，最有个人魅力的是教父式企业家。柳传志、任正非是其中的代表人物。他们深谙国情，善做哲学总结，极具煽动力。他们的商业辞典中几乎都是战争术语，他们最推崇不战而屈人之兵，攻心为上。"

但这位传奇人物看起来却像个老工人一样，衬衫袖子总是挽到胳膊一半，偶尔系回领带还系得不正。"穿着发皱的衬衣，身上可能还有墨迹，一大清早就在深南大道上活动。"这是一位内部员工眼中的任正非。

不过，熟知他的人说，任正非言谈直抒胸臆，性情中人一个。这正与制造华为狼图腾的教父形象相符。只不过,他那儒雅、淡泊、低调的作风差点掩盖了腾腾杀气。所以,圈里有个形象的比喻:如果中兴为南帝,那么华为就是彻头彻尾的东邪黄药师。

很多人敬畏任正非,也有很多人反感任正非,反对他的人同时也佩服他。他对直接领导的华为高层,态度往往显得暴躁和不留情面。据说在某次中层干部会议上,他对华为财务总监说:"你的长进非常大",下半句却是,"从水平特别差变成比较差"!

二、一个拥有"两报一刊"的采编团队

华为是做 IT 产业的,公司成立不久,已有许多公司和协作厂家,后来业务迅猛发展,扩展到全球,领导层越来越感觉,需要一根"指挥棒"来指挥这场全球的大合唱;需要一座桥梁,来沟通上下左右的关系,确保政令畅通,上传下达。《华为人》就顺势诞生了。办报伊始,只两三个编辑,每月一期,而且是复印的。随着企业的迅速发展,华为公司现在已有两报一刊:《华为人》报、《华为人》报(英语版)、《管理优化》杂志(半月刊),共有 9 位采编人员。一个企业拥有两报一刊,并有十余位采编人员,这在深圳,在全国企业中是屈指可数的。现在这些采编人员,都是具有本科、硕士学历,并经过基层锻炼,层层筛选调到编辑部的。

这些年轻的采编人员是一支特别能战斗的队伍。2008 年 5 月 12 日,四川汶川县发生 8.0 级地震,震区遭受严重破坏,震中灾区通信中断,很多灾情严重的县、镇、乡成为"孤岛"。灾情就是命令,在这场与死神的赛跑中,时间就是生命,抢通就是抢救生命。地震发生后,华为公司派出一支支抢险队伍在第一时间投入救灾和奔赴灾区,抢通和恢复通信设备,《华为人》报也派出了两名记者随同前往。在抗灾第一线云集了来自全国各地的正规通讯社、报刊的记者,然而人们也许没想到,在这批记者队伍中还有两位来自企业报的记者,这也是绝无仅有的。

公司领导把"两报一刊"当成企业的窗口,无论是在人力、物力、财力上都给以特别关照,对年轻的采编人员也倍加呵护。

李宁是《华为人》报的第二任主编,这位美丽而又能干的南京姑娘大学一毕

业就来到了华为,从普通员工升任主编,深受员工的爱戴。2007 年,李宁总感到头痛,她没当回事,以为是感冒了,吃完感冒药又继续坚持工作。有一次,她竟昏倒在工作岗位上。公司立即把她送到深圳市第二人民医院,一检查发现是脑瘤。消息第一时间传到任正非那里,当时他正要出差,听到这一消息后立即指示公司有关人员到北京协和医院找最著名的脑科专家会诊。北京分公司副总裁接到指示后派人赶到协和医院,最权威的脑科专家此时正在沈阳,公司又把电话打到沈阳,终于找到了这位专家,公司请他从沈阳直飞深圳。第二天,专家半夜飞抵深圳,公司派小车在机场等待,接上专家车直接赶到深圳第二人民医院,立即动手术,开颅手术做得很成功,终于将李宁主编从死神手中夺回来。

手术后,任正非一直关心李宁的病情,指示秘书,要多派人去看望李宁,好好照顾她。此刻,编辑部所有人员心中都充满了感激之情。

从无到有,从小到大,从复印到彩印,华为"两报一刊"成了公司亮丽的名片。十年来,《华为人》报多次获深圳市十佳企业报殊荣,成为深圳企业报刊的"代表作"。

三、一条不同凡响的头版头条

一次,任正非在《南方周末》看到了一篇感人至深的文章《给父母洗脚》,他推荐给《华为人》报,并亲自写了一篇 350 个字的短文。《华为人》报立即以《2006 年新春献词》为题,写了一篇 350 个字的文章,刊登在头版头条上:

2006 年新春献词

任正非

这篇文章十分感人。这篇文章使我们懂得爱的真正含义。

春节期间我们全体员工能否给自己的父母洗次脚,一个不爱自己父母的人很难爱亲人,一个不爱亲人的人,很难爱别人。我太太经常打盆温水给我泡脚,然后用磨砂一样的刷子,将我脚上的厚皮挫去,以防脚开裂,而我还一边看电视,一边让她服务,从未想过应该感谢她,为她洗一次脚。这篇文章,给我很大的启发,我已经不能给自己的父母洗脚了,只有等将来了。但我可以回敬我的太太，想想一个家庭妇女，将一生献给了相夫教子，是多么的难得，是多么的伟大。

华为的员工，也要有自我牺牲精神，事事斤斤计较，很难想象在公司生死存亡的危难关头，会像金融危机中韩国人民去倾家荡产救国家一样地救公司。爱自己，爱别人，爱公司，从小事做起。

一个人要先爱别人，别人才会爱你的。

众所周知，头版头条，特别是企业老总的新年献词，都是内容十分重要，题材特别重大的文章，而任正非这篇新年献词没有以往的过去一年的回顾，也没有当年工作的部署，他在短短的350个字的文章中，发出了“爱自己，爱别人，爱公司，从小事做起”的呼吁，体现了他的一贯主张，关爱自己，关爱父母，关爱亲人，关爱他人。后来，任正非还在多种场合要求员工把第一个月的工资寄给父母，或资助正在求学的弟弟妹妹；多关心身边“卖火柴的小女孩”，可见任正非的良苦用心。

记者翻阅了《华为人》报的近几年合订本，给“父母洗脚”是见得最多的字眼，《华为人》报登刊最多的也是有关亲情的文章，有些文章真是催人泪下。其中就包括任正非的《我的父亲母亲》。几年前，笔者就拜读了任正非这篇文章，记得当时是一口气读下来的，写得真实感人，表达了一个孝子之心，使我心灵受到极大的冲击，感到了巨大的震撼。后来这篇文章在国内外广为流传，无论是长辈，还是青少年，都被这篇文章打动过。

一石激起千层浪。华为的员工张辉读了任总的文章后，写了一篇《给爸爸洗洗那只受伤的脚》的读后感，刊登在《华为人》报上。

这就是对任正非《2006 年新春献词》的最好回应。有人说，甚至有些从事新闻工作几十年的老报人说，任正非的文章哪像新年献词，没有过去一年工作成绩的回顾，没有新年的工作安排，完全是一些家常话。这算讲对了，任正非完全抛开了官话、套话，开门见山，提出了一个“一个人要先爱别人，别人才会爱你的”理念，这种感情的理念，这种从小事做起的理念胜过洋洋数千字的官话、套话。献词，将人性引到员工灵魂的深处。用当前流行的话说就是“以人为本”。后来《华为人》报沿着任正非的话题发表了《爱祖国、爱人民要从爱父母、爱亲人做起》的编辑文章，阐述了“爱不能空洞，爱祖国、爱人民要从父母、爱亲人、爱同事、爱家乡做起”的观念。

许多人一直在探讨华为连续保持十多年健康发展的原因，其实任正非《我的父亲母亲》这篇文章已经告诉，华为人创造性思维正是来自于这种逆境中都不可磨灭的一片伟大的爱心。企业家从自己的父母那里汲取伟大的仁爱之心，以牺牲对自己父母和亲人的爱为代价，把这种爱深埋在心头，将爱的力量奉献在华为的生存的成长。正是这一前提下，我们才有机会和能力爱父母、爱亲人、爱祖国、爱人民……

无独有偶，几年过去了，在2009年的元旦，《华为人报》在头版头条又刊登了一篇《你身边有“卖火柴的小女孩”吗?》的编辑部文章，算是对老总《2006年新年献词》的回应，文章也没有讲公司的发展和大事，而是引出了这样充满人性关爱的文章。

时间又过了一个月零19天，任正非与孟加拉、坦桑尼亚、刚果(金)、巴基斯坦、阿富汗、利比亚、安哥拉员工进行了座谈。在座谈会上任总与员工拉家常，说出了让员工深受感动的话：

> 我代表公司来看望你们，祝你们身体好、工作好，同时向大家转达：爱护自己，要从自己关爱自己做起。当你遇到了意外，公司能赔偿你的只能是金钱，公司不能赔偿你的生命，生命是无价的，在生命问题上，要自己关爱自己，只有你自己才可能明白自己的情况，事故往往是在几秒钟之内发生的，但你的反应速度不会那么快，特别是心血管病或者脑部疾病，你不及时反应，谁能及时抢救你。
>
> 再比如你做工程上山，那里有毒蛇，你能不能请个向导，回来写个白条，让代表处报销，代表处不报销就写到我这。明明知道上山有危险，我找个向导带一下路，然后帮着打打周边的蛇，这个钱为什么不给报销？我们要坚持实事求是，做一些正常的防卫，是应该可以报销的。
>
> 我认为大家对生命之重，要有非常重要的感受。生命是非常宝贵的，人来到这个世界上只有一次。大家关爱生命的时候，也要关爱别人，关爱别人

也是关爱自己。”

新中国成立六十多年来，我们一直受着传统教育，“大公无私”、“克己奉公”、“无私奉献”已成了老生常谈，已成为街头常见的标语口号，但在华为却不提这些时髦口号，它们灌输着这样一种理念：奋斗文化。何谓奋斗文化，任正非 2009 年 1 月 16 日在华为销服体系奋斗大会上为家属颁奖的讲话作了最好的解释。他讲话的题目就很特别，即《我的奋斗主观上为了自己的家人的幸福，客观上为了国家和社会》(《华为人》报 2000 年 3 月 3 日)，他说：“我说过我的奋斗的目的，主观上是为了自己的家人的幸福；客观上是为了国家和社会，主观就是通过我的努力奋斗，换来我的幸福生活；客观上我们给国家交税，让国家用这个税收关怀爱护其他的人。”“我们的员工艰苦奋斗，而员工的太太到世界顶级的风景度假区马塞马拉去旅游，到迪拜去购物，这就是我们的奋斗文化，这个对立统一的文化就是奋斗的本质。”

“我今天代表公司，向我们几十万家属拜年。我希望他们吉祥、如意、幸福、安康，我希望我们每个奋斗者构筑起来的是一种快乐。我们不管在艰苦地区国家奋斗的，还是在我们各种岗位上奋斗的，艰苦两个字跟物质生活没关系，跟客观环境没关系，是跟自己的思想有关系。有人的情怀很高尚，奋斗就是为了国家和民族，我们是理解的；危难时不顾家人去救助这个社会，我们认为是非常伟大的，但毕竟这世界伟大的人是数量很少的。先从爱家人、爱同事、爱工作做起。”

“最应该获奖的，应该是我们八万员工背后的几十万的家人。其实他们才是真正的伟大，他们忍受了多少痛苦，才成就了华为的奋斗，没有他们就没有华为的今天。可惜我们的奖励面太少，我希望每一个员工春节回家去发奖：给你太太、先生洗个脚，给你们的爸爸、妈妈洗个脚，表达你们对他的真诚的热爱。”

四、一组网上点击率最高的佳作

创办《华为人》报是任正非的提议，《华为人》报发展成“两报一刊”后任正非更是倍加关注。每期出版的《华为人》报他是必看的，不管工作再忙，飞到世界哪个角落，他期期都看，他对《华为人》报从内容到版式都提出了许多建设性意见，难怪有些知内情的员工叫他为“任总编辑”。更为重要的是，他常常动笔为《华为人》报写稿，像脍炙人口的《华为的冬天》、《北国之春》、《我的父亲母亲》、《致新员工书》、《春风送暖入屠苏》等都是他的手笔、他的文章。他在文章中提出的一些观念，甚至是一些词句，已经在华为员工中流行，有的已经成为一些年轻人奋斗的座右铭。

《华为人》报是一张普普通通的企业内刊，但在该报上发表的佳作流传速度之快，流传范围之广，反响力度之大，超出一些正规的报刊。据不完全统计，用百度查询《我的父亲母亲》，找到的相关网页约 38200 篇；《华为的冬天》找到的相关网页达 124000 篇；《北国之春》找到的相关网页达 27300 篇，2010 年元旦在《华为人》报发表的《春风送暖入屠苏》一文仅仅半年，用百度查询能找到相关的网页已达 8890 篇。

回过头来看，《华为人》报上的一些重要有影响的稿件，都是经过千锤百炼，精心打造出来的。就拿《春风送暖入屠苏》来说，2009 年年底，任正非看到公司业绩有较大的增长，已步入春天，他亲自动笔写了此文。完稿之后，他发给公司的中层干部传阅，然后再加修改，修改完后他决定在公司的网络发表，征求员工的意见，文章上网后，反响强烈，任正非又进行逐字逐句的认真修改，并作出了一个慎重的决定，在 2002 年的最后一天，打印发给全体员工，人手一份。任务下达后，只有半天时间就将迈入新年，编辑部全体人员忙乎开了，一边打印，一边校对，最后用粉红色的纸印刷，终于赶在下班之前把文章印出来，做到了员工人手一份。这是任正非送给全体员工的新年礼物，大多数一线员工是第一次看到任总这篇文章，被深深地打动了，他们终于明白了：“唯有奋斗，才有美好的明天，奋斗就是华为文化的精髓。”后来这篇文章刊登在《华为人》报上，很快被新浪、网易等十多家网络媒体转载，中央电视台科技频道还作了报道。

更值得推崇的是，《华为人》报开了新闻写作改革的先河。许多文章不拘一格，写得生动感人，没有一点八股味，犹如一股新风扑面而来，许多佳作堪称新闻写作的范文。《春风送暖入屠苏》(2009 年 12 月 31《华为人》报头版头条)，就是其中的代表作。该文发表后，受到读者和专家的一致好评。深圳市新闻出版局审读专家发表了题为《没有官话、套话，只有真话，动人心弦的话》的评论文章。

五、一个感人肺腑的细节

在华为有一句很流行的口号:这就是“为客户服务是华为存在的唯一理由”。身为多次采访过华为的记者,笔者感受到这不仅仅是一句口号,而是华为员工的自觉的行动。

华为的服务意识体现在流程制度中,展现在华为人的服务细节中。

一次,笔者带港澳记者采访团去华为,中巴车在华为大门口一停下,在公司大门口等候多时的《华为人》报编辑部全体人员立刻赶上前来,主编李宁走上车笑眯眯地对记者说:“欢迎各位记者朋友来到华为。”展厅内的液晶显示屏上的“欢迎港澳记者采访团”的字幕和接待介绍小姐真诚的微笑一下映入眼帘。参观前,接待小姐微笑着对记者们说:“请大家在展厅合影留念。”然后接待小姐逐一介绍华为的历史和各种新产品。参观结束后,记者们被带到会议厅听取公司领导的介绍,每位记者坐定后,桌前摆着一张刚刚合影的照片和一盘水果,记者们都惊呆了,他们什么场面没见过?万万没有想到十多分钟前的合影像变魔术般地变成了彩色照片,人手一张,内心不禁由衷赞叹华为服务的精细、自然、周到,更佩服的是团队服务行云流水。

李宁与笔者握手时,微笑着说:“感谢你组织港澳记者为我们公司宣传。”接着顺手从小包里拿出一支氯毒素眼药水说:“我看到你双眼充满血丝,可能是感染了,回去要记得滴眼药水。”顿时,笔者感动得不知说什么好,这一细节永远定格在我的心底里。

在 2010 年 4 月 7 日出版的《华为人》报刊登了题为《巴展上的一杯奶茶》,说的是在一次西班牙巴塞罗那移动通信世界大会(英文简称 MWC,业内又称“巴展”)期间,一名员工为客户调制一杯奶茶的小事,但深深地打动我们的心灵。

展会期间,我负责展台区的接待。有一天,一位客人走到我面前,我问他想要喝点什么饮料?客人说想喝杯奶茶。我们所提供的饮品中并没有奶茶。但是,我还是请客人稍等片刻,走过去倒了一杯红茶加牛奶,还放了些糖，搅拌了一下，3 分钟后，我闻了闻味道，感觉比较像奶茶了，轻轻地递到那位客人面前。

“先生，您的奶茶，不过，是我自己尝试制作的，请您品尝。”

那位客人非常吃惊，笑着接过奶茶开始品尝。我心里很紧张，因为那是自己第一次做奶茶。

等客人喝完后，我问他：“感觉怎么样？”

客人迟疑了一下，说：“谢谢，还不错。”

我继续跟他聊：“您觉得能得多少分呢？”

客人笑笑说：“60 分”。

瞬间，我觉得很抱歉，马上又问：“您明天还会过来吗？”

“会的。”客人答道，然后就离开了。

晚上回到房间后，我马上用手机开始查奶茶的制作方法，用笔记本写下来。

第二天的接待开始了。我按照前一天晚上查到的方法练习制作。红茶用多少温度的水泡？牛奶放多少比例？先放红茶还是牛奶？咖啡需要加多少？糖需要加多少？每做好一杯，就让旁边的同事品尝，然后再根据他们的品尝反馈不断改进。后来，终于有同事忍不住告诉我，他们每个人至少都喝了五六杯了。最后，同事 Jimmy 终于夸奖说：“你的奶茶，无论是从颜色、香味和口感都已经有 95 分了。”

没过多久，那位客人又再次来到展台了。我又问他：“先生，想喝点什么吗？奶茶可以吗？”客人很吃惊，然后笑着点头说“好。”于是我马上按照练习已久的配方开始制作。

很快，我拿着一杯奶茶递到客人的面前。“先生，您的奶茶，请慢用。”客人闻了闻，然后开始品尝。他喝完后笑笑，我心里又开始紧张，客人说：“今天的奶茶比昨天的进步多了，你怎么做到的？”我笑着告诉他之前的准备和练习过程。客人也笑说：“这是一杯很令人回味的奶茶。我看到你慢慢地加茶、加奶，把分量调到你最满意，然后又闻香味，我很感动。没有见过有人会这么用心去弄一杯奶茶，最重要的我们是不认识的啊！”

调制一杯奶茶，做成了一单生意，多交了一个朋友，得到了客户的满意的微笑，这就是周到服务的魅力！

有这第一句名言：细节决定成败，华为注重细节，更注重团队协同合作的细节，这一个个细节变成行如流水的时候，就显示华为的魅力，就铸就了华为的辉煌。

有一位华为员工是这样解读华为文化的：

走近华为，会真实地感触到华为的文化不在书上，而在员工的行为与企业的管理中。

细节一：华为的文化培训。华为对员工的培训是耐心而用心的。文化贯穿于培训中，是培训的灵魂。以入职培训为例，员工入职培训一个月，其中文化培训就要用时一周，并要求员工书写学习心得。华为还会安排新老员工的沟通会，交流工作与生活中的心得感受，帮助新员工尽快熟悉工作与生活环境。华为，正是通过这样的点滴积累及流程制度的规范引导，将文化基因嵌入了每个人的灵魂，塑造了具有独特魅力的华为团队。

细节二：华为的团队精神与客户导向。比如当一个华为员工提出客户接待需求时，通过电子邮件提出相关申请，会很通畅地得到各相关部门的配合。可能一个新员工刚开始还不太放心，尝试过几次后，会自发地为华为内部这种团队精神所激励与感染，而当自己需要配合别人时也会同样全力以赴。又如华为有个工时分析系统，供员工填写日志，公司会对员工日志进行抽查，同时还会通过回访等形式进行工作配合满意度调查，以增强员工间的团队协作和对合作伙伴的服务质量。

细节三：把酒话华为。与华为人共处的时光，他们的话题始终围绕着华为。和他们在一起，就像被施了魔法，谈论的话题也始终围绕着华为。以前听说过一件事，不辨真伪，如今算是信服了。说的是几个华为人下班后一起喝酒，说好不谈工作，可聊着聊着就说起了华为；有人发觉后提醒，可是聊着聊着大家又说起了华为，如此几轮，话题总离不开华为。是怎样的文化培养了如此忠诚而敬业的员工？许多员工离开了华为，却仍保留了一颗华为的心，保留了在华为养成的工作作风与处事之道。是怎样的文化对人的影响如此深远？

企业文化是影响企业生存与发展的一切非物质因素的总和;企业文化工作是对这些非物质因素进行的有目的的控制与干预的活动。企业文化工作与企业文化本身达到形神合一,使文化内涵透过企业的管理、流程与制度,透过企业战略与经营行为,透过员工的言行举止等展现开来——这是我们企业进行文化推进孜孜以求的意境,也正是华为魅力所在。

一张照片,一支眼药水,一个小礼品,这些感人的细节,像大合唱中的一个个美妙音符,唱响了华为的奋斗之歌。

十多年来,伴随着特区改革开放的春风,华为公司从白手起家发展到璀璨辉煌,它们走过了一条奋斗之路,从冬天走到了春天,同时,它们也创造了独特的奋斗文化。许多人一直在探讨华为连续保持十多年健康发展的原因,其实任正非《我的父亲母亲》这篇文章已经告诉,华为人创造性思维正是来自于这种逆境中都不可磨灭的一片伟大的爱心。企业家从自己的父母那里汲取伟大的仁爱之心,以牺牲对自己父母和亲人的爱为代价,把这种爱深埋在心头,将爱的力量奉献在华为的生存的成长。正是这一前提下,才有机会和能力爱父母、爱亲人、爱祖国、爱人民……

第三节 《中兴通讯》:走在世界创新竞争前列的文化使者

中兴通讯股份有限公司成立于1985年,是全球领先的综合性通信制造业上市公司和全球通信解决方案提供商之一,为140个国家的500多家运营商提供优质的产品与服务,在全球建立了18个研发中心,国际化收入超过60%。在2002年全球电信业大滑坡和2008年全球金融危机中,中兴通讯成为两次“寒冬”中唯一逆势增长的通讯设备企业。它以实际行动,验证着温总理在视察公司时所说的:“在世界级的创新竞争中,中国人是可以走在前列的!”

中兴通讯企业文化的精髓是“核心价值观四句话”:“互相尊重,忠于中兴事业;精诚服务,凝聚顾客身上;拼搏创新,集成中兴名牌;科学管理,提高企业效益。”

公司的“核心价值观”又细分为“十二个核心文化要素”,分别是:客户满意、激情、诚信、负责任、团队合作、勤俭节约、锲而不舍拼搏、环境敏感求创新、每年攀登更高目标、两个深入、建设性对抗、充分授权。

中兴通讯“核心价值观四句话”和“十二个核心文化要素”一起,构建了独具特色的企业文化。而承载它的主要宣传平台,则是“三报一刊一网站”:“三报”是《中兴通讯》报中文版、《中兴通讯》报英文版、《管理整改》报;一刊是《内部参考》;一网站是“中兴 e 员网”。

一、25 年历史积淀的“DNA 密码”

1985 年 2 月 7 日,解放路 144 号,“深圳中兴半导体有限公司”成立。此时的深南大道只修到了上海宾馆,黄土和农田在工地的烟尘中向远方延伸,特区的每一个角落都酝酿着深圳传奇。“中兴”两字,名不见经传。

2010 年 2 月 7 日,穿越四分之一个世纪后,在这片已经见证了太多传奇的土地上,一个世界知名通讯企业稳健屹立。从注册资金仅 280 万人民币,租用广东花县一个四面透风的礼堂的来料加工小厂,到年销售收入数百亿人民币,在全球拥有 6 万余名员工的世界级企业。“中兴”两字,已经印刻在民族高科技产业的发展史上。

在中兴通讯 25 年的发展历史中,始于 ZX—60 的自主研发,以孟加拉市场突破为首的国际化进程,用 CDMA 书写中国移动通信建设史上的新篇章,依靠精准决策度过 21 世纪初期的 IT 业寒冬……这些本身就是一个在竞争环境下快速成长的奋斗故事。每一个卓越的企业组织中,都会有显性或隐性的一种“精神传统”,在一代又一代的企业员工之间流传。侯为贵董事长曾说:“如果说我对中兴有什么贡献的话,可能只留下了一点文化。”1993 年,他亲笔写下了中兴通讯企业文化四句话:“互相尊重,忠于中兴事业;精诚服务,凝聚顾客身上;拼搏创新,集成中兴名牌;科学管理,提高企业效益。”正是这四句话,像鼓点一样鞭策着公司从“跟随型”走向“领先型”企业,从中国一隅走向海外天地,成为企业在实践中不断探求把握市场、稳健经营、基业长青的密钥。

二、《中兴通讯》报——中兴人的一部思想史和文化史

从某种意义上来说,《中兴通讯》报是中兴的发展史,也是中兴人的一部思想史和文化史。

作为中兴企业文化最"资深"的构建者,《中兴通讯》报的历史要从1995年年底说起。当时公司为推广管理知识、增强内部交流,开办了《工作简报》,每月一期。1996年4月28日,《中兴报》创刊并成立了9人编委会,最初的编辑均为兼职,1998年年底成立了以专职编辑为主的编辑部。1999年年初获得广东省资料性出版物登记证,《中兴报》正式改名为《中兴通讯》。

2002年1月,《中兴通讯》开通网络版。《中兴通讯》英文版于2002年3月27日创办。《内部参考》于2002年5月创办。《管理整改报》于2009年4月创办。中兴e员网于2009年11月创办。

侯为贵董事长在《中兴报》发刊词中写道:"创办《中兴报》的目的在于增强企业内部信息交流,使公司员工及时了解公司各项工作取得的成绩、存在的困难及各项重要决策、举措,为广大员工开辟一块沟通与交流的园地,鼓舞大家牢固树立以企业为家的信念。"

曾经的责任编辑陈佩琪记得,《中兴报》创刊初期,公司内部信息渠道少,高层决策、市场信息大部分靠报纸来传递。当她把报纸分送到各个办公室时,接到的人都会高兴地喊:"报纸来了,报纸来了!"那时总部在莲塘,办公楼比较分散,她一直坚持亲自送报,把一叠叠报纸分好、编好号,再一栋栋一层层地爬楼送到各个部门。回忆当年,她说:"这根本不是辛苦,而是一种鼓励,员工的热情让我感受到了报纸的力量。"高锦在1996年至1998年间担任《中兴报》的编辑,她还记得总第13期的时候,她担纲开辟了"警钟长鸣"栏目,刊发了一篇曝光性的文章,反映生产线上存在的几个问题。侯总对此事予以批示:"将原文刊登在《中兴报内参》,《中兴报》总第13期发表摘要,建议在干部培训期间学习,并结合企业文化加以讨论。"自此奠定了"《中兴报》不能报喜不报忧"的正气硬气,对与中兴企业文化、价值观念完全背道而驰的东西,对公司各个方面存在的问题,《中

兴报》专门设立“曝光台”，敢于揭露不含糊，为中兴树立正气。这个传统到现在还一直保持与发扬着。

姬晓玉也曾是报纸的一位老责编，她曾经报道了中兴通讯的首次集体婚礼，当时有许多因坚守工作岗位而延迟婚期的员工，公司就以这种方式为员工“张罗”人生最幸福的一刻。直到现在，她还记得报道推出后，一对新人的留言：“太多的故事，太多的感激，构成了中兴美好的春天！”

《中兴报》第一届编委会副主任严高明还有一件令他印象深刻的“趣事”：一次，当时的国际部投来了一篇幽默生动的稿子，作者在文中提到了把超额美元藏在鞋子里，逃过海关检查的细节。编辑们在报纸上刊发了这篇文章，但实际上这种做法是违反国家海关相关法规的，最后印出来的报纸只得全部回收。“从这件事开始，我认识到，作为编辑，不只是文字功夫要好，还要加强学习。”

《中兴通讯》报以及其他宣传平台对中兴通讯企业文化建设的重要作用，还与公司领导对“文化”这一概念的独特认识有关。侯为贵曾经说，文化并不是什么神秘的东西，好的案例传播就是文化。案例影响越大，文化渗透就越强，好的文化氛围就形成了。因此，《中兴通讯》要挖掘更多优秀的案例，迅速传播。

正是因为如此，《中兴通讯》报很少凌空虚蹈，一直“贴地飞行”，挖掘与记录最真实最有力量的事件，将之呈现出来，给人最朴实的震撼与感动。在点点星光的串联中，中兴通讯从筚路蓝缕到长歌万里的历程，员工们激情奋斗的青春，都已凝结在这份报纸中。

《中兴通讯》报记录了第一批走出国门，开辟国际市场人员的艰辛与拼搏，困苦中的汗水和成功时狂喜的泪水。1995 年，现在的史立荣总裁单枪匹马首次参加国际通信展，上演“一个人的日内瓦”，又当资料员又当业务员。1998 年，公司在孟加拉开通海外第一局，“孟加拉第一局”中蕴涵着首次踏出国门的骄傲和跨文化沟通初体验。1998 年，公司海外拓展迎来“巴基斯坦腾飞”，《中兴通讯》报记下了前方人员“有时愁得想哭，更多时候不知疲倦、不分昼夜地工作”的状态，也记下了成功签约的盛大一刻……从亚太周边到非洲大陆，从广袤拉美到发达欧洲，中兴通讯从零开始书写传奇，至今已在 140 多个国家写下自己的名字。其中最激动、最心酸、最难忘、最有趣的一点一滴，都融化在了厚厚的《中兴通讯》报合订本里。

《中兴通讯》报的风格，也许正如这个企业一样，朴实低调之中有着无尽真意；也许正像报头的“中兴蓝”一样，理性包容的同时又气象万千。《中兴通讯》报以及现在所有的中兴企业文化从业人员，都对自己有一个特殊的要求——“要成为中兴通讯的脊梁”。这意味着实事求是，敢说真话，坚持原则，时刻准备出现在最重要事件的现场，持续拼搏创新。正如鲁迅有一句名言：“我们从古以来，就有埋头苦干的人，有拼命硬干的人，有为民请愿的人，有舍身求法的人……这就是中国的脊梁”。中兴通讯的企业文化人员，正是抱着这样的愿景在从事这份工作。

三、“十二个核心文化要素”，理性包容气象万千

既是企业文化核心价值观又是企业文化精髓的“四句话”，是一个互相联系不可分割的整体。“互相尊重，忠于中兴事业”是中兴企业文化的核心。一个企业最重要的是什么？是组成它的人们的努力、想象力和应变能力在推动组织的发展，如果企业中的每个人都为组织的竞争和生存发展尽心尽力，那么这个企业一定会拥有最核心的竞争力。

如果说第一句话主要还是对企业内部员工说的，那么第二句话“精诚服务，凝聚顾客身上”则拓展到企业员工与顾客之间。企业的存在和发展取决于在市场上的竞争力和应变能力，而最终的衡量标准则是客户和社会对企业的接受程度。所以，“精诚服务，凝聚顾客身上”无疑是企业经营的最高目标。第三句和第四句话“拼搏创新，集成中兴名牌；科学管理，提高企业效益”是企业的风格以及要达到企业经营目标的基本保证。

由“核心价值观四句话”发展而来的“中兴通讯十二个核心文化要素”分别是针对全体员工的 9 个要素——客户满意、激情、诚信、负责任、团队合作、勤俭节约、锲而不舍拼搏、环境敏感求创新、每年攀登更高目标，以及针对管理干部的 3 个要素——两个深入、建设性对抗、充分授权。

《中兴通讯》报记录了无数个“锲而不舍拼搏”的感人故事，这些故事共同组成了公司 25 年的奋斗历史。

在一篇《亚美尼亚"垦荒记"》中,一位名叫陈刚的年轻人只身坚守在东欧亚美尼亚"拓荒",他既是客户经理又是项目经理、售前技术经理、售前商务经理、售后工程经理甚至办公室司机。从合同谈判、配置、报价到工勘、货运、物流、清关、回款,都是他一手包办。其中的种种辛苦,难以言说。不管是深山还是雪岭,他都一一跑过;他住过只在木板上铺张床单的两美元一晚的旅馆,在没有暖气的房间,盖两床棉被都彻夜难眠;有时忙到深夜没吃的,他就着自来水嚼麦片;寒冷的夜里,他曾和热情的旅店老板就着黄瓜和咸盐灌下两瓶伏特加。一位来支持的同事离开时对他说:"再也没有比亚美尼亚更艰苦的地方了。"

这些,陈刚都默默承受了。"项目最后要交标书,我一个人打印、装订、查错。半人高的标书装了三个箱,我一人只能抱起两个,最后只好求送我来的出租车司机帮我抱一个送上局方大楼。"陈刚说,"就我一个人,不坚持不行。"

他的锲而不舍拼搏最终打动了客户。后来在亚美尼亚,从海关到政府高管,从局方基层到决策者无人不认识这个二十多岁戴着眼镜的中国瘦小伙。曾经一度"冰冷"的客户关系终于被"激活",每到周末,局方的中高层还会主动打电话给他要"一起喝上一杯"。就这样,中兴通讯彻底打开了在亚美尼亚的市场!

《中兴通讯》报上还有一篇《一条带来"奇迹"的短信》,正是核心要素中"两个深入"——领导干部要"深入员工、深入客户"的最好写照。

2005 年,为了解决三峡库区边远农村通信问题,重庆办事处策划给当地政府赠送价值 1000 万的终端设备,重庆市决定办一个级别非常高的捐赠仪式,要求侯总参加,办事处员工魏淑清负责跟进此事。

在前一天的联系过程中,政府领导一直追问侯总第二天的行程,而此后不久,重庆办事处却被告知由于当日有某国家大使到访公司,侯总不可能来重庆了。听到这一消息,魏淑清他们傻眼了:对政府如何交代?他们可是千叮咛万嘱咐了的呀!当晚,办事处宴请客户,在餐厅等待的间隙,心里万分牵挂明天仪式的魏淑清突然冒出一个想法:给侯总发一条短信!"侯总,听说您不能来重庆了,我们的经理急得快哭了。明天的场面确实太大了,我们真的有些应付不过来。您真的不能来了吗?"在魏淑清心里,她并没有其他想法,也不抱任何希望,她不知道侯总能否收到这条短信,至于收到后会不会看,看到后是否会回复,她更是无法料想。

“特大喜讯,侯总明天来重庆!”十几分钟之后,魏淑清的电话响起,她听见了办事处经理颤抖的声音,握着手机的魏淑清也热血沸腾——她不知道是不是因为那条短信发挥了作用,但仅仅这个结果就足以让她们所有人欢欣鼓舞了。

举办捐赠仪式的早上,在宾馆大厅外等候的魏淑清抓住一个机会,试探地问侯为贵董事长是否收到了短信,“看了,看了,想了想,你们确实有困难”,他微笑着点了点头说。一旁的魏淑清不禁又一次热泪盈眶。“侯总那么繁忙,那么多大事需要考虑,居然会关注一个基层员工的一条短信,而且这条短信居然能够改变侯总的决定!”

仪式结束后,简单吃过午饭,侯为贵又是一番舟车劳顿赶回深圳,而那次活动获得了圆满成功。现在,每到逢年过节,魏淑清还是会给侯总发短信,就像当年的那个短信一样,每一条,侯总也都会认真地回复。

四、中兴企业文化建设,长歌一曲家万里

中兴通讯的企业文化大致可分为四个时期:1993 年之前的初创期;1993 年——1996 年的成长期;1997 年——2008 年的成熟期;2008 年至今的创新发展期。

1993 年之前是中兴通讯的创业期,也是企业文化的初创期。其时,中兴的企业文化还处于一种自发的状态中,侯总为首的创业者们的产业梦想和个人魅力,聚集起了一批具有同样价值观和“气场”的人,此时的企业文化虽然没有明确的提法或系统的总结,但是已隐隐孕育了雏形。比如,在人才饥渴中,奠定了中兴通讯重视人才、尊重人才的基调;在相互协作解决技术难题的过程中,形成了中兴的团队精神和民主氛围;等等。而这样一批创业者也在后来成为中兴通讯企业文化的主要传播者和诠释者,他们的故事,就是原汁原味又最具说服力的企业文化教材。

1993 年—1996 年是中兴通讯企业文化的成长期。1993 年 8 月,在思考和总结 8 年间的发展历程、员工的精神状态和工作作风后,侯总第一次尝试着将企业文化的相关因素概括成为四句话。这四句话在 1994 年初发表在《中兴维先通简

报》上,原文如下:“我提倡中兴人的企业文化精髓是:互相尊重,忠于中兴事业;精诚服务,凝聚顾客身上;拼搏创新,集成中兴名牌;科学管理,提高企业效益。”

1996 年,公司在国内通信市场已具备较强的竞争力,业务发展势头迅猛;南京、上海研究所已先后成立三年,拥有了几百名研发人员;公司近 20 个销售处、用服处分布在全国各地。内部管理思路如何传递?信息如何交流?这些问题日渐突出。侯为贵董事长决定创办企业报,以报纸传递信息、管理及文化理念。是年 4 月,《中兴报》创刊,为中兴的企业文化建设开辟了一个重要的平台,文化建设也由此进入了一个新阶段。

1997 年—2008 年是中兴通讯企业文化的成熟期。1997 年 3 月,《中兴通讯》报全面刊登了《中兴企业文化细则》(讨论稿)。随后的两个月时间内,展开了由上至下的全员大讨论,大家对讨论稿谈认识、提修改意见,共提出意见近 4000 条。正所谓“真理越辩越明”,中兴企业文化在讨论中焕发出极强的生命力,得到了深广的普及。

2008 年以来,则是中兴企业文化的创新发展期。2008 年,人事行政体系企业文化部进行了大规模重组,新的企业文化部在宣传平台的立体性构建、企业文化发展规划、跨文化建设三方面发力并进,在《中兴通讯》报主编邱未召执行副总裁的关注指导下,中兴企业文化建设进入了创新发展时期。

2009 年,在企业文化核心价值观“四句话”的基础上,企业文化部进一步提炼总结,并由侯为贵董事长亲笔审定出“中兴通讯十二个核心文化要素”。在宣传平台方面,由原来的“两报一刊”(《中兴通讯》中文版和英文版,《内部参考》)发展为涵盖了传统纸质媒体和新锐网络媒体的“三报一刊一网站”。由“三报一刊一网站”公司级宣传平台领头,公司其他体系内刊“众星伴月”,中兴通讯的企业文化宣传形成了一个综合的立体平台。

“三报一刊一网站”的定位各有特色,形成了全面覆盖的态势:《中兴通讯》中文版和英文版,是正面宣传的综合性平台;《管理整改报》和《内部参考》是暴露问题、矛盾、差距的平台,其中《管理整改》报强调曝光的力度,《内部参考》强调曝光的深度;中兴 e 员网,则是以平面媒体为基础,但是不限于平面媒体的内容,和员工之间的互动性更强,传播速度更快,并能凭借网络的优势,延伸到一线最基层的员工。“三报一刊一网站”已形成立体的网状结构，多位一体地发挥着企业文化宣传平台的作用。

中兴 e 员网的建设尤其能体现在创新发展中的一种“改变”。网站于 2009 年 11 月上线，之后的点击率便成倍数级攀升，快速成为中兴员工的“人气聚集地”。在拥有 6 万余名员工的公司，它的综合点击率已突破每月 1000 万，这个内部企业文化“基地”几乎在中兴无人不知。在这里不但有两小时内上线的公司重大新闻、领导讲话、市场快讯、业界动态、电子报刊、跨文化沟通园地，而且每月还推出大量网站专题和网站活动，同时还将新锐的社区、博客“一网打尽”；“中兴网络电视台”、“微博”也在密集筹建中。员工可以直抒胸臆，可以提出自己的建议，网站也因此拥有极高的评论留言人气。这里成为了公司战略和政策宣贯的纽带，广大员工自由抒发的家园，高层领导了解基层想法的桥梁。它让中兴通讯的企业文化构建进入了“互联网时代”。

在不远的 2015 年，中兴通讯要成为世界级卓越企业。所谓“世界级卓越”，除了销售额利润等“硬实力”，还有更深层更长远的“软实力”——相匹配的企业文化。世界上最持久、最成功的公司拥有共同的特质：保持一种核心理念，积极刺激其他进步。中兴通讯企业文化中的核心理念已经确立，其立体网状结构中的包容性又在积极刺激更多的进步与创新，可谓有容乃大、气象万千。未来，中兴通讯企业文化必将助力公司实现从优秀到卓越的伟大跨越。

第四节 《华侨城》交响曲

华侨城集团成立于 1985 年 11 月 11 日，是隶属于国务院国资委管理的大型中央企业之一，拥有房地产、酒店开发经营、旅游及相关文化产业经营、电子及配套包装产品制造三核心主业，截至 2009 年中总资产额逾 400 亿元。

24 年来，华侨城秉承“在花园中建城市”的理念进行开发，其总部基地约 6 平方公里城区已由昔日的一片荒滩变成为今天的一座环境优美、配套完善的现代化海滨城区。同时,华侨城集团坚持市场导向、客户至上和科技领先,做强做大三项核心业务,各项业务均分别位居行业前列,并培育出华侨城地产、华侨城旅游、华侨城酒店、华侨城亚洲、康佳以及锦绣中华、世界之窗、欢乐谷、波托菲诺、茵特拉根小镇、华侨城大酒店、威尼斯酒店、城市客栈等一批人们耳熟能详的著名企业和品牌。

华侨城的企业文化特点:优质生活的创想家。

"创想家"的称号不同于"梦想家"和"空想家":"创"是指"创业、创造、创新、创意";"想"则是指"理想、梦想、思想";而"家"是指"专家、大家、实干家"。

所以"创想家",简言之就是"有创意、有理想的实干家",是把对美好的城市生活的追求,由梦想变为现实的实践家。对于广大旅游者、消费者和置业者来说,华侨城集团就是他们"优质生活"的供应商。集团的"创想"提升了人们的生活品质、生活艺术和生活智慧。"创想"也是华侨城集团企业文化的精髓,集团的每一个项目无不凝聚着集团两代领导人的智慧和心血,闪烁着创意的思想火化。这种"创想"实践就是"创新"精神,也就是美国著名经济学家约瑟夫·熊彼特所说的最为宝贵的企业家精神。

一、创造、坚定的实践家

可以说,华侨城的发展史就是中国改革开放史的一个缩影。自 1978 年开始的中国改革之路,为华侨城提供了孕育环境、制度变革、经济发展、文化和人本回归的大背景,影响了华侨城发展的路径、战略和营运。企业文化对于华侨城来说并非刻意而为之,而是华侨城这个企业以及在这个企业工作的人都有一种浪漫主义情怀,敢于梦想,敢于通过实践将梦想变成现实。华侨城在改革开放的这一大特殊历史背景下,在其发展过程中的历个关键节点,用"创想"精神为人们的生活和社会的发展带来了一个又一个惊喜!

大地风雷的国家背景、物化人杰的地域背景和西风东渐的产业背景为身处深圳特区的华侨城提供了发展壮大的肥沃土壤。1984 年 1 月 24 日—2 月 10 日,邓小平视察深圳、珠海、厦门经济特区,并题词:"深圳的发展和经验证明,我们建立经济特区的政策是正确的。"他指出经济特区实行开放政策,有个指导思想要明确，就是不是收，而是放。特区是个窗口，是技术的窗口，管理的窗口，知识的窗口，也是对外政策的窗口。这是特区被中央验明正身的一年，深圳特区的实践已从搞活广东经济的尝试上升为中国对外开放的窗口与基地，与香港元朗一水之隔的沙河华侨城农场（华侨城的前身）因为其背靠的深圳成为独领中国改革风骚的特区，于1982年升级为局级单位的沙河华侨城企业公司已经站在改革的起跑线上，只欠发令的东风。

1985年8月28日，国务院侨务办公室和国务院特区办公室发文：从深圳沙河华侨农场划出4.8平方公里土地，设立华侨城经济开发区，建设具有工业、商业贸易、旅游、房地产、文化艺术设施的主要外向型的开发区。国务院正式批复后，新华社发了通稿，当天，全国各大报都在显要位置报道了这一消息。《人民日报》头版发表了《深圳特区将建华侨城》。11月1日，国务院侨办发文：成立华侨城建设指挥部，任命马志民同志为指挥部主任。翌年2月，深圳市政府批准设立深圳华侨城经济发展公司，注册资本人民币300万元，华侨城建设正式启动。时任国家侨办主任的廖晖回忆说，1985年年底，他给胡耀邦同志写了一个报告，并请胡耀邦给华侨城题个词，以便下一步开始开发，过了些日子，寄回来三张胡耀邦同志书写的“深圳特区华侨城”，让廖晖挑一张。这就是现在华侨城LOGO上的“华侨城”三个书法字。

国务院关于成立华侨城的批文还没有发到深圳，廖晖便领着马志民等几位开荒者风尘仆仆地来到了深圳湾边，构思着未来的建设，畅想着未来的发展。然而，面对这么一片枯寂的海滩，滩涂上是残舟断桅；4.8平方公里都是荒山野岭，几乎没有一寸平整的土地，仅有的几座房屋也都是破败不堪，正如马志民后来回忆的那样：“那时的山都不是像现在这样绿树成荫，基本没有树，连草都不长的。”这里离当时的国贸为中心的城区很远，交通不便，如何开发建设？即使建起高楼大厦，又有谁肯垂青？然而，马志民却在这些林林总总的困难之中看到了潜在的优势。从区位上看，虽说这地方是在城外，但距城区也不过10公里，修一条好路就可以解决与市区的交通。开发区的前面是蛇口海运码头，再往前是待建的宝安国际机场，水、陆、空的优势占据了两个。以发展的眼光看，随着市区的逐步扩大化，这里的陆地交通也一定会成为深圳的交通要道。还有那些起伏不平的荒山野岭和那些湿地河塘，在一个创业者充满创想的脑海里，都是未来一笔不小的财富。只要在这里栽下梧桐树，就不愁引得金凤凰。

问题是在深圳湾畔的荒芜海滩上建设怎样的华侨城？在华侨城经营什么？1985 年马志民带领一个小组前往欧洲考察，在荷兰玛琳落丹看到“小人国”时，大受启发：小小的微缩景观能尽揽荷兰名胜，我们为什么不能把中华五千年文明史和丰富的旅游资源浓缩一地，让游客在短短的时间内，领略中华名族的博大精深？一个关于“锦绣中华”主题公园的雏形开始出现在华侨城的规划中。

1989 年 9 月，“锦绣中华”建成，并正式对外开放，开园首日入园人数就超过 3000 人，那年国庆期间，每天都有 3 万多人拥入园内，深南大道不得不封闭一半用来停靠车辆，取得巨大成功。在建成后的第三年，邓小平在第二次南方视察期间，参观了该景区，中新社以《华侨城里的春天故事》报道了这一事件。“锦绣中华”被业内认为是“中国主题公园发展史上的里程碑”，真正圆了中国人兴建与世界接轨的现代主题公园之梦。

二、《华侨城通讯》——构建文化桥梁

自“锦绣中华”开始，华侨城逐渐走向了产业结构调整，企业机制改革的发展之路。而面对这么一个特殊的企业，这样一个重要的历史事情，如何将企业自身内部的变化向侨城以外的世界昭告，如何凝聚企业内部的员工，如何将正在形成中的独特企业文化宣传出去就显得尤为重要了。“锦绣中华”开园之时，华侨城也即将迎来四周岁的生日，四岁的华侨城急需拥有一份自己的报纸和舆论阵地，这份报纸不仅要肩负“比较系统地探讨华侨城开发建设的理论和实践的园地”的任务，还要为侨务工作服务，凸显华侨城的“侨”字本色。所有人对这份四开四版的周报充满了期待。

1989 年 12 月 8 日，作为华侨城建设指挥部的机关报——《华侨城通讯》创刊。这时距离“深圳特区华侨城”成立整整四周年。从此，华侨城人有了自己的精神家园和文化沙龙。创刊号的头版头条：“三项活动降下帷幕，取得可喜成果——吴学谦、廖晖、林若、许家屯、何春霖、梁灵光、李灏等领导出席了盛会”；三项活动包括锦绣中华开业典礼、1989 年中国深圳旅游洽谈会和华侨城经济洽

谈会，成为华侨城从工业开发走向旅游开发的标志性事件。

通读《华侨城通讯》1989 年合订本，有一个关键词——“锦绣中华”时常见诸报端。在创刊号的二版，刊登了时任广东省委书记的任仲夷为锦绣中华题的“中华锦绣鬼斧神工”八个毛笔字，线条瘦细而圆润，没有粗细变化，但遒劲有力。是什么原因能让一名省部级官员欣然为一个“初出茅庐”的景区题词呢?初创时期的华侨城，深圳特区成立和香港回归对其影响重大。没有特区成立开启的对外开放之窗，就没有华侨城作为国务院侨办直属开发区的独立地位，也就没有华侨城的由来。没有从 1984 年《中英联合公报》开始到 1997 年香港回归的时间表，就没有与香港所代表的“一国两制”下的国际资本主义市场的快速接轨，就没有中国居民对香港、香港居民对中国事务的极度关注，就没有华侨城主题公园早期发展所必需的客源，也就没有后来从旅游走向多元的战略转型。锦绣中华在华侨城的发展历史上有着里程碑式的意义，作为“推广华侨城的企业使命和企业理想”的《华侨城通讯》在其开业之初寄予多次、多版面的报道也就不足为奇了。

企业内刊存在的意义就是塑造和建设企业文化。时处改革关键阶段的华侨城，正是通过《华侨城通讯》将企业转型期间的工作一一公布，而员工们也有了心灵对话的窗口，它正以潜移默化的方式润物细无声地发挥着文化的力量，从大至公司的重要改革举措，小至普通员工的柴米油盐，还有关于企业改革的讨论和经验交流，这些内容相互碰撞在一起，激起了令人炫目的思想光芒。华侨城独有的企业文化正在这个碰撞的过程中逐步形成。

三、从开发区到市场化的企业

华侨城在建设初期，完全是一个典型的工业开发区的建设思路，但是在建工业区和建城区的选择面前，华侨城选择了后者。在发展过程中，华侨城逐渐改变了发展工业为主的思路，从初期的“三来一补”的初级外向型工业加工区，逐步转变为富有多样化文化主题的综合服务城区，这种土地开发的差异性和社区服务功能的强化，将华侨城塑造成了一个 4.8 平方公里的文化休闲聚集区，最终，华侨城区域实现了从一般性工业开发区向主题消费性城区的转变。这是一次成功的选择,这次选择让华侨城完成了第一次变身。

1992年1月19日,又是中国改革开放的一个历史性时刻,邓小平第二次到达深圳。这次南方视察后来成为中国经济发展的又一个转折点,也成为华侨城的又一个转折点。这第二波改革开放的浪潮,推动着中国的政治、社会和经济继续向前发展。同时,命运也很必然地将华侨城的第二任领导人——任克雷安排在了华侨城的事业历程中。

任克雷早先在辽宁省计划委员会综合处工作,1980年调入当时由谷牧兼任主任的国家进出口委员会。1982年—1987年,他在国家经委的研究室任职,这五年对他而言非常重要,是他的战略思维形成和对大型企业形成实感的重要时期。任克雷后来回忆说:"在国家经委研究室和领导人身边工作的四五年,对我了解国家宏观经济发展、国有企业现状和问题很有帮助,对后来到企业也是一个宝贵的基础。"1990年,任克雷调入深圳市委,做了近四年的秘书长兼办公厅主任,经历和见证了特区的发展和成长。这些经历使得任克雷到任华侨城后只用了两年的时间,就迅速而坚定地亮剑,开始了上任伊始的战略调整举措,由一个接班的管家变身成为谋求华侨城更大发展的战略家。

1994年—2009年,在新的掌舵人任克雷的带领下,华侨城开始转型,并以旅游城模式布局全国。经过重新审视的战略性思考,华侨城的战略思维逐渐清晰起来。华侨城不能做卖地的地主,而要将手中的土地资源转化成企业的资本,拥有土地资本和开发权,成为资本家。华侨城的企业要由自己来控制,这样就可以引导发展,掌握产业的主导,就可以实现华侨城在原有的基础上,进一步创新发展。

一场大刀阔斧的改革浪潮在华侨城上演,首先将华侨城的政府牌子"华侨城建设指挥部"剥离,使"华侨城"回到企业的身份上来,政企分开为"二次创业"提供体制保障;随后进行战略收缩突出三大产业,1994年—1996年,关停并转40多家企业,一部分实施了关、停,一部分工业企业转为康佳配套,并入康佳集团,盘活资产9000多万元,通过对自身核心竞争力的分析和对未来市场发展趋势的预测后,确定了旅游业、地产业、家用电子业等三个核心业务方向。经过一段时间的调整,华侨城从遍及二十多个行业的一百多家企业收缩,集中到以康佳为主体的家电产业、几大主题公园为主的旅游业和房地产业,这些构成了华侨城的三大主导产业。这项战略的提出,比国资委成立后提出突出主业经营的方针整整早了8年。

四、改革浪潮下的文化品格

企业报刊可以将领导层的决策、思想传达到最基层,将员工的意见反馈到企业的最高层,思想的火花经过碰撞、沉淀之后,将会变为员工行动的准则;它也可以传播企业的信息,为企业客户和用户提供专业知识、技术指导、产品信息,形成更忠实的客户群;它还可以通过合适的方式反馈信息,让领导层了解以至接纳员工的合理化建议,促使企业良性发展,这更进一步体现了企业报刊的价值所在。这种自上而下、自下而上的交流方式在转换经营机制的大背景下使华侨城的内在文化品格逐步凸显。

作为华侨城体制改革的记录者,《华侨城通讯》从1994年10月28日,也是从第222期开始更名为《华侨城报》,头版刊登了任克雷为报纸更名写下的寄语:"随着改革不断深化,开放不断扩大,华侨城已经进入了一个新的发展时期,在新的形势下,《华侨城报》必须注重对我们在建立社会主义市场经济体制,转换企业经营机制,实行现代企业制度的过程中遇到的一系列新课题进入深入的调研,拿出有分量、有深度、有影响的文章来,把华侨城的现代企业集团形象打出去。"在这一年当中,《华侨城通讯》在全国市场经济方兴未艾,华侨城在面临发展过程中关键转折点的大背景下,围绕"改革"这一中心议题,刊登产业结构调整、发展战略的相关新闻报道和专题讨论,"探讨"、"建议"、"看法"、"新思维"、"突破"、"战略"等词语时常见于报端,这一切都似乎向世人告之:华侨城将走向一个新的时代。

"优质生活的创想家"的企业文化品格在华侨城的转型阶段就已经开始显现,拓荒者们敢于梦想、并敢于创新性地将梦想付诸实践的精神,正逐渐成为这个企业的内在动力和活力源泉,而这种精神又何尝不是改革开放初期,深圳第一批"垦荒牛"的真实写照呢?

《华侨城通讯》从其诞生开始,就已经承担起传播这种创业精神、塑造这种坚定信念的责任，也是一个极其重要的载体。

五、有梦的人最美

改革之后的华侨城摆脱了行政加企业的体制弊端，以现代企业集团的形象，怀揣更加“瑰丽”的梦想，继续大踏步前进，开始了“二次创业”的征程。

后来，任克雷在回忆这段历史时说到：“1994 年以后，华侨城真正地能跟别的企业在一样的市场条件下去竞争，而不是像过去那样，行政加企业。这一点应该是在全国开发区里面没有的，像华侨城这样搞开发区一定能长久发展。”

正如任克雷所说，华侨城在 1994 年之后，又实现了一次更大的飞跃，“旅游城”的发展模式在此后的时间里开始在全国遍地开花。1994 年 6 月，华侨城斥资 5.8 亿建成的“世界之窗”正式开业，3 年即收回投资，不仅产生了广泛的社会效益和深远的生态环境效益，而且在增进中外文化交流的同时，也美化了深圳湾滨海一大片土地。

1997 年，改革开放进入到第 19 个年头，华侨城也走过了 12 年的发展历程，近二十年的改革开放已经起到作用，经济发展逐步稳定，大大高出世界平均水平的增长速度，香港的回归更是在很大程度上推动了内地的经济发展。在这一时代大背景下，1997 年下半年，华侨城根据全国旅游发展形势和企业自身发展的需要决定重组企业资产，将深圳锦绣中华发展有限公司、深圳世界之窗有限公司等企业进行重组成立深圳华侨城实业发展有限公司（2000 年更名为深圳华侨城控股股份有限公司），并募集资金准备上市。1997 年 9 月 10 日，任克雷在深交所 000069 挂牌上市的锣声，华侨城 A 成为中国第一家主题公园上市企业，而 2009 年的华侨城正是借助了这一平台实现了整体上市，进一步增强了整体竞争实力。

1998 年，华侨城产生了主题公园创新的动力，经过对主题产品发展趋势和市场的分析，以及在全世界范围对主题产品进行对比，一个符合世界消费潮流，又有中国市场需求特色的创新性主题公园产品——“深圳欢乐谷”诞生。以此为起点，在此后的 11 年里，“欢乐谷”品牌随着华侨城的项目先后在北京、成都、上海落地开花，并取得巨大成功。这一时期成为华侨城培育和发展新兴主题公园产品的最关键阶段。

2007 年 7 月底，华侨城在深圳东部滨海旅游区建成的东部华侨城项目建成试营业，为社会创造了另一种全新的旅游产品形态。该项目投资 35 亿元人民币，是以"让都市人回归自然"为宗旨、以文化旅游为特色的主题景区。它在 9 平方公里山海间巧妙规划了大侠谷、茶溪谷、云海谷三大主题区域，集生态动感、休闲度假、户外运动等多项文化旅游功能于一体，体现了人与自然的和谐共处。这是华侨城集团在生态旅游领域的首次尝试，在借鉴现有主题公园成功经验的基础上，实现了华侨城在旅游发展领域的生态旅游内涵的突破、从城市中心向郊野地带的突破、从观光旅游向休闲度假领域的突破，显示了华侨城在创新发展中的智慧和实践。

作为企业发展见证者的《华侨城报》在这一时期紧紧围绕企业的发展轨迹进行实时报道，真实记录下了这段特殊的历史。

在华侨城集团成立 18 周年的晚会上，任克雷即兴发表的一段讲话，感动了所有的华侨城人，这段讲话后来被整理成文章《有梦的人最美》，广泛流传，成为华侨城文化的一个关键词，许多员工将这段讲话保存在手机里珍藏。

今天是华侨城 18 岁的生日，站在这里，我该讲些什么呢？

也许在这个时候，语言很难代表我的心情，语言也无法代表在座诸位的心声。但是，我想有一点我们是一样的，18 年了，我们都不会忘记我们走过的路，也不会忘记那些与我们一同走过路的人，不会忘记我们所品尝到的酸、甜、苦、辣。

我相信，在座的各位你们一定会记得第一天来到华侨城的情景。

我是 10 年前的 9 月，一个多雨的季节，我第一次踏进马(志民)总的办公室。那天下午，林(水龙)董、马总、俞唐生副董事长从香港风尘仆仆地赶来接见我。当时说了些什么，我记不清了，但是，他们西装革履、神采奕奕的样子给我留下了深刻的印象。现在说来可能是笑话，你们不相信。但是在当时，我心里在暗暗地琢磨：到企业来工作一定非常的辛苦。因为坐在我前面的三位领导都几乎没有头发了。到了华侨城才知道，华侨城不"掉头发”,港中旅“掉头发”。(笑,对不起,张学武总经理,现在港中旅也不掉头发了。)

我总在想,人生有很多的选择。对于我们来说,选择华侨城无疑是最重要的一次。因为,它改变了我们很多人的职业,也改变了我们大多数人的命运。选择就是改变,选择也意味着放弃,可能因为选择了华侨城,我们放弃了许多、许多……

在华侨城 18 周年的时候,我想问大家:如果时光倒流,你是否还会选择华侨城?(台下员工齐喊:选择)我的回答是肯定的,我还会。因为,我们把人生最美好的时光献给了华侨城!

今天,我给大家讲一个内幕。1999 年年底,企业与主管部门脱钩的时候,华侨城集团遇到了去留存亡的问题。有一天下午,我们班子在集团六楼小会议室开会,我们从晚上坐到凌晨 4 点钟。那天夜里,我们都是动了感情的。我们给总理写信,我记得有这么一些话:我们这些人有的在华侨城工作近二十年,有的工作了十多年或七八年,无论是长或还是短,我们都把人生最美好的时光献给了华侨城,我们在这里倾注了心血,我们深深地热爱着这片土地。今天,我讲这些话,我重提这些话,我相信它会代表我们每一个华侨城员工的心声。

如果时光倒流,你是否还会选择华侨城?我的回答是肯定的,我会。因为,在这里,我们实现了许多梦想,我们创造了一个又一个辉煌。前不久,企业文化部在网上向员工征集用一句话来描绘华侨城。如果问我,我会用一首歌的歌名来回答:有梦的人最美。这就是华侨城,华侨城是一个有梦的地方。也许,在别人的眼里,我们的梦普普通通。我们是靠一张一张门票的积累,是靠一台一台电视机的组装,是靠一块砖头一块砖头的堆垒,我们是靠一个微笑一个微笑的付出。但是,正是这无数个普普通通,我们实现了每一个员工心中的梦……

18 年了,我们在一片荒滩上建起一座现代化的城区,我们把一个小企业发展成为一个跨区域的、全国性的大型企业集团。

18 年来,我们累计向国家上交了 40 亿的税收。我们生产了 5000 万台电视机,如果一字排开,可以绕地球一周。

我们接待了7600万人次游客,它相当于欧洲8个中等国家人口的总和。我们不应该为自己自豪和骄傲吗?!我们就是靠自己的双手和智慧,创造一个又一个著名品牌,创造了一个又一个"中国第一"。有人说,华侨城是一部印钞票的机器。但是,我说华侨城是一个创造"中国第一"的企业集团!一生中,能在这样的地方工作,不值得吗?!

如果时光倒流,你是否还会选择华侨城?我的回答是肯定的,我会。因为,这里有最可爱的员工,最好的同事,有最亲的兄弟姐妹,我们走到一起来,这就是缘分。

18年的华侨城,在我的眼里已不再是三个简单的汉字,也不仅仅是一个著名的品牌,她是一个充满生机和活力、充满创造力的生命体,她的血管里流淌着我们每一个员工的血,华侨城的"心脏"同我们每一个人的心在一起跳动。

在今天这个时候,我们最不应该忘记的,就是那些为这个生命体的诞生、发展倾注了全部心血的老领导、老员工、老华侨、老侨眷。我想站在这里代表在座的每一个人、代表我们3万名员工深情地对他们说,感谢你们!华侨城的开荒牛!

在今天这个时候,更不应该忘记那些为这个生命体发展奋斗了一生,但是现在已经离开了我们的那些人。我相信,你们都会记得华侨城第一个高级工程师、世界之窗第一任总经理邓工,邓工离开我们了,但是,邓工在工地上满身泥沙的身影,至今还历历在目啊!

我相信,你们不会忘记华侨城医院的曹教授——一个对国家有突出贡献的心血管专家,曹教授的心脏停止了跳动,但是,在华侨城的心跳中依然听得到曹教授的心音。

大家一定不会忘记欢乐谷孙工,白发苍苍的孙工他走了,但是他把欢乐永远留在了华侨城,留在了欢乐谷。像他们这样的人,在华侨城还有很多……我们永远永远不会忘记他们!

如果时光倒流,你是否还会选择华侨城?我的回答仍然是肯定的,我还会。因为华侨城的梦还要继续做下去,华侨城的明天在深深地诱惑着我们。《创世纪》开头有这么几句话:我是谁?我从哪里来?要到哪里去?今天,我想回答给大家:

华侨城是谁?华侨城就是我们每一位员工,每一个曾经为她付出过的人。

她从哪里来?她来自祖国的天南海北,来自 56 个民族;她来自我们心中的激情,来自家庭的支持,来自恋人的情怀,来自我们孩子们希望的双眼!

她要到哪里去?华侨城已经从深圳走向全国,华侨城还将从深圳走向世界,走向未来!过不了几年,在深圳的东部,会出现一个更加美丽、更加生态的华侨城;在北京的朝阳,会出现一个更具时代气息、更加浪漫的旅游社区;在上海的浦西,将会出现一个更加现代、更加壮丽的意大利新城;无论你走到哪里,你都将看到和听到"KONKA"!

华侨城的明天一定会更美好。在我要结束讲话的时候,我想用奥林匹克精神来描述华侨城集团明天的发展,那就是:更高,更远,更快,更准,挑战极限!

有梦真美!谢谢大家!

六、为梦想而生的《华侨城》杂志

随着华侨城业务的逐渐拓展,项目逐渐增多,企业内部亟须一本能够覆盖集团整体业务,为集团重点项目服务的刊物对华侨城进行全面的报道,与《华侨城报道》形成强势互动和互补,积极宣传华侨城改革与发展的成就。在这一背景下,2007 年 5 月,征询了任克雷、郑凡等编委会成员以及多方意见之后,几经修改和定版,《华侨城》杂志终于横空出世,创刊号以第三届"文博会"特刊的形式出现,封面和封底自成一体,设计感十足,主体内容上以"华侨城 22 年文化漫步"、"OCT——LOFT 创意原声"、"大演主题秀"为主题,对华侨城的文化特色、演艺事业、创意文化进行了深度报道,排版上避免了传统刊物文字和图片完全脱离的套路,文字和图片错落有致,相互融合,并针对特殊时间创造性地使用插页的方式进行报道，时常穿插其中的跨P精美大图更是给人以强烈的视觉冲击力。杂志发行伊始，便受到了侨城内外的一致好评。

《华侨城》杂志是由华侨城集团主办的面向集团公司、华控公司、康佳集团以及各下属企业的企业杂志。截至2010年8月份共出版杂志36期，目前每期实际发行量30000份，发行渠道包括特约发行点、直投和邮寄，特约发行点分布于高尚住宅、酒店、写字楼、商业、展馆、剧院、学校以及华侨城集团各区外重点项目，外部赠阅对象涵盖上级主管机关及地方政府部门、地产业主和酒店客户等，读者覆盖6千间客房，8万居民，1500多万/年的游客。《华侨城》杂志自问世以来，广受读者好评，影响力逐步扩大。

《华侨城》杂志为华侨城各企业的内部宣传提供了有效的平台支持，同时，也作为一个重要的内容提供者，为华侨城重点项目服务，策划制作了紧跟公司业务重要节点的报道专题，包括地产、旅游和电子三大板块的经营进展，如东部华侨城开业、成都华侨城开业、上海华侨城开业、泰州华侨城开业等，成为各个单位在推广中最系统和有效的营销工具之一。《华侨城》杂志自创刊之日起，就以始终关注华侨城各项业务发展和企业文化建设为主要报道内容，其关注点主要包括企业领导层的管理理念以及各业务板块的企业文化、创新研发、生产制造、品牌营销等，成为企业内外信息传播互通的重要平台。杂志每期推出的"特别报道"、"案例"、"艺术"、"生活别册"等栏目以及为华侨城内各单位量身度造的企业别册在公司内逐渐产生较大影响，已经成为杂志较有影响力的深入报道栏目品牌。

作为权威的官方发布平台，《华侨城》杂志做到与《华侨城报道》在内部媒体上的内容互补和强化，为华侨城品牌下的内容大集成，在刊物装帧设计、内容编辑流程（多方联合采编）和内容表达风格上做了大量工作，不仅力图体现华侨城"优质生活创想家"的品牌特征和文化内涵，而且以特色的内容选题和编辑、新颖的设计和优秀的印刷工艺创新，达到集成内容和传播的乘（倍）数效应，并以专业资源配置的制作平台（编辑、摄影、设计、发行、营运）获得亚洲地区印艺出版业最权威的年度奖项，2007第十九届香港印制大奖非销售类杂志冠军，2008年第二十届香港印制大奖之杂志印刷—非销售类项目优异奖，标志着《华侨城》

杂志已经进入亚洲一流杂志行列。

《华侨城》杂志在栏目设置上始终以读者需求为标准，适时调整杂志的栏目设置，使之紧跟集团发展的步伐，贴近社区需要，逐渐形成自己的特色，比如关联阅读和立体化阅读（对封面封底的创新设计，提高阅读效率），力求从多角度反映华侨城发展的新成果，拓宽读者面，增强杂志的活力；对重大选题和原创性选题，不受篇幅限制，发表有分量的文章，提高杂志的采编水平和内容质量。

未来，《华侨城》杂志将拓宽视野，关注全球经济和和社会发展，重点关注与华侨城关联的城市化、生态、环保、低碳、旅游、文化、创意产业等领域；选题紧扣国内、国际的大事件入手，并结合华侨城重点项目发展重点报道。

七、华侨城的驱动力：创想文化

就华侨城的主题公园看，从锦绣中华、世界之窗这种微缩景观的模式，从民俗村的村落式模式到欢乐谷这样的游乐器械模式，再到东部华侨城的生态模式。它的多样性精彩而富于变化。那么，是怎样的力量在驱动这些多样性的产生？

仔细研究华桥城具有竞争优势的模式的背后，可以发现鲜活而又有特色的企业文化和人。以文化结合旅游产业为核心发展理念的华侨城，在企业文化建设上更是独树一帜，这种文化建设一是保证了企业员工与企业的价值观的一致性；二是通过企业的平台培育了优秀的管理团队，三是通过这种建设能让企业领导者的品质和性格成为企业的品质和性格，以保证企业的战略持续不因为领导层的人事变更而发生变化。华侨城的目标是成为永远站在中国企业前列的百年老店。

任克雷经常提起一件让他一生难忘的事：在新加坡，他去总统府拜见李光耀先生时，他发现总统办公地方很小，而且很朴素，唯一奢侈的是在他的后面放了一尊很大的雕像，那是影响了东方文化两千年的孔子。任克雷说："我从中悟出了新加坡为什么能经济高速发展，为什么能成为举世瞩目的花园国家。"

华侨城的成功，最重要的不是他们在经营"什么"产品与服务，而是在"如何"经营它们。游客或顾客对华侨城产品认同，实质上是对华侨城人工作和服务精神与质量的承认，也就是对华侨城企业文化的认同。换句话说，最打动顾客的不是它的文化产品，而是华侨城凝聚在产品和服务中的企业文化。华侨城可持续成长的企业文化是活生生的东西，是不断创新和进化的。

华侨城的企业文化是具体体现在康佳文化、锦绣中华文化、世界之窗文化、波托菲诺文化、欢乐谷文化以及各成员单位文化共性之上的东西，这就预示了华侨城文化是一种结构性的、多样的、包容性较强的文化。各企业在拥有自己特色的企业文化基础上，又对集团表示由衷的认同，从而形成具有统一性的集团文化。

没有文化就等于没有灵魂、没有主线，就无法牵引企业向前发展。文化不解决企业赚钱不赚钱的问题，文化解决企业成长持续不持续的问题，决定企业能否办成一个长寿公司、百年老店。从这个意义上说，中国企业能否长大，与企业文化建设的成败有着密切关系。企业是有效率的经济组织，文化是决定企业如何达到功利目的的手段，称之为“道”。企业在战略上决定“做什么，不做什么”，在理念上决定“提倡什么，反对什么”，在价值观上决定“追求什么，放弃什么”等等理性取舍时，文化观起着举足轻重的作用。华侨城集团的战略调整、发展目标，无一不体现着文化的鲜明导向。文化导向作用是推动华侨城集团持续成长的基本驱动力。

此外，因锦绣中华的成功效应，20 世纪 90 年代中期，国内一哄而起，建了 2400 家各类主题公园，红火了一阵，如今其中有 70% 处于亏损状态，有 20% 基本持平，仅有 10% 左右能够盈利。于是业内盛传一种理论：中国主题公园的生命周期只有 5 年左右。按照这个理论，到现今为止，华侨城四大主题公园早就“超龄”，但它们仍然显得青春焕发。其长盛不衰的秘诀是什么？欢乐谷更是走上了遍地开花的连锁之路。

华侨城的核心是持续创新。主题公园的形式是舶来品，但吸收改造之后，华侨城把外来东西变成了自己的基因。华侨城认为，自主创新既表现在对中外文化的选材上，更体现在对素材的组织运用。历史文化素材在华侨城景区被逻辑地整合、集中地展示，渗透着华侨城人对历史文化富于创意的解读、阐释和演绎，于是，历史文化被注入了时尚、娱乐的元素，表达了经营者对市场、对消费者心理、审美习惯的理解，产生了超越素材本身的吸引力。

创新还表现在与时俱进，让游客"常看常新"。在产品形式上，华侨城实现了从静态产品到动态产品、从单一产品形式到混合产品形式的全方位演变过程，成为中国旅游产品进化的活标本和中国主题公园的领军企业。

创新的企业文化不仅表现在华侨城的经营理念、普遍认同的口号或是独特的仪式、鲜明的标识等表象或形式中，更重要的是，华侨城所拥有的共同价值体系成为所有员工普遍认同、持续传递和贯穿于言行之中的文化观念和行为方式。

华侨城的文化品格与文化管理风格，在《华侨城宪章》中有着比较详尽的描述。从总体上概括的话，可以分四大块：一是规划就是财富，环境就是资本，结构就是效益；二是知识就是优势，激活就是价值，创新就是未来；三是时间就是金钱，效率就是生命。四是文化就是动力。华侨城集团是一个与文化渊源深厚的企业。

华侨城景区的大型文化演出是一大创新，一直以来脍炙人口，曾有迪斯尼的高管看过之后，也自叹无论从规模还是题材上，都无法超越。从1991年华侨城成功推出第一台大型旅游文艺晚会《艺术大游行》以来，华侨城各景区累计上演大型演出近30台，累计演出2.4万多场次，接待观众超过4500万人次。世界之窗的三部大戏，主题分别是战争与和平、科技与文明、生命与爱情。一听非常吓人，如此严肃、巨大，一个景点能搞么？可华侨城人不但毫不犹豫搞了，而且都成了精品。2002年，《跨世纪》参加在美国举行的国际主题公园表演大赛，获得最高大奖，获奖评语赞赏这台节目"在世界娱乐主题公园的表演形式上是前所未有的"。2004年，任克雷到世界之窗为新的晚会节目《千古风流》做深入调研，并称之为一台"大戏"，希望成为华侨城旅游的代表作。此后，几乎每一个主题公园都要一台"大戏"，目前，华侨城旗下各景区共拥有专业演职人员1100多人。现在每天都有10多台大型文化演出在华侨城各景区和艺术中心上演，还有近百场次的小型景点、村寨式表演与之相配套，形成了一个形式多样的表演体系。

华侨城的成功不可复制，有着鲜明的时代特征，因为改革开放，华侨城建成了中国第一微缩景区，让中国人开始了解中国、了解世界，开始满足人民日益增长的精神文化需求，如同任克雷2010年5月31日在市政协讨论政府工作报告上的发言《我们要争取给小平同志一个满意的回答——华侨城CEO任克雷的政协发言》中提到的："1992 年邓小平同志视察深圳的时候，他给深圳的嘱托是：再过 20 年，深圳不仅要在经济上赶超四小龙，而且在精神文明建设上要赶超新加坡。"华侨城一直在为深圳这个移民城市做着属于中国的精神文化，欢乐谷的连锁经营，为新时代的中国都市人群提供了一个狂欢地。

时至今日，《华侨城报道》已经走过了 21 个春秋，《华侨城》杂志也迎来了三周年的生日。从某种意义上来说，这种以时间为经、以事件为纬来记载企业发展历程的纸张其实就是企业的编年史。翻开这些旧文，细细重读，悠然之气顿生，但见荣光永在！这些文字和图片在刻录着企业所走过的足迹的同时，又似乎在描绘着未来美好的图景。2009 年 11 月 21 日，中共中央政治局常委李长春同志莅临华侨城集团视察，并寄语华侨城"把文化产业做强做大，打造中国文化产业的航空母舰"。未来，《华侨城报道》和《华侨城》杂志将以全新的姿态，紧紧围绕"打造中国文化产业的航空母舰"这一中心，高歌猛进，谱写更加辉煌、灿烂的篇章！

第五节 《招银文化》：伟大的事业需要伟大的想象力

招商银行于 1987 年在中国改革开放的最前沿——深圳经济特区成立，是中国境内第一家完全由企业法人持股的股份制商业银行，也是国家从体制外推动银行业改革的第一家试点银行。2002 年，招商银行在上海证券交易所上市；2006 年，在香港联合交易所上市。

成立 23 年来，招商银行伴随着中国经济的快速增长，在广大客户和社会各界的支持下，从当初只有 1 亿元资本金、1 家营业网点、30 余名员工的小银行，发展成为了资本净额超过 1200 亿、资产总额突破 2 万亿、机构网点近 750 家、员工 4 万余人的全国性股份制商业银行，并跻身全球前 100 家大银行之列。凭借持续的金融创新、优质的客户服务、稳健的经营风格和良好的经营业绩，招商银行现已发展成为中国境内最具品牌影响力的商业银行之一。在银监会对商业银行的综合评级中，招商银行多年来一直名列前茅。根据波士顿咨询公司的报告，招商银行2008年的净资产收益率为全球银行之首。招商银行被英国《金融时报》评为市净率全球银行之首、企业600强第24位，《亚洲华尔街日报》中国最受尊敬企业第一名；同时，荣获《欧洲货币》、英国《投资者关系》和《亚洲银行家》等权威媒体授予的“中国最佳银行”、“中国最佳零售银行”、“中国最佳网上银行”等多项殊荣。

截至2009年年末，招商银行在中国大陆的65个城市设有52家分行及685家支行（含分理处），2家分行级专营机构（信用卡中心和小企业信贷中心），1家代表处，1760家自助银行，1700余台离行式自助设备，一家全资子公司——招银金融租赁有限公司；在香港拥有永隆银行和招银国际金融有限公司两家全资子公司，及一家分行（香港分行）；在美国设有纽约分行和代表处；在伦敦设有代表处。

招商银行的企业文化特点：创新思维不断挑战自我，追求卓越。

一个简单的黑白画面中，钢琴王子朗朗的手指在琴键上飞舞，伴随着这充满激情、活力、高雅的表演，一枚象征着招商银行的金葵花升起，画面最终定格：“招商银行，因您而变”。

这一则透过中央电视屏幕广为流传的广告将国际知名的钢琴家朗朗和招商银行结合在一起，这无疑是一个充满想象力的创新：一个是素来以严谨闻名的金融企业，一个是浪漫的艺术家，竟然组合在一起，这着实让人诧异。就连中央电视台主持人王小丫也颇为好奇地要询问招商银行行长马蔚华为何要请朗朗做形象代言人。马蔚华对此解释道：招商银行一直在找一个形象代言人，招商银行有独特的出身背景和市场形象，形成了自成体系的企业文化，要找一个与之契合的知名人物太难了，然而与朗朗的结合却是“一见钟情”。朗朗是现今社会最有影响的一个中国钢琴家，年轻、充满活力、品格高雅、造诣深刻，用创新思维不断挑战自我，追求卓越，这正是招商银行所追求的。

事实上，这一则充满想象力的营销传播方案正是招商银行企业文化的一个缩影，那就是以无限的想象力去开拓创新。在招商银行，有一句话为企业所广泛认同：伟大的事业需要有伟大的想象力。这一句话同样来自于一位伟大的人，诺贝尔和平奖获得者、被称为"美国历史上最伟大的国务卿——基辛格博士。招商银行在进行国际化的战略发展过程中曾经得到基辛格博士的帮助,2007 年马蔚华行长在美国与基辛格博士会面后,基辛格博士在电梯口为马蔚华一行送行,留下一句意味深长的话:"伟大的事业需要有伟大的想象力。"简短的一句话,却让马蔚华得到了莫大的启发和鼓舞,此后他将这一句话转达给了招商银行的全体员工。

的确,招商银行的发展印证着基辛格博士的这一判断。招商银行二十多年的发展在业界创下了无数的第一,给人们留下了新锐的深刻印象,从当初偏居深圳蛇口一隅的区域性小银行,发展成为了一家具有一定规模与实力的全国性商业银行,并且成功地实现了国际化的梦想,凡此种种都需要以无限的想象力去开拓创新。

一、企业文化决定命运

一开始,企业文化就被放在招商银行决策的制高点。企业文化在企业内外的传播往往是通过企业内部的媒介完成的,在招商银行也不例外。招商银行对内的媒介《招银文化》月刊旗帜鲜明地打出企业文化的招牌。如今,随着科技日新月异的发展和员工工作方式的变化,招商银行还开办了适合网络传播的《招银 e 报》,其功能同样旨在弘扬企业文化。在纸质媒体和网络媒体之外,这支编辑队伍还操办着一年一度的"企业文化节",以及不定期的员工论坛。

对于企业文化,招商银行的高层有更深层次的思考。2008 年,一场前所未有的金融危机袭击了华尔街,随即又狂扫全球,正在美国开设分行实施国际化战略的招商银行对这一场金融危机感受更为深刻,那些过去风云全球的金融机构瞬间濒临崩溃。面对这些同行的兴衰,马蔚华感慨道:"一个企业的文化在相当程度上决定着这个企业的命运。"全球最大的保险帝国 AIG 集团的坍塌是否也和其片面追求高额利润的企业文化紧密相关呢?

招商银行的企业文化是什么?在公司内部也有清晰的解释。马蔚华曾在媒体撰文《创新靠什么?》,明确地提出只有自主创新,才能打造持续的品牌领先优势。国外优秀企业的成功经验表明,要打造持续的品牌领先优势,关键在于企业的自主创新能力。被称为全球银行业第一品牌的花旗银行,虽然在它将近 200 年的风雨历程中不乏起伏,但它仍是目前全球国际化程度最高的银行,多年来稳居银行业头把交椅。在它获取成就的诸多因素中,一个令人无法忽视的原因就在于其源源不断的创新能力。花旗的品牌形象总是与想象力、大胆的创新联系在一起。

招商银行要做的正是一个中国的"花旗",它希望打造的正是一个充满想象力的、大胆创新的企业。理念若只停留在高层的共识,显然还不能形成企业文化,任何高尚的理念都必须贯穿到全体员工那里,在招商银行内部这也很明确。招商银行副行长、《招银文化》主编唐志宏阐释企业刊物的意义时说,一个企业文化首先需要得到员工的理解,其次就是要得到认同,迫切需要一个能够传播招行企业文化的媒体,《招银文化》就是招行的媒体。

正因为公司高层意识到企业文化如此深刻的影响,以内刊《招银文化》为代表的企业媒体也被赋予了不一般的责任。1999 年,刚刚走过 13 个年头的招商银行正开始展露金融黑马的雄姿,企业唯一的刊物《招银月刊》(《招银文化》的前身)也站在全新的起点。

时任《招银月刊》的编辑辛琪至今记忆犹新,这一年的 9 月 22 日,那是个闷热的下午,在新闻大厦二楼面向深南大道的一个全封闭房间,他跟平常一样正在改着手头的稿件,时任办公室主任李南青(刊物的策划创办者之一)急匆匆地从三楼跑到二楼宣布一个决定:刚刚结束的行长办公会专门研究招商银行刊物的发展定位问题,目前招商银行唯一的刊物《招银月刊》同时承载了银行业务交流和企业文化两种功能,而随着企业日益壮大,两种功能实在难以由一份刊物独自担纲,行长办公会决定将《招银月刊》脱胎换骨,转化为两份刊物:新的《招银月刊》将定位于企业文化刊物,由双月刊改为月刊;将原有的银行业务交流内容剥离出来,另办一份《商业银行研究》(后定名为《当代银行家》),定位于商业银行理论研究刊物。

此后,马蔚华行长时常拿出《招银文化》这本杂志招待客人,并不忘添加一句,"我们是一个人办一本杂志"。一个人办的这杂志亦雄心勃勃,并精准地定位为一份独具招行特色的银行企业文化刊物,在文化层面创造出具有鲜明招商银行烙印的文化品牌，把企业文化逐步从“招银精神”层次提升到“招银文化”的高度，这也是“招银文化”一词第一次正式出现在较为正式的场合。在改刊后的发刊词上，《招银月刊》这样弘扬着刊物宗旨：丰富“招银模式”，弘扬“招银精神”，构建生生不息的“招银文化”。

在新《招银月刊》发行一年后，刊物更加坚定其弘扬企业文化的定位，直接更名为《招银文化》，这一更名也经过了隆重的讨论。2001 年 6 月，行长办公会研究决定从《招银人》、《招银通讯》、《招银文化》、《招银天地》等候选刊名中选定《招银文化》作为新的刊物名称。

二、自由想象的土壤

定位为构建招行企业文化的企业媒体实际上正是员工可以自由想象的土壤，一个滋生创新的文化势必需要自由想象的土壤。《招银文化》、《招银 E 报》以及员工论坛想要提供的就是这一片自由的土壤。

若只看《招银文化》的封底，常常令人怀疑这是不是一本纯文学刊物，这里有一个保留的栏目“诗歌”：一张颇具意境的图片旁，是一组美丽的诗歌，或赞叹美景，或讴歌亲情，只是浏览到末尾，作者署名的“××支行”提醒人们，这还是一本银行办的刊物呢。

有一个令《招银文化》的编辑、作者们至今还记忆深刻的故事是在 2005 年《招银文化》创办 100 期之际，编辑、作者们相聚海南三亚，在这里原本满脑子的金融业务全被抛弃，瞬间变成文学才子，把酒吟诗，谈到兴致处，竟诗兴大发，于是就有了 2005 年第 100 期封底的那篇《三亚诗抄》，其中一首是：“红颜红酒红文章，太白岂有百花香，天涯海角何足道，五湖四海任我狂。”

《招银 e 报》是一份网络刊物，有一篇文章让刚刚进入招行不久的年轻人姜锵有了一个“爱美女”的美名。擅长文字写作的姜锵在这份电子刊物上开办了一个博客栏目，并在其中发表了一篇《美女不存钱》的文章，这篇讲述他在工作期间和一位美女打交道的故事在员工那里赢得了好评，令他刚进公司就以“爱美女”名扬四海，以致在一次企业内刊的总结大会上，刊物的主编开玩笑地对刊物的撰稿人说：“希望你们至少写一点什么美女不存钱之类的文章出来，娱乐一下招行的五万人”。

这样一份自由想象的《招银月刊》也在业界造成不小的影响，成为招行的一个门面，甚至成为招行吸引外部员工的一个有力武器。在编辑们辛勤工作的时刻，远在上海另外一家商业银行工作的任容君在公司文印室里看到了一本被同事们用来垫着订材料的《招银月刊》，它看上去伤痕累累，但是还是不掩饰其较为奢华的铜版纸封面，爱看书的他疑惑地翻看这本杂志来浏览，没想到，这漫不经心的一个小小的举动改变了他的职业生涯。从此以后，他每月总要去翻翻这本“还有点意思”的杂志，他开始关注招商银行，开始关注有关招商银行的媒体评论，甚至还出于“窥视”心理，开办了一张招商银行的“一卡通”。在《招银月刊》透露出的招银精神的不断牵引下，任容君终于加盟招商银行上海分行。“我是被《招银月刊》吸引到招行的！”，在《招银文化》创办 100 期时，他写下了一篇长文追忆那段故事。

跟任容君一样被吸引进招商银行的还有重庆分行的李先明，在招商银行面试时，主考老师案头放着一本精美的《招银文化》，光艳的色彩和图案着实吸引眼球，后来加盟招商银行后，第一个愿望就是想看看《招银文化》。据说，在招商银行招聘人员时案头放一本《招银文化》已成了一个不成文的惯例，即将加盟的员工第一时间便通过杂志来感受这家企业。

三、直抵人性深处

自由、想象、创新这些词汇关乎人性。这样的企业文化若要传播到员工那里，实际上也会直抵员工的人性深处。

作为公司的领袖，马蔚华有着和企业一脉相承的特质。在 2010 年 4 月由国内知名媒体集团评选出的“2009 年度华人精英”中，马蔚华名列其中，凤凰卫视知名主持人曹景行这样评价马蔚华代表的招行：创新的血液始终流淌在他的体内，一如创新的血液始终流淌在深圳乃至新时代中国的大地上一样，创新使他带领招商银行从当年偏安深圳蛇口一隅的区域性小银行，变成了一个极富创造力的金融机器，金融这一世界上最为复杂的游戏。他使金融具有巨大的想象力，也具有极富张力的人性，因为他典雅而浪漫，充满创造的血性又不乏舵手的理性，他就是招商银行行长马蔚华先生。

传播企业文化的企业媒体也需要关注人性深处的东西，在《招银文化》上，随处可见关乎人性心灵的专题文章。唐志宏副行长开始担任《招银文化》主编后，他要求刊物要："好看、爱看、耐看"。

虽然编辑部的人手仍然紧张，但是由于员工们的期望，《招银文化》也引入公开发行的杂志的做法，强化专题操作，从编辑手段方面与公开发行的刊物并无二致。在专题策划方面，刊物提出"刊物要有思想、专题要有魂"的主旨，在每次策划专题时都设定了明显的主线，另外还引入选题会的操作方式，每期拿出专题策划案组织中心全体员工召开编前讨论会，集思广益，丰富专题内涵。在"专题"里，采撷了招商银行最有代表性、最具感染力、最符合发展形式、最受关注的话题。譬如"十年招行情"，"因势而变十七年"等。

《招银文化》对员工更有感召力的是这样一些具有深深人文情怀的故事：1999 年 4 月，臧金贵被招商银行选为首批扶贫干部，派往云南永仁县。为该县脱贫致富，他走遍了永仁县 80% 的村社，走访了 17 所中小学，300 多户贫困学生家庭，最终因病倒在扶贫岗位上。《招银文化》发表了《招商银行扶贫副县长累死在云南彝山》、《震撼——赴云南扶贫慰问考察的心灵之旅》，马蔚华行长阅完这些文章后，作了一段密密麻麻的批示。他这样写道："凡是亲身到过滇北我行扶贫两县的同志都会被那里的贫困所震撼，也都会被那里的人民淳朴、善良、忍耐与坚韧所感染。由此，我们可以深深地理解臧金贵同志——一个招行普通的干部在那里所做的一切。这就是'震撼'的作用。"

《招银文化》潜入招行人内心的，是一个叫"人文"的栏目。"人文"，给人浓浓的书香气。这里有诗意的、富有灵性的文字，有感性的、令你落泪的词语。你可以在这里倾泻你的所思所想，你可以在这里感慨世间的变幻沧桑，你可以在这里领悟生活、感受人生。

听，《那轻，那娉婷》，是《雪的倾诉》吗？还是《岁月的声音》？站在岁末，《遥望来时路》，在收获的喜悦中，我们都有了《幸福的感觉》……这一切，是我们的"灯下私语"。

“欢乐假日”里，招商银行人的足迹踏过祖国的万水千山，感受着同样的放松惬意。《走过龙门》，我们祭奠那逝去的王朝、辉煌的帝国；颠簸于七彩云南，感受雪山的巍峨，以及那皑皑白雪中依然显露的山的性格；行至凤凰古城，守望着古城的宁静，守望宁静的心情；穿过古老的房子、幽深的小巷、悠长的风尚，烟雨蒙蒙中，《闲话西塘》……

从纷繁的栏目，到统一梳理的板块，《招银文化》渐成风格；从一般的文字吟唱，到加入真情实感的投射，《招银文化》“人文”慢慢贴近人心。

即使偶有讨论业务的文章，但《招银文化》的稿件却总是透着“文化”味，少一些业务腔。招商银行的一位员工王欢在《我最热爱的那句话》中这样描述自己的生活状态：

> 一日休息在家，一整天没开口说“您好，招行”，真不习惯。电话铃突响，我急切地抓起话筒亲切、热情地说道：“您好，招行，很高兴为您服务。”电话里传来一声大笑，原来是朋友来电，朋友说我是工作狂。蓦然才知，原来“您好，招行，很高兴为您服务”已成为我最热爱也离不开的语言。

四、国际化腾飞

伴随着企业的腾飞，身处其中的员工也不可能终日“风花雪月”，《招银文化》同样也要为企业的业务发展鼓与呼。

2002 年 3 月 19 日，招商银行发布招股意向说明和网下申购项目公告，向社会公开发行 15 亿股 A 股。4 月 22 日开始，招商银行就首次公开发行股票在全国各大城市举行现场路演推介会。4 月 9 日，招商银行 A 股在上交所挂牌上市。

马蔚华行长以《力创股市蓝筹、打造百年招银》为题，在《招银文化》上发表文章：

> 在 15 周岁生日即将到来之际，招商银行又迎来了公开上市的大喜事。这是招商银行发展史上一座十分重要的里程碑，它为我们应对中国入世带

来了挑战……作为国内第一家通过“双重审计”、按照国际标准上市的企业,招商银行所经历的上市过程本身就具有非凡的意义。上市的过程,是招商银行优化资产质量的过程,提升管理水平的过程,与国际接轨的过程。

如同当初从蛇口走出,从深圳走出,国际化是招商银行的一个梦想。2002年8月28日下午,香港港利酒店,招商银行又聚焦在镁光灯下。新华社、《人民日报》、《经济日报》、《信报》、《大公报》、《香港文汇报》、凤凰卫视、路透社……招商银行香港分行召开新闻发布会,招行成为了境内外各大媒体的关注焦点。

编辑部配发了评论文章《香港,招行国际化梦想从这里起锚》:

招行从成立开始,就有着一个又一个美好的梦想。梦想站稳蛇口,走向深圳,他们做到了;梦想站稳深圳,走向全国,他们做到了;梦想站稳全国,迈入国际化,这个梦正在开始实现。我们没有理由不相信,香港,将会成为招行第二个梦开始的地方,一个成为国际化大银行的梦想开始的地方。

无限的想象力使招行从香港又走向了纽约,2008年10月,招商银行纽约银行开业,正如招商银行形象代言人朗朗的成长之路一样,招商银行也意欲以创新变化去征服世界。

第六节 《雅昌》:为人民艺术服务

雅昌集团创建于1993年,总部位于中国深圳,拥有北京、深圳、上海三大运营基地,产品和服务遍及中国大陆、港澳台地区及美国、日本、欧洲、东南亚等海外市场。

雅昌多次承担国家重大印制项目,成功印制2008年北京奥运会申办报告及相关印品、2009 新中国成立 60 周年专项印品、2010 年上海世界博览会申办报告及相关印品、2011 深圳世界大学生运动会申办报告等,并连续荣获美国、德国、香港等国际大奖 160 余项。以精美绝伦的《梅兰芳藏戏曲史料图书集》、《西夏文物》和《中国文化遗产——贵州省》以及《摄影集》、《奥运开幕式节目单》四度摘取印刷界"奥斯卡"Benny Award(班尼)金奖,其中《梅兰芳藏戏曲史料图书集》、《中国记忆》和《诗经》更被评选为 2004 年、2008 年和 2009 年"世界最美丽的书",此奖项是 56 个参评国家唯一一项金奖,为国家与民族赢得了荣誉。雅昌凭借独创的"传统印刷+IT 技术+文化艺术"商业模式,打破思维桎梏,将传统印刷业从"制造业"转变为"服务业",并为中华传统文化传播海外作出突出贡献,一举成为中国新经济文化产业的领头羊。

2006—2009 年,雅昌连续四次荣获"中国优秀企业公民"称号,董事长万捷荣获"中国最具社会责任企业家"称号。2007 年,被文化部和中国美术家协会联合授予"文化(美术)产业示范基地"。2008 年又获得由国家文化部、商务部、广电总局、新闻出版总署联合设立的首届中国文化产业创新奖。2009 年荣获"2009—2010 年度国家文化出口重点企业"。

雅昌企业文化的特点:传承文化,全心全意为人民艺术服务。

2008 年,当雅昌万捷董事长在美国芝加哥第三次拿到小金人(班尼金奖)的时候,他想起了 10 年前一位知名香港收藏家对他说过的话:如果要印艺术画册只能拿到国外去印。他当时听了心里特别不是滋味,很受刺激。从此他发誓要让中国印刷业扬眉吐气。

现在,雅昌已获得国际性印刷大奖 160 多项,为我们这个发明活字印刷的国度重新赢得尊严。如今,不仅是那位香港收藏家对雅昌的印刷水平跷起大拇指,连日本、英国、美国等国家的许多艺术画册都在雅昌印制。

成为世界印刷界领跑者的梦想实现后,雅昌人的梦想仍在延续,这个梦想就是通过传统印刷与现代 IT 技术的结合,建立世界最大的中国艺术品数据库。在百年、千年之后,世人能够记住,中国不仅有一个发明了活字印刷的毕昇,还有一个将中国优秀的传统文化保护和传承起来的雅昌。

一、创新打造卓越品质

1993 年 5 月 22 日，一个非常晴朗的日子，在深圳这座惠风和畅的南海之滨，雅昌成立了。当时，它只有 40 多名员工，业务也仅限于制版。经过十多年的不断发展，如今的雅昌，员工超过 3000 多人，跻身中国印刷百强，已成为中国文化产业最具实力的文化公司之一。毫无疑问，改革开放的大浪淘沙，有许多企业取得辉煌成就，有无数企业如烟消散。在印刷企业如同过江之鲫的珠三角地区，是什么让雅昌能够取得如此那么多绚丽夺目的成功与荣誉？成功经验总结起来，涉及的方方面面很多，但雅昌成功最重要的一条，用一句话概况就是：创新打造卓越品质。

雅昌成立之初，就打破“印刷业是制造业”的常规，提出了“印刷业是服务业”的概念，努力为客户提供最好的服务。细致分析接待客户的所有细节，建立有效制度和流程使之标准化，让客户在外犹如在家，宾至如归。但是，在拓展服务的过程中，雅昌人很清醒地认识到，服务的本质不是态度，不是对客户热情，而是为客户提供实实在在的增值。唯有此，服务才有价值。正是在这种理念下，雅昌迅速将产业链从制版延伸到上游的设计及下游的印刷、装订等环节，并最终拓展到数字资产管理、摄影、艺术品高仿真复制、出版展览等领域。

雅昌董事长万捷喜欢用德国元帅、著名的沙漠之狐隆美尔用高射炮打坦克的典故来解释创新。他说：“我们就是要用最好的技术，去创造最好的成绩。开创性地去做，为我们的客户，为使用我们印刷的画册的人们提供全新的、如见真品的极具震撼的艺术享受。”

经过十多年的努力，在国际印刷界，雅昌的声望与日倍增，不仅成功印制了 2008 北京奥运会、2010 上海世博会、2011 深圳世界大学生运动会的申办报告及相关印品，同时还荣获 160 多项国际大奖。当得知雅昌获奖信息的时候，著名学者余秋雨先生激动地说：“雅昌挣回了从宋代毕昇开始的首创性尊严”。著名作家冯骥才在《雅昌》中说：“雅昌文化的最高境界就是文化雅昌”（《艺术雅昌》）；中国美术馆馆长范迪安说：“雅昌是在打造一个自己特色的王国”。

此外，《雅昌》上先后有国家体育总局体育文化发展中心主任、原北京 2008

年奥运会申办委员会副秘书长孙大光，全国政协常委、民进中央副主席、中国文联副主席冯骥才，中国印刷技术协会理事长武文祥，中国美术家协会名誉主席靳尚谊，中国美术馆馆长范迪安等领导以及著名书籍设计大师、清华大学美术学院教授吕敬人，国际摄影评委张望，中国著名摄影家吴家林，《画廊》杂志主编海波等专家学者为雅昌题词寄语，给予雅昌莫大的指导、支持和鼓励。

在雅昌的发展进程中，《雅昌》内刊犹如一座路标，及时、准确、深刻地记录和把握了公司和业界的重大动态，见证了雅昌的成长发展，反映了雅昌一直致力用最优良的品质与卓越的服务意识，凝聚着雅昌人为人民艺术服务的专业精神，标识着雅昌人共同的创新理念及发展方向。

《雅昌》经常以特刊、专刊的形式，对公司有重大影响力的事件进行重点报道，以加强宣导力度：为庆祝北京雅昌大厦奠基，雅昌连续出版了两期《雅昌彩印——北京版》，以加强对北京雅昌公司的宣传；2001 年雅昌印制《北京 2008 年奥运会申办报告》，为北京申奥成功作出了极大贡献，《雅昌》第 14、15 期连续推出两期专刊，不仅具有极大的纪念意义，也给了雅昌员工以极大的欢欣和鼓舞；2009 年，北京奥运一周年之际，雅昌再次大手笔以一期达 100 个 P 的奥运特刊，真实地再现了雅昌印制《北京 2008 年奥运会申办报告》和 2008 年奥运前些时间成功印制奥运会开、闭幕式节目单、媒体手册以及残奥会开、闭幕式节目单、媒体手册的光辉历程，让雅昌品质、雅昌精神深入人心；雅昌获评“国家文化产业示范基地”，《雅昌》又不失时机地推出一期文化产业特刊，不仅对获奖情况进行了报道，还对雅昌文化产业的九大项目进行了详细介绍，向业界传达了雅昌从传统印刷向文化产业创新发展的成功经验。

《雅昌》始终以高品质高要求审视自身，为提升雅昌的文化和品牌竭心尽力，同时也在雅昌“为人民艺术服务”到“艺术为人民服务”的奋斗历程中，背负起应有之责，作出应有之贡献。

二、与奥运一路同行

这是一本讲述 9 年来，雅昌与奥运结缘、续缘，再到与中华民族一起梦圆奥运的《雅昌》特刊。2009 年 8 月 4 日到 6 日，编辑部组织采访了雅昌印刷公司

2008 年参加奥运项目工作的 50 余人，整理文字近 3 万多字。“红印祥魂，情缘雅昌”是这本特刊的主题，它真切地吻合了特刊的内容，让雅昌奥运特刊从内容到形式都鲜明的呈现出既是“奥运的”又是“中国的”，更是“雅昌的”特色，缓缓讲述雅昌与北京奥运之间的 9 年情缘，述说着属于雅昌人自己独特的奥运情感。

这本书里，记录着 9 年前我们用 4 天时间完成《奥运会申办报告》这一被认为不可能完成的任务过程中惊心动魄的分分秒秒；也有 2008 年雅昌再次被奥组委委以重任，担负 2008 年北京奥运会及残奥会的开、闭幕式节目单、媒体手册 12 种产品的印制重任的生产纪实；还有雅昌人在这个过程中的感受和感悟。这是属于中华民族伟大复兴历程的集体记忆，也是属于雅昌担当民族大任的独特记忆，弥足珍贵。

2001 年年初的一天，北京，气温零下二十摄氏度，大雪纷飞，集团副董事长何曼玲刚下飞机，受董事长万捷的托付，她要去办一件对于雅昌来说具有重大意义的事情——申奥报告书的竞标。后面的事情我们都很清楚：雅昌人用了 4 天 4 夜成功印制了 450 套《北京 2008 年奥运会申办报告》。2001 年 7 月 13 日，北京申奥成功！

印制《申办报告》是极为艰苦的过程，工作时间非常紧迫，质量要求还特别高。“那 4 天 4 夜我都没合眼”，万捷董事长提起当年的经历仍记忆犹新。雅昌当时将北京、深圳的所有手头工作全部停了，从制版、印刷的技术人员到公司管理层，百余员工忙了 4 天 4 夜。当时要求中、英、法文的语言印刷不能用白纸，不能有一本是掉字、错字或者乱印的，连标点符号都不能出现差错。“让国际奥组委看到了印刷中的错误，这会影响到他们对中国的印象，也可能影响到对北京的印象分，所以非常关键。”

2001 年 1 月 11 日凌晨 4 时，雅昌印刷车间工人在检查原料纸张时，发现有 4000 张纸的颜色不符合要求——不是淡黄色，而是白色。当时万捷董事长立刻找到孙大光副秘书长问怎么办，用白纸印行不行，孙大光说纸的颜色一变，整个书的格调就变了，不能出现两种颜色。由于申奥报告用的是美国再生纸，是从香港订购、深圳海关过来的，于是雅昌公司马上与香港联系，以最快的速度调来 4000 张同样型号、同样颜色的纸。深圳海关也特事特办，就在当天中午，4000 张进口纸就运到了雅昌，保证了印刷工作的顺利进行。

为了调动员工为奥运做贡献的热情，宋强总经理提出“为中国而战，为奥运而战，为雅昌而战，为自己而战”的宣传口号。在这个口号的激励之下，雅昌人的工作激情被充分调动起来。当时，不管是各部门员工、实习生，还是从兄弟公司抽调来的人员，都更加忘我和敬业。在整个团队的运作过程中，出现了很多困难和问题，但也有很多令人感动的事情：一位生产工人的手上磨出了泡，为了不影响整个团队的效率，她戴上手套坚持工作，坚决不让同事替换，她觉得自己操作已经很熟练了，换了人会耽误时间，影响工作效率。直到下班，摘下手套的时候，基本上是连皮一起撕下来了，就是这样，她一直没有离开自己的岗位。刮胶环节中，工作量很大。由于胶水容易凝结，所以刮胶过程需要不间断地进行，一天里每个人重复刮胶的动作达万次，连吃饭的时间，大家也是轮流进行，从不停歇。很多同事的双手起满了血泡，有的已经开始流血。裱书芯，撕双面胶的时候，女孩子留着的指甲，全部被剪掉，因为怕划伤印品，所以撕双面胶的时候，她们的手指头一个一个全是红的，甚至被破除了茧子磨破了皮，看了着实让人心疼。然而，这样的事迹还有很多。

“仓促的时间里，我们怀着激动的心情，编辑撰写了这本书。在这里面，我们的编撰已经不再重要，他们口述的故事足以让我们动容。他们谈及更多的是同事的努力，而不是自己的艰辛；他们提及更多的是团队的协作而不是自己的奉献；他们感受更多的是辉煌和骄傲而不是困惑和退缩。我们希望这些文字的呈现，可以让更多的雅昌人看到一些不为人知的故事，可以为他们自己以及拥有这样的集体而感到光荣和骄傲！在这次采访中，我收获的不仅是一次次感动，更多的是一种发自心底的佩服。采访结束后，我只想对我们参与奥运专项工作的雅昌同事们说一声，你们也是无与伦比的，正是你们让世界了解了雅昌，也让雅昌更加了解世界。我们永远以你们为骄傲。”《奥运特刊》采访记者张凡、郑晓芬、谢慕等如是说。

2001 年，雅昌成功印制《北京 2008 年奥运会申办报告》，为中国申奥活动添上了华美的一笔。该报告从装帧、设计、制版到印刷都体现了极高水准，被誉为开启“申奥”的金钥匙。当万捷董事长将沉甸甸的《申办报告》交到孙大光副秘书长的手上时，孙副秘书长动情地说："申奥成功了，我们会回来。深圳，也是我们申奥活动的娘家。"国际奥委会和北京奥申委官员高度评价："这已不仅是几本印刷品，而是真正的艺术品。"

7 年过去后，雅昌已发展壮大成中国新经济文化产业的开拓者，而雅昌与奥运的情缘也一直在延续。2008 年 7 月，北京奥组委再次对雅昌委以重任：承印第 29 届奥运会开幕式、闭幕式节目单、媒体指南、残奥会项目等专项产品。同时，由于雅昌人的严谨认真高效率，使得北京奥申委又决定将装有国家主席江泽民和国务院总理朱镕基签名的保证书的外套也交由雅昌设计制作，申奥保证书也由雅昌印刷。这也是继 2001 年雅昌承印《北京 2008 年奥运会申办报告》、2005 年成功印制 2008 奥运吉祥物"福娃"海报和宣传画册后，雅昌第三次与奥运结缘。此次专项产品印制启动仪式于 2008 年 7 月 23 日在雅昌北京公司隆重举行，雅昌人怀着强烈的使命感，争分夺秒，上下同心，胜利完成任务。

2008 年 8 月 8 日，当《奥运会开幕式节目单》、《媒体指南》等印制品呈现在全球贵宾和媒体面前时，正如雅昌企业集团董事长万捷所说："作为中国人，我们都为北京奥运喝彩；作为雅昌人，我们看奥运更有了一份特别意义；我们为奥运作出了贡献，这将是我们一生的荣耀。感谢每一位为奥运工作的雅昌人，大家都在用心的为奥运工作；感谢大家用自己的专业为奥运付出巨大的努力，希望大家都能幸福的享受奥运。"

深圳聚集着不少印刷集团，早已成为中国印刷业的中心。其他地方当然也有不错的印刷企业，但遇到头等要务，例如申办奥运会和世博会，连北京和上海也要找到深圳来，找到这个被一些少数文人仍然视为"文化沙漠"的地方，来印制天下最精美的书籍。

学者余秋雨在一篇题为《雅昌登上了另一座珠穆朗玛峰》的文章中写道："任何一种尊严都不是孤立的。雅昌在为中国人挣回印刷术尊严的同时，顺理成章地接受了印制中国申办奥运会和世博会报告书的任务，这真是一种至高层面上的良性互动。雅昌要求把每一项彩印任务都提高到国际水准，并达到文化境界和艺术境界，因此，人们遇到了真正国际水准的大事，比来比去最后都找到了它。"

三、忠诚不渝的十年员工

2009 年年初，全球金融海啸风起云涌。作为国家对外贸易重镇的深圳，许多大企业正备受各种压力的煎熬，无数小企业熬不过经济寒冬，悄然湮没。然而南山有这么一家企业，即使在如此严酷的环境下，仍然以自己稳健的步伐向前进，它就是雅昌。在当时的经济形势下，雅昌集团深圳公司比 2008 年的销售利润增长幅度达到了前所未有的 30%。雅昌能取得如此好成绩，除了企业本身不断探索先进科学技术，创新经营管理模式，还得益于雅昌有一批决心与公司同舟共济，共克难关的员工。

"困难时刻留住职工，就留住了员工的忠诚度，留住了企业发展最重要的资本。因为危机毕竟是暂时的。"雅昌相关负责人在《雅昌》上说道。"珍视每位员工、推崇学习创新、培养精英人才，褒奖德才兼备。"雅昌人才理念中深蕴着"以人为本、服务员工"的文化特质。每年，雅昌迎春暨表彰大会隆重举办之时，"十年员工大奖"总是最受人瞩目和最具含金量。然而，作为一家成立迄今仅 17 年的企业，雅昌每年总会有数十位员工荣获该奖。而十年员工的总人数也占全体员工总数之 18%。

《雅昌》关爱员工，总是从细节深入。杨绍华是雅昌的一名司机，来公司已经八年多了。他的妻子曾于 2003 年患"重症肌无力"动了手术，一直靠药物调理。2008 年 9 月 21 日旧病复发入院，并转入(ICU)重病监护室，只能靠呼吸机维持呼吸，每天还需注射八支"免疫力丙球蛋白"提高自身免疫力、提高呼吸功能。沉重的打击，令这个已非常拮据的家庭更加举步维艰。当公司无意中知道此事后，立即拨款给杨绍华用于救急。并由工会牵头，在《雅昌》内刊特设爱心专栏向广大员工报道此事，发出爱心捐款倡议书，发动公司员工为杨绍华献爱心、送温暖。最后，公司工会主席亲自把公司拨款及员工捐款共计七万余元送到杨绍华湛江老家。

上述事例只是雅昌关爱员工的一个缩影。雅昌较早制定了《员工职业病防范管理办法》，按规定给员工发放劳保用具，不断采取环保工艺和无害材料以提供安全的工作环境。公司还每年定期组织员工进行身体健康体检，并积极开展职业病防治、消防演习以及消防安全教育等工作。正是在这样的劳动保障体制下，雅昌成立17年，至今无一例重大安全事故发生。

雅昌除了关心员工职业健康安全，还非常重视员工职业技能的培训，除了自身组织员工培训外，还每年选派员工远赴日本、欧美等国家和地区参加为期1至3个月的研修。康鑫是雅昌计划部的高级主管，到雅昌已经六年多了。当雅昌通知他准备到日本去学习时，他简直不敢相信自己的耳朵！来自农村的他，刚到雅昌时，康鑫还只是一名普通的跟单员，能够成为目前部门的主管，按康鑫自己的话说，这得益于雅昌良好的培训体系。他从未想过自己有一天会踏出国门，而且还是公司委派的。康鑫告诉记者，公司为了全面提升员工的综合素质和业务能力，提供了一整套完善的培训机制，包括入职培训、技能培训、职业资格和职业技能的培训和鉴定、管理培训、出国培训等。

如今，《雅昌》不仅在统一价值观、促进交流、凝聚人心、鼓舞干劲中发挥重要的作用，在面对员工开展管理知识培训、职业技能培训以及艺术鉴赏能力培训等方面也有着不可小觑的作用。每期《雅昌》上，都会有许多产业、技术、艺术类文章，这些都是雅昌管理、技术人员或雅昌的顾问、专家、学者所撰写，它们或有着较强的思想性和视野的前瞻性，或介绍了印刷、文化行业中最先进的管理思想，或对中国传统文化艺术进行了深入阐述，总之都颇具高度和深度，对培养广大员工学习新知识、新技能有极好的指导意义。

值得一提的是，在万捷董事长“我们的内刊要加强先进人物的报道”的特别指示下，《雅昌》创刊号的第一个栏目就是“雅昌人”，而“雅昌人”这个栏目在长达十多年的时间内，作为一个品牌栏目，一直广泛深入地宣传报道雅昌历年来涌现出的一个个光辉璀璨的先进典范人物。这些先进典范在各自的不同岗位上，为雅昌的发展作出了不可磨灭的贡献，他们是雅昌的无价瑰宝，是雅昌最宝贵的财富。

雅昌文化是服务的文化，不仅服务客户，还服务员工。《雅昌》从创刊号到2007年《雅昌·员工版》的独立刊出，每一期针对员工的文章总是占据着很大的篇幅。在创刊号那本仅9个栏目、14P内页的内刊里，展示员工风采的内容就占达80%之多。翻开每一期《雅昌》，从员工生日到喜结良缘；从员工运动会到年终晚会;从员工旅游到出国学习;从毕业生实习到新员工成长;从足球、篮球、羽毛球赛到户外拓展,一篇篇优美的散文,一张张甜蜜笑脸,都永远定格了雅昌人快乐成长、健康生活的种种难忘时刻。这些丰富多彩的文化活动,不仅陶冶了员工的情操,更大大增加了员工对雅昌的认同感和归属感。各种活动的开展,公司与员工加强了沟通,融洽了劳资关系,为创造和谐的劳资关系提供了各种保障。

公司所做的一切,也使员工心系公司,积极为公司的发展出谋划策。公司设备部的一名员工,提议将公司的普通照明灯更换为节能灯,一年计算下来,为公司节省电费十几万元。质检部的员工,提议改变检验流程和地点,大大提高了检验效率并节省了地方,还加强了相关人员的责任心,为公司向客户提供优质产品奠定了更加坚实的基础。

正是通过一项项实实在在的工作开展,展现了雅昌关爱员工、员工心系公司的良好局面,使雅昌的经营规模不断扩大,社会影响力不断提高。2006—2008年,雅昌连续三次荣获由中国社会工作者协会和中央电视台授予的"中国优秀企业"称号。2007 年,被文化部和中国美术家协会联合授予"文化(美术)产业示范基地"称号。2008 年又获得由文化部、商务部、广电总局、新闻出版总署联合设立的首届中国文化产业创新奖。

一直以来,《雅昌》始终紧随公司发展前进的脚步,在努力锻铸自身更突出的文化品格同时,也逐渐成为员工相互交流与提升文化素养、专业水平、艺术修养的重要纽带。《雅昌》就宛如和煦知心的春风,滋润着雅昌人的心田,让他们快乐地成长,快速的成长,进而让雅昌家园,在所有雅昌人的共同努力下节节攀高、繁华更盛。

17 年的栉风沐雨,雅昌经受了改革开放中各种困苦磨难的考验,体验了新、旧观念的碰撞和改革创新的阵痛,然而雅昌人依靠持之以恒的毅力和坚持不懈的奋斗精神,战胜了一个又一个的艰难挫折,取得了一次又一次的突破。雅昌人付出的是艰辛与汗水,凝结的是成果与业绩,承载的是跨越与发展。

13 年来,《雅昌》始终注重砥砺锤炼自身,以文化品质至善、时尚品味至美来要求自己。而《雅昌》作为企业文化的传承者,将在雅昌企业文化品牌建设、公司业绩与荣誉的宣传、与外界文化交流、与员工倾心交流等方面作出更多贡献。

第四章
转　身

处于改革开放前沿城市——深圳的国有企业，是率先摆脱计划经济和传统管理模式的桎梏，勇敢走向市场的排头兵。打破传统企业的运作模式，不论从制度的定力，还是人的思想转变，都是一个艰难的历程。这种华丽转身的背后，除了机制的确立，更有人的行为方式的更新。借助企业报刊的力量，企业文化的凝聚和引导作用，在新与旧的转变过程中，显得尤为重要。深圳的国企顺应时代潮流，拒绝抱残守缺，以企业文化的再造焕发企业生机，彰显企业的活力，推动观念转变，走出了一片天。

20 世纪 80 年代，随着深圳特区建设的开展，10 万工程兵从全国各地开赴鹏城，并随即脱下军装，就地转业，成为深圳市建筑工程的主力军。30 年来，他们经历了从部队到计划体制下的国有企业、又从国有企业到完全依靠自己在市场上拼搏的有限责任公司的艰难历程。是军人的精神和素质，让他们历经艰辛而愈挫愈勇，成为市场经济的弄潮儿。继承和发扬部队的光荣传统，使他们站稳脚跟又灵活应变，并学会了用企业报刊进行内部的沟通交流，形成企业的核心价值观，用文化的力量内强素质、外树品牌。

第一节　《金威》：春天的故事

深圳金威啤酒有限公司始建于 1985 年，母公司金威啤酒集团有限公司是广东省政府驻香港窗口企业粤海集团的控股企业，1997 年 8 月 8 日在香港上市，是中国大陆第一家在香港上市的啤酒企业。金威行政总部设在深圳。

截至 2009 年年底，金威总资产达 35.72 亿港元，年总产能超过 170 万吨，在深圳、东莞、汕头、佛山、天津、西安、成都、香港设有 9 个全资子公司，是粤啤走向全国的第一品牌。产品销往内地 20 多个省市自治区及香港、澳门、台湾乃至东南亚国家。在香港市场上居国产啤酒销量第一位。

2004 年 1 月，国际著名企业喜力啤酒集团通过喜力亚太酿酒（中国）私人有限公司加盟金威，持有金威啤酒集团约 21% 的股份，成为金威啤酒的国际战略合作伙伴。

金威企业文化的特点：健康啤酒，快乐文化。

宋祖英、张也、戴玉强、董文华，一个个知名歌唱家，先后成为她的封面专题人物；

从维熙、高建群、王跃文，一个个文化名人，纷纷为她撰写专稿；“阳光工程”、“甲醛风暴”、“诚信宣言”、“为健康直通车加油”，一件件震动业内外的事件，通过它而广为公众关注。

它是谁？竟有如此影响力？

它，就是《金威》——在深圳特区文化土壤中培育出的一份企业内刊。

2002 年 7 月，《金威》创刊伊始，就以倡导“健康啤酒，快乐文化”在企业内刊中独树一帜。它不仅仅是金威企业文化的承载者，更是金威企业文化建设的推动者、传播者。它的首任社长金威啤酒集团有限公司现任行政总裁，《春天的故事》词作者之一，全国劳模叶旭全。

《金威》春天的故事，始于 2002 年的那个春天。

一、“特区名片”的失落

深圳金威啤酒有限公司始建于1985年,是在当时深圳市主要领导人李灏的亲自关怀下建成投产的。

20世纪90年代初,金威以其国际一流的设备和工艺在业界赢得了“科技金威”的美誉,产品在深圳市场一度占有85%的市场份额。尽管金威当时只是一个地方性品牌,人均利税却位居国内同行业前列。“金威啤酒”也被称做深圳特区的一张“名片”,许多来深建设者回家探亲时甚至把“金威啤酒”当做馈赠亲友的佳品。当时坊间有一段顺口溜,真实反映了那个时代深圳特区的消费时尚:“喝的是金威啤酒,看的是康佳彩电,骑的是中华牌自行车,戴的是飞亚达手表,抽的是好日子香烟。”

但是,到90年代后期,受亚洲金融风暴的影响,加上内部管理滞后,从1997年开始,金威陷入了“五年徘徊”的困境,到2001年,金威啤酒销量16.1万吨,营业收入54392.2万港元,税后利润3808.7万港元(其中企业获政府地产地销退税4000万元,扣除退税,实际亏损)。2000年广东省政府聘请的粤海重组咨询顾问麦肯锡公司曾建议广控将金威出售。如果在当时溢价出售,这个投资近20亿元的国有控股企业,只能换回5亿多港元。

曾经的“特区名片”失落了,金威陷入了发展的困局。

二、酿造文化与艺术的啤酒

为了扭转金威的困局,金威大股东粤海集团董事会经过反复权衡,决定委派时任粤海集团董事副总的叶旭全兼任金威啤酒集团董事局主席、深圳金威啤酒有限公司董事长。

叶旭全1982年从华南师范大学毕业分配到东深供水局工作,成为特区早期的建设者之一。1997年,他出任东深供水局党委书记兼局长,领导战胜了水量、水质的双重危机,确保了对深港两地的安全优质供水;2000年,参与领导粤海重组工作,成就了“亚洲最佳重组交易”。2002年1月11日,叶旭全到金威走马上任。

其时，中国啤酒行业经过一轮收购兼并之后，市场格局正在发生巨大变化。原来深圳市场金威啤酒一方独大、供不应求，随着青岛、珠江啤酒等品牌的打入，多品牌竞争逐步形成并愈演愈烈，啤酒消费由卖方市场转为买方市场。啤酒是快速消费品，具有产品差异小，消费者关注度低，品牌选择随意性强等特点。在多品牌的啤酒市场竞争中，如果没有强势的品牌支撑，难免逐步边缘化甚至被淘汰的命运。

然而，面对市场变化后的危机，当时的金威员工没有丝毫警觉，市场观念仍然处于茫然的状态。在上任第一天与中层干部见面会上，叶旭全提出了一个看似浅显的问题："金威是卖什么的?"有人回答：当然是卖啤酒的；也有人说，是卖产品的。"错了，金威卖的是——品牌！"叶旭全斩钉截铁地说。

品牌制胜，这是现代营销的一个基本理念。但是支撑品牌的不是纯粹的产品，而是品牌背后的文化。叶旭全认为："产品是日新月异的，唯有文化永具魅力。啤酒作为一种休闲和娱乐必不可少的饮品，是与时代风貌、社会风尚、时尚潮流一脉相通的，这就是金威所要关注的更深层次的东西。"

酿出文化与艺术的啤酒，这一品牌差异制胜策略随之确立。

用文化重塑金威品牌，需要一个合适的载体。经过经营班子集体讨论，金威决定创办一份独具特色的企业内刊。

2002 年 7 月，《金威》内刊正式创刊。董事长叶旭全亲自担任社长，总经理江国强担任副社长，副总经理陈鹏飞担任主编。

《金威》创刊号的封面人物是宋祖英，封面专题为《大山里走出"辣妹子"》，介绍了宋祖英许多鲜为人知的故事，并配发未公开的生活照。《金威》一推出，便跳出企业和产品宣传的传统模式，先"形"夺人，备受关注。2002 年 10 月，在长沙举行的秋季全国糖酒会上，金威展台的一万多册《金威》被社会各界人士一抢而空，许多内地的经销商通过《金威》慕名来到金威展台洽谈合作意向。不经意间，《金威》成了金威品牌的炙手"名片"。

"《金威》杂志将致力于张扬金威的企业文化，树立金威啤酒的品牌形象，在报道行业重要信息的同时，以较多的版面、用多样的体裁和题材，阐释啤酒文化，倡导时尚消费理念。"《金威》发刊词如是说。

从创刊开始,“啤酒、休闲、文化、娱乐、时尚”构成了《金威》的基本元素,文化与艺术也深深地融进了金威的品牌里。

三、健康啤酒始于健康的经营品格

健康啤酒,首先要体现在经营管理的健康上。金威打造健康的经营品格,从树立“诚信、廉洁”的企业形象着力。

2002 年 8 月第二期《金威》卷首语以《视“信”如命》为题,开宗明义地倡导建立诚信的企业品格。文中指出:“古今中外,失信于民者,定为民所唾弃,办企业亦然。企业家守诚信,有信誉,方能对内服众,其制定的制度才可能有效地实施,其企业生产或经营的商品才能对顾客产生长久的诱惑力。”

仁、义、礼、智、信,在中国传统文化中,信是为人处事的基本道德准则。在商业经营中,“信”是通达天下的金字招牌。金威立“信”,从还债开始。

到 2001 年年底,金威历年累计拖欠供应商、经销商欠款约 8600 万元,实际处于亏损状态。企业尚未脱困,面对巨额欠款,金威完全可以施“拖”字诀,这在商界是司空见惯的事。但是,以叶旭全为首的新经营班子认为,欠债还钱,只有靠诚信经营,金威才能广结商缘,赢得商机。于是从 2002 年开始,金威逐步清欠欠款,到 2003 年上半年,用一年半时间,将历史欠款全部清欠完毕。此举使金威重新赢得了供应商、经销商的真诚合作。金威不但没有因为还债而拖累经营业绩,反而实现了销量和利润的同步增长。2003 年,销量 27. 3 万吨,利润 11552. 1 万港元,首破亿元大关。

2005 年,金威进一步把诚信作为企业的一种“永恒的承诺”。

2005 年 1 月 15 日,来自全国各地的 1000 多家金威供应商、经销商代表齐聚东莞虎门,参加金威啤酒 2005 年度供应商、经销商代表大会。会上,金威与供应商、经销商共同发表了《诚信宣言》。金威公开承诺:金威所有员工决不索拿供应商经销商一分钱,金威啤酒集团决不拖欠供应商经销商一分钱!

2005 年《金威》2—3 月份合刊,推出“诚信宣言”专题报道,使“诚信金威”的声名远播。

企业的诚信,是靠内部的廉洁作保证的,离开内部的廉洁,诚信可能只是空头承诺。金威在塑造诚信企业形象的同时，大兴廉洁之风。这股廉洁之风，首先从“阳光工程”上吹起。

经过研究，金威经营班子决定在采购上全面推行公开、公平、公正的“阳光工程”。此决议一出，立即遇到很大阻力。有上门说情的，有通过上级领导打电话施压的，甚至还有通过黑恶势力对班子主要领导进行人身威胁的。但是金威班子不为所动，全力推进。2002年2月，金威新经营班子组建1个多月，即打破行业潜规则，在媒体上登出公告，对生产所需的7大类40多个品种的原辅材料、包装材料及促销礼品等全部实行公开招标。公告登出后，供应商哗然，甚至怀疑金威不过是“作秀”。一家远在石家庄的瓶盖供应商不抱希望，只派了一个业务员参与投标，没想到却“意外”中标了。金威招标充满“阳光”的消息由此不胫而走。

2002年以来，金威招标无一例投诉，无一名员工在招标中出现违规违纪行为。许多供应商感慨地说：与金威合作，虽然采购价格可能比别的厂家要低，但是不用请客送礼，不用托关系走后门，没有了各种隐性成本，既省心，更舒心。

用人“阳光工程”，则促进了金威“业绩论英雄”企业文化理念的贯彻，对建立内部良好的人文生态环境起到了重要作用。

2002年以前，金威在用人上沿袭的还是传统国企的模式，干部提拔任用，往往是论资排辈或者是托关系、走后门。由此造成内部人际关系复杂，干群矛盾深，管理效率低下。这是员工投诉的又一个焦点。2002年3月，经过反复酝酿，金威决定在用人上实施“阳光工程”，全面推行机构改革方案：在分配上，打破“大锅饭”，收入不但与岗位挂钩，薪随岗变，而且与销量和工作业绩挂钩；在用人上，打破干部“能上不能下”的终身制，实行“阳光下的竞争”，以业绩论英雄。通过公开竞聘，原有的50名中，继续聘用的16人，被聘到下一层次岗位的17人，落聘的17人。

配合改革的推行，《金威》充分发挥了舆论导向作用。通过组织“谁动了我的奶酪”员工演讲比赛，“致加西亚的信”读书活动，刊登业绩光荣榜，编印《轨迹》、《重塑金威》、《金威冲击波——通过媒体看金威》系列企业文化丛书等多种形式，将“业绩论英雄”，以及由此延伸的“无功就是过，功小也是过”、“天天都是试用期,天天都要添砖瓦”、“领先过去,领先自己,领先对手”等评价标准和工作标准,持续灌输给员工,逐步营造了一种绩效导向型的文化氛围。

用人“阳光工程”的推行和企业绩效导向型文化氛围的形成,吸引了大批业内外精英加盟金威,内部的一批年轻俊才也迅速脱颖而出,走上领导岗位。

四、健康啤酒得益于健康的企业道德观

金威健康啤酒,同样体现在健康的企业道德观上。金威健康的企业道德观,就是倡导“在商言善”。

> 企业“在商言商”,只有赚钱才能生存,这是不言而喻的。但“在商言商”与在商言“善”并不矛盾。国内外成功的企业和有良知的商人,多是受人尊敬的社团和慈善家。那种置社会公益于不屑,视民间疾苦而不闻的企业和经营者,最终会变成不守诚信的奸商,鲜有善终者。……“言善”只不过是一种承诺,世界上的承诺实在太多了,关键是要看承诺能否兑现,是否愿意实施——即“行善”。言而不行,非善也。

这是2002年《金威》第3期卷首语的一段摘录。这段话,是金威对企业社会责任承担的理性思考,也是金威践行在商言“善”的行动指南。

“为健康直通车加油”就是金威行善的行动之一。

“健康直通车”即广东省青年卫生志愿者扶贫接力行动,2001年12月3日正式启动。在活动推进的过程中,广东清远阳山县偏僻的斜塘村被发现了。这是一个只有几十口人的山村,置村一百多年来,很多村民活不过40岁,村民无论长幼男女,普遍患有肝、肾、风湿等疾病,是个因病返困的典型。要从根本上解决问题,唯一的办法就是全村整体搬迁。整体搬迁的直接费用至少要20万元,这笔费用只能靠社会援助。怎么办?组织“健康直通车”活动的团省委领导想到了金威。抱着试试看的心态,4月15日晚上,他打通了金威董事长叶旭全的电话,简单说明了情况。叶旭全得知情况后,立即通过电话与经营班子沟通,达成帮助斜塘村整体搬迁的共识。第二天一早又召开经营班子正式会议,研究出一

整套援助方案。4 月 18 日,叶旭全亲自带领一批中层干部和前期 10 万元现金支票赴斜塘村实地考查。看到村民们艰苦的生活环境,金威的干部们流着眼泪向村民们立下誓言:金威一定要帮你们帮到底。其后,金威又先后四次组织干部、员工到斜塘村帮助村民们解决实际困难。9 月 17 日,斜塘村的村民喜迁新居。在帮助斜塘村整体搬迁中,金威共投入 200 多万元,其中金威员工自发捐款 8 万多元。

在“为健康直通车加油”活动中,《金威》是爱心的传递者、参与者。《金威》连续刊发了《“短命村”有救了》、《金桂长伴幸福来》、《四访斜塘散记》、《金威爱心捧出“生命写真”》、《金威人情系斜塘村》等系列报道。正是这些报道,激发了金威员工的爱心,将企业行善的责任承担转化为员工自觉参与的行动。据不完全统计,2002 年以来,金威企业、员工为赈灾、济困等各类捐款捐物达数千万元。

关注社会弱势群体是金威的善举,关注食品健康、安全,同样是金威承担社会责任的体现。

2003 年,一场“非典”引发公众对健康、安全的极大关注。就在抗击“非典”的关键时刻,金威“绿色工艺应用研究”成果通过国家级权威专家鉴定。金威公开宣布:金威啤酒不添加甲醛酿造,绿色、健康。一时间,“甲醛风暴”震惊行业内外,金威也被权威专家誉为国内啤酒行业“绿色工艺”的首倡者和“领头羊”。

虽然捅破了行业“秘密”,让金威站在了社会舆论的风口浪尖上,但金威的“善举”得到了消费者的普遍赞誉。2006 年 7 月 21 日,《深圳特区报》在头版发表长篇通讯《金威力推循环经济赢得“道德利润”》,称赞深圳金威集团能担社会责任,靠技术创新制度创新管理创新循环利用资源,不但成就了“金威奇迹”,更创造了发展循环经济的“金威模式”。可以说,赢得“道德利润”,是金威在商言“善”的一种必然结果。2006 年 12 月,金威被授予“深圳市首届循环经济十佳企业”称号。

五、艺术金威——啤酒与快乐文化的融合

“艺术金威”是金威品牌重塑的一大亮点,也是金威啤酒与快乐文化融合的完美形式。

2003年9月号《金威》卷首言对"艺术金威"的内涵做了诠释:打造"艺术金威",是与"科技金威"相呼应,是金威品牌传播的需要。我们打造"艺术金威",是为了使更多消费者认知我们的健康啤酒,品味金威啤酒的艺术内涵,分享金威人的快乐。啤酒本是一种与人的精神诉求有紧密关系的快速消费品,现代人的喜怒哀乐,都可以通过接触啤酒得以宣泄。而歌舞音乐则是最能演绎人的精神世界,引发人类共鸣的形式。啤酒与艺术的结合,真是一对最佳的"恋爱对象"。

在企业界,通过赞助各类音乐会、各种竞技比赛来提升品牌的事件营销非常多,但是,把艺术作为品牌的基本元素的恐怕很少,而金威是真正把艺术融入了啤酒的快乐文化里。

打造"艺术金威",金威不吝投入。金威两次冠名宋祖英深圳个人演唱会,赞助九省市"永远跟你走"大型歌会,2009年冠名中国音乐"金钟奖"流行音乐大赛总决赛等。但真正让人津津乐道的还是"金威艺术团"。

2003年3月,经过经营班子研究,金威决定组建金威艺术团。团长由时任金威集团总经理助理、《金威》执行主编邓超荣担任。邓超荣是著名作曲家,生前担任广东音乐家协会理事、深圳市音乐家协会副主席,是金威艺术团团长的理想人选。

当时金威组建艺术团遇到很多阻力,有的人认为这是在"烧钱",有的人认为艺术团与品牌"不搭界",甚至有人认为这是在做"秀"。但是金威经营班子认为,差异化品牌策略的根本就是"人无我有"。通过艺术团的演出传播品牌,是啤酒企业的一项创举。作为特区的企业,就应该大胆试,大胆干,在品牌传播上走一条别人没走过的路。

2003年月4月,金威艺术团正式成立。初期的18名团员全部来自石家庄艺术学校,没有一个来自专业艺术团体,所有节目都是自编、自导、自演。尽管初出校门,缺乏社会历练,但是她们的专业素养与专业演员相比毫不逊色。4月12日,金威艺术团参加在深圳大剧院举行的"依法纳税、共建小康社会"的纳税宣传活动,首次亮相就获得了观众的高度评价。6月29日,金威艺术团又成为深圳首届购物节活动宣传的主力,在半个月内,共在华侨城、华强北、高交会馆、宝安、布吉等地巡演二十多场。7月11日,《深圳晚报》以《十八美女酿制艺术金威》为题,对金威艺术团进行了专题报道。于是,金威艺术团“十八美女”和“艺术金威”的声名在坊间不胫而走。

从成立开始,金威艺术团就把艺术、品牌的传播与参与特区公益文化活动结合起来,在品牌传播上达到“润物细无声”的效果。

把快乐传递给消费者,是金威艺术团的宗旨。金威艺术团成立后,除参加各类社会公益演出外,大部分时间要配合营销市场开拓,走村穿巷,开展社区、工业区、村镇等各类形式的巡回路演。无论是城镇广场,还是农村的田间地头,都是演员们的舞台。据不完全统计,2003 年 4 月成立后到 2007 年,金威艺术团共参加各类演出 600 多场,观众超过 200 万人次,足迹遍及广东、广西、江西、湖南、天津、陕西、四川等省市。

《金威》配合艺术团的各类活动,及时跟进宣传。金威艺术团的骨干成员关芯、春雨、贺江伟、叶文琴等先后成为《金威》的封面人物。同时,《金威》还推出了《舞低杨柳楼心月,歌尽桃花扇底风》、《特区春风吹拂古城,艺术金威倾倒“老陕”》、《艺术金威耀鹏城》、《美酒飘香一路歌》、《韩江路演花正红——金威艺术团二度赴潮汕地区路演纪实》、《岭南踏歌行——金威艺术团赴粤西、粤东巡回演出纪实》、《金威歌舞漫军营》、《品牌使者唱响金威——金威艺术团赴江西、湖南演出纪实》、《用艺术彰显责任与爱心——金威艺术团赴汕头义演侧记》等专题报道。金威艺术团拉近了消费者与金威啤酒的距离,《金威》拉近了公众与金威艺术团的距离。

2003 年 9 月,时任金威董事长的叶旭全在《金威》卷首语中指出:“艺术金威”正逐步获得消费者的认同,使之不仅对外发挥传播品牌的功能,对内也将进一步起到活跃职工群众文化娱乐活动的积极作用,并使之提高到更高的层次。“艺术金威”创出了一条特区企业品牌传播的开创之路。

六、文化的张力——粤啤走向全国的第一品牌

2002 年《金威》创刊号上发表了董事长叶旭全的文章《做强做大,与狼共舞》的文章。做强做大,走向全国,由此成为金威人的梦想。

2004 年 2 月 8 日,随着金威啤酒(汕头)有限公司工程建设的第一根桩打

下，金威走出深圳、走出广东的战略迈出了坚实的第一步。12 月 23 日，随着第一批啤酒走下生产线，金威在不经意间创造了一个“全国第一”——当年动工，当年出酒，整个工程建设只用了 10 个月时间，创造了国内外同等规模啤酒厂建设的奇迹。

继金威啤酒汕头公司建成投产后，到 2008 年，金威在四年内相继在东莞、天津、西安、成都、佛山新建了五个年产能 20 万吨的现代化啤酒厂。与国内别的品牌主要靠收购、兼并的扩张模式不同，金威主要靠自有资金，依靠资金、技术、品牌、管理、企业文化等优势，实现与投资地的强强联合，走的是自主建厂模式，这个模式处处展示着金威的“深商”风采。

2007 年 3 月 30 日，在首届“深圳企业闯天下”群英会上，金威荣获“深企闯天下先锋奖”。

由“失落的特区名片”到粤啤走向全国的第一品牌，金威只用了 4 年时间。

第二节　《万厦居业》：塑造中国最适宜人居环境社区

深圳市万厦居业有限公司创建于 1987 年，是首批荣获国家一级物业管理资质的中国著名大型物业管理企业。

深圳市万厦居业公司管理着深圳莲花北村、梅林一村、侨香村等大型住宅小区，湖南省委、省政府机关院等政府机关院区，深圳国通大厦、深圳市疾控中心、珠海全球通大厦等智能化写字楼，深圳东方科技园、英达利科技数码园等工业园区等，业务类型齐全，业务遍布深圳、珠海、北京等全国 30 多个大中城市，拥有 6 个驻外分公司、100 余个管理项目，管理总面积达 2000 多万平方米，年营业额近 3 亿元。是深圳市大型物业管理企业中的龙头企业。

深圳市万厦居业公司始终坚持“以顾客为中心，持续改进我们的服务”的质量方针，以优异的服务和管理品质赢得市场。公司成立至今已获得“国际最适宜人居社区”、全国物业管理行业唯一的“文明服务示范窗口”、“中国国优物业管理示范单位”、“全国质量服务诚信示范企业”、“中国物业管理 TOP100 企业前十名”、“深圳知名品牌”等国家、省、市级荣誉 500 多项。凭着强大的创新实力，深圳市万厦居业有限公司创造了全国物业管理行业的多个“第一”，先后迎来了江泽民、温家宝等党和国家领导人的亲临视察。

万厦居业的企业文化特点：塑造中国最适宜人居住的环境社区。

一、广厦千万间，居者俱欢颜——万厦与《万厦居业》今昔

1987 年后，由于形势的变化，中国实行对外改革开放政策，深圳率先实行政企分离。这时，深圳市房管所下属的一家房屋修缮公司按政策要求要从房管所脱离出来，改制成立一家独立自主经营、自负盈亏的国有企业——深圳市万厦居业有限公司（以下简称“万厦居业”）。当时的万厦居业还属于政府事业单位性质。员工还享受分福利房等各种政策红利。

据万厦居业品牌文化部负责人介绍，“万厦居业”的起名源于唐代著名诗人杜甫的不朽名句：“安得广厦千万间，大庇天下寒士俱欢颜”，经过当时公司经营班子的集体讨论通过，最后提炼为万厦居业的企业文化的经营理念：“广厦千万间，居者俱欢颜。”首次将服务理念和工作目标列入企业文化建设之中。当时万厦居业主营业务范围面很窄，主要是以深圳市政府住宅建设维修为主营，下属只管理仅有的几个屋村——南园村、南华村、红荔村等政府福利房。当时的万厦大部分员工都是参加深圳经济特区建设工程部队的转业军人。

万厦居业在深圳的迅速崛起和突飞猛进的发展，是在漫长的 10 多年后得到体现的。由于万厦居业规模不断发展，员工由当时的几十号人发展到现在的 5000 多人，企业文化建设的需求显得很紧迫。万厦居业的一份内部报刊就是在这种情况下应运而生了。

万厦居业最早的内刊模型是一张规格为 8 开 4 版的《万厦人》小报。1999 年 7 月 21 日，《万厦人》在头版刊登了一篇题为《新尝试新思维新希望》的社论，指出：“万厦整体划归鹏基，是深圳国企改革的一次新尝试，这次划转符合了市场经济的价值规律，满足了双方的需求，在政企分开后，按照双方自愿、优势互补、强强联合的原则，万厦来到了鹏基大家庭，成就了深圳国企改革的一段佳

话。”作为企业最早的内刊,文中出现了许多当时很时髦的字眼:“市场经济”、“优势互补”、“强强联合”、“国企改革”,无疑体现了一个时代企业文化的鲜明特征,准确把握了企业的未来发展方向,引导了时代潮流,为万厦居业的后续发展指出了明确的方向。社论中最大的亮点是万厦居业整体改制后划归鹏基集团(当时称为鹏基总公司)。对于这个加入鹏基集团的新生力量,鹏基集团的高层领导对它是特别偏爱。在2000年1月8日的《万厦人》报上,时任鹏基集团董事长的李向东专门提笔挥毫为该报撰写《新春献词》。

2002年以后,万厦居业由《万厦人》报逐步转型办《万厦简讯》,规格为大度16K,不定期活页出版。2001年8月22日,一份名为《万厦简报》第1期(总第1期)的内部资料正式出版。“内部资料,注意保存”被刊登在封面显要的右上方。虽然说,内部资料只是传达了公司和各管理处的一些消息动态,但内刊上下沟通的渠道被完全打通,企业文化建设开始发芽生根。《万厦简报》设计的栏目最初是以单位为分类标志,公司业务类型只有住宅类,服务区域由深圳开始延伸到大庆、郑州等外地城市。万厦居业物业管理服务开始由深圳逐步辐射全国各地。

随着深圳经济特区的不断发展,万厦居业在深圳物业管理行业犹若一匹脱缰的黑马,在市场经济的培育下,在企业文化的浪潮中催生出了万厦居业品牌和独有的社区文化,迅速拓展了全国的物业服务市场,为公司全方位可持续发展做了很好的铺垫。

二、旌旗初展:《万厦居业》见证万厦模式

在2005年第二期《万厦居业》中,我们看到了这样一段话:“2005年6月7日《人民日报》在第十版专门刊发了由记者胡谋和王伟联合采写的《耐人寻味的莲花北样本关注社区管理体制改革》。此模式的创立使万厦居业成为全国物业管理的标杆,奠定了万厦居业品牌的成功基础和在行业中的领头羊地位。一时间,全国各地党政及同行业高层管理者络绎不绝前来莲花北村参观考察”。

企业内刊的成长,离不开企业的蓬勃发展;企业的光辉历史,也离不开企业内刊的默默见证。“莲花北村”恰恰成就了这么一段机缘。万厦居业打响了自己的名号,《万厦居业》也在见证中迎来了自己的成熟。

莲花北村是由原深圳市住宅局开发的大型福利房、微利房住宅区，是在一块铲平的山丘基础上建设的。1994年，万厦居业在全国第一次将政府开发的住宅区物业管理权推向市场的招标中中标，取得了莲花北村的物业管理权，对莲花北村实施企业化管理。万厦莲花北村管理处遵循“依法管理、专业服务、质量第一”宗旨，借鉴国外物业管理经验，勇于创新，探索了一条有中国特色的社会主义物业管理的新路子，形成了独特“万厦莲花北村物业管理模式”。

当时的中国，物业管理只是刚刚起步，由于没有可借鉴的样本和经验，万厦居业经过长时间的探索，在实践中独创了“一手抓物业管理，一手抓精神文明建设，以精神文明建设促进物业管理”的“两手抓”社区管理新模式，一举成为全国社区物业管理的范本。

万厦居业的迅速发展奠基了万厦塑造中国最适宜人居环境社区的基础，同时也催生出了《万厦居业》不定期内刊杂志的诞生。内刊设计为16K版本，无固定期限，无固定页数，出版时间不定。根据公司的业务发展情况按需出版。内刊的逐渐闻名是同莲花北村“两手抓”模式的社区文化活动的开展和建设紧密相连。这些万厦文化特色也迎来了党和国家领导的亲临视察。

1995年12月16日，时任中共中央总书记、国家主席、军委主席的江泽民视察万厦莲花北村的佳话，也永远铭记在《万厦居业》的历史史册。党和国家领导人视察一个物业管理公司服务的居民社区，这在当时并不时兴物业管理的中国是史无前例的。万厦所管理服务的莲花北村一时名扬全国。

对于江泽民总书记视察莲花北村的情形，《万厦居业》内刊是这样描述的：“1995年12月16日，注定让我们永生难忘。”吴文思和史依丽，这两位当年江泽民同志视察莲花北村的亲历者和见证者，他们同声道出了这番心里话。

1995年12月5日至7日，江泽民同志先后考察了深圳中华自行车集团股份有限公司、康佳电子集团、莲花北村安全文明住宅小区、长城计算机集团公司和长科国际电子有限公司。其中，莲花北村是他考察的唯一一个居民社区，江泽民同志在这里和居民们亲切交谈，还走进了一户普通居民的家里，了解群众的真实生活情况。

首任万厦莲花北村管理处主任吴文思拿出近十幅珍藏的照片，按照时间次序在办公桌上摆出来，一张张向记者介绍。1995年12月3日，他代表莲花北村，在人民大会堂参加“全国城市物业管理优秀示范住宅小区”表彰大会，突然接到重大接待任务的通知。当天赶回深圳后，他就和同事们进入了紧张的准备中。“当时好紧张！”看到江泽民同志和蔼可亲的样子，吴文思镇静下来，仔细地向江泽民同志汇报情况，并陪同他来到49栋的一户居民家中。史依丽当时在莲花北村管理处任副主任。江泽民同志来到莲花北村时，她主要在外围负责，全程手拿着对讲机，确认礼宾车队出入，并和内围的工作人员保持联系。“物业管理关乎国计民生。”快言快语的她向记者表示，江泽民同志的那次考察，和群众嘘寒问暖的场面让她非常感动，也令她更加热爱自己从事的物业管理工作。

江泽民同志当年到来时，这里的居民刚刚入住一年多。几十年风雨辉煌路，文明花开万里香。近二十年过去了，今天的莲花北村，在改革开放骀荡的春风中，莲花北村香飘万里，绽放新颜。

在万厦莲花北村管理处的荣誉室。一个个荣誉奖牌让人目不暇接。“全国城市物业管理优秀示范住宅小区”评比第一名、“全国优秀示范大厦”评比第一名、全国“青年文明号”、全国“为人民服务树行业新风，文明服务示范窗口”……一路数来，从街道到区、市、省、国家级荣誉应有尽有。莲花北村获得的这些荣誉中，有的在当时是行业中的全国首例，有的即使在今日也是行业中少有的。莲花北村管理处副主任许素平介绍，1997年，莲花北村管理处被共青团中央授予全国首批物业管理行业“青年文明号”称号，这是团中央第一次向物业管理行业颁发“青年文明号”牌匾。又如1999年7月8日，莲花北村获得由中共中央文明办、国家建设部授予的“全国精神文明创建活动示范点”。当时授予的示范点，广东省只有两个，莲花北村是深圳唯一获评单位，也是全国物业管理行业唯一获此殊荣的单位。

三、高歌猛进：《万厦居业》与万厦共迎辉煌

万厦居业在行业内名声大振，与中标和服务梅林一村、湖南省委机关院、省政府机关大院是分不开的。如果说万厦居业成为湖南省委和湖南省政府物业管理“双料”机关院管家让行业人士刮目相看的话，那么，万厦居业成功将梅林一

村打造成具有现代人居意义的新型物业管理社区更是让国人叹为观止。

1998 年,万厦居业中标梅林一村,并成功把莲花北村的管理模式创造性移植到梅林一村来。为了适应现代城市社区管理的需要,万厦居业在梅林一村大胆探索,为实现物业管理与社区建设有机结合,进行了多方面的探索与尝试,精心设计了管理中心整体调度与各围合属地管理相结合的“二级管理模式”,提高了住户对物业管理的满意度,与物业管理企业产生良性互动,促进了企业的品牌建设。梅林一村不仅集成了莲花北村的优秀管理模式,还创新和丰富了现代物业管理的内涵和外延,形成了“园林社区”、“智能社区”、“环保社区”等新的管理模式。这些管理创新理念和措施,使万厦居业管理的社区成为更加贴近现代人居意义的新型社区。梅林一村为创新社区文化和社区管理提供了最佳载体,为万厦居业的品牌建设创造了无限的想象空间。正是这个梅林一村,先后迎来了李鹏、朱镕基、李岚清、李长春等党和国家领导人及省市领导的亲临视察。国务院总理温家宝还专门探访了梅林一村居民李伟辉的家。

据《万厦居业》报道,为便于行业内外各单位和民间团体的沟通交流、相互学习,促进物业管理行业健康发展,梅林一村形成了完善的参观接待体系。万厦梅林一村管理处主任余克介绍说:“自梅林一村建村以来,已接待各类参观考察团 1500 多个,共计 3.2 万人次。全国各地的政府、房地产公司、物业管理同行及美国、英国、日本、中国香港等国家和地区团体纷纷前来参观,国家政要、中外宾客频频光临梅林一村。李鹏、朱镕基、温家宝、李岚清、李长春等党和国家领导人分别于 2000 年 2 月 11 日、1999 年 10 月 5 日、2003 年 7 月 1 日、2001 年 11 月 8 日、1999 年 10 月 5 日亲临视察梅林一村。重要政要连续视察同一个居民社区,恐怕在中国的任何一个城市物业管理社区是极其罕见的。每位参观梅林一村的嘉宾都会得到管理处免费赠送的公司内刊——《万厦居业》。公司内刊流向海内外,梅林一村成了名副其实的“亚洲第一村”。

2000 年 1 月 6 日的《深圳晚报》在头版显要位置刊登了由记者赵笑梅撰写的新闻通稿,称“梅林一村成深圳一景,去年共接待 500 多批中外游客”。2003 年 7 月 2 日的《南方都市报》在头版刊发了记者徐文阁的新闻图片,主标题是“总理做客深圳人家”,副标题为“温家宝风尘仆仆抵鹏城探民情”,与梅林一村居民聊菜价拉家常。

在2003年第2期的《万厦居业》专题报道栏目里，编者从不同的角度报道温家宝总理于2003年7月1日下午4点40分视察梅林一村，看望梅林一村69栋302室李伟辉家庭情况的始末。一个中华人民共和国的总理，亲民爱民的伟大风范通过《万厦居业》内刊迅速在全国物业管理行业广为流传，极大鼓舞了全体万厦人和全国的物管行业同仁的工作热情和创业斗志。

梅林一村物业管理权的竞标成功，标志着万厦居业进入了二次辉煌创业阶段。万厦公司开始实施了公司的品牌形象战略，注重了人才素质的培养，加大《万厦居业》内刊的资金投入，加强了企业的品牌文化建设。目前在梅林一村管理队伍中，聚集了来自清华大学、复旦大学、武汉大学、中山大学、南京大学、深圳大学等一批名牌高校的物业相关专业人才，其中研究生4名，大专以上文化程度达91.1%，并为公司新开拓的东部阳光、美丽家园、美丽365、江西分公司、湖南分公司、山东分公司等各单位输送了大批专业管理人才。梅林一村已进入了一种良性健康发展状态，其管理模式日臻成熟，已得到社会认可。梅林一村带动梅林地带房产开发热潮，周边的林海山庄、润裕豪园、梅林公园等多个楼盘和公共设施相继纳入万厦居业管理服务的范围，以梅林一村为核心的梅林大社区正逐步形成。

随着万厦一步步走向辉煌，《万厦居业》也迎来了自己的新时代。根据公司发展的需要，2006年5月，《万厦居业》内刊进行全面改版和升级。《万厦居业》内刊由原来不定期黑白版改为定期双月出刊，全彩色设计和专业机构排版，还取得了由广东省新闻出版局颁发的连续内部资料登记证号：粤内登字B第11097号，公司设置专人负责。公司划拨的办刊经费逐年增加，对撰稿作者发放稿酬，此举激励了公司通讯员队伍的写作热情。公司设有《万厦居业》编委会和编辑部，办刊水平也逐年提高。

随着公司市场业务的不断拓展和社会知名度的不断提高，《万厦居业》内刊成了公司对外交流的"名片"。内刊顺利改版，适应了公司迅速发展和丰富多彩社区文化生活的需要，万厦居业企业文化建设进入了规范化、制度化的历史时期。

四、回首与展望：万厦高歌在来朝

品牌文化是万厦居业走向市场的杀手锏。万厦居业在编辑《万厦居业》内刊的同时，将每期的内容以 PDF 的格式将电子版挂在公司的网站上，供广大有需要的读者上网浏览或下载。内刊每期对外发行 2000 册，电子版每期被下载 2000 次左右。平面内刊和电子内刊齐头并进、比翼双飞。从创刊之初到现在，《万厦居业》流传行业达数十万册，社会影响和行业贡献无法评估。万厦内刊平面和电子版的互动，适应了现代人们信息化生活的需求，造就万厦居业知名品牌的不断提升。

内刊是企业文化的凝聚，是企业发展的见证。一本《万厦居业》内刊，忠实记载了万厦居业由一个政府部门附属机构逐渐演变成为一个在市场的海洋中自由驰骋的物业管理行业的标杆者，万厦居业在同深圳经济特区同步发展的同时，不断改变机制，不断创新管理，在不同发展阶段都有具体举措实现大转身的飞跃，由简单物业的行政管理演变成服务型的物业企业，实现了由文明社区到素质人居最后到最适宜人居社区的华丽大转变，为物业管理行业作出了光辉的典范，为迎接深圳经济特区成立 30 周年交上一份满意的答卷。

《万厦居业》内刊是深圳物业服务行业文化建设的一个缩影，万厦居业是深圳数以千家物业管理行业的一个优秀企业代表。从万厦居业看深圳物业管理行业的变迁，可以惊喜地发现，深圳物业管理在 30 年时间内获得了巨大的成功，完成了国外许多国家、地区几十年甚至上百年的历史进程。迄今，深圳经济特区已建立了一整套完善的物业管理政策法规体系，拥有近二十个相关的法规和标准性文件。许多物业管理企业及其所管理的项目、水平和规模已经达到甚至超过了香港或国外的同类水平。

万厦居业今后如何再次转身？我们拭目以待。相信历史会给予我们另外一个惊喜。

第三节　《深圳能源》：演绎“文化就是生产力”

深圳能源集团股份有限公司是全国电力行业第一家在深圳证券交易所上市的大型股份制企业，股票简称：深圳能源，股票代码：000027。

深圳能源自成立以来，以满足社会经济快速发展的能源电力需求为己任，在社会各界的大力支持下，坚持“以电为主、配套经营、立足南网、辐射全国、走向海外”的经营战略，自身实现了“从无到有，从小到大”的发展，装机容量不断增加，经营业绩不断提升，综合竞争力不断增强。截至2009年年底，深圳能源总资产为302.5亿元，控股装机容量达到5672MW，公司控股的电厂主要分布在深圳及深圳周边地区，同时积极在全国进行战略布点，并以西非加纳为落脚点开始进军海外市场。

深圳能源连续多年被广东省、深圳市授予“优秀企业”和“守法纳税大户”等光荣称号；管理成果荣获全国企业管理现代化优秀成果一等奖。公司目前在深圳市国有企业综合实力排名中位居第一，连续8年入选中国500强企业。

深圳能源的企业文化特点：简、实、真。

一、深能文化之“简·实·真”

在现代社会发展进程中，文化的作用越来越凸显，并在社会经济活动中扮演重要角色。作为推动社会发展最终动因的生产力，正是物质生产力与文化生产力的统一。

在《后工业化社会的来临》一书中，美国社会学家丹尼尔·贝尔把人类历史划分为三个阶段：前工业社会、工业社会和后工业社会。不同的社会是依据不同的中轴建立起来的：前工业社会，时间上大约是蒸汽机出现之前，是以传统主义为轴心，是人与自然界的竞争，土地是资源，地主和军人拥有统治权；工业社会以经济增长为轴心，是人同经过加工的自然界的竞争，机器是资源，企业主是社会的统治人物；而后工业社会以理论知识为中轴，科技精英成为社会的统治人物，是人与人之间的竞争，而这种竞争的实质是文化的竞争。

后工业社会，从经济方面来说，其标志是商品生产经济变为服务经济；从职业方面来说，专业和技术阶级处于优先地位。根据贝尔的后工业社会“轴原理”，理论知识的中心地位是社会革新和政策形成的根源。对此，我们可以理解为：在后工业时代，文化正释放着前所未有的强大生产力，推动社会的变革和历史的发展。

深圳能源自成立以来，经历了从无到有，从小到大的发展历程，近年受国际金融危机影响，国内电力行业全行业亏损严重，深圳能源依然保持稳健赢利。之所以取得如此成绩，深圳能源多年保持并积淀下来的深厚企业文化居功至伟。

文化是人精神面貌的集中体现，企业文化，自然也离不开人的因素。与深圳这座青春蓬勃的城市一样，深圳能源的员工也是一群富有朝气的年轻人。这个平均年龄只有 35 岁左右的集体，是一个充满了蓬勃热血与青春梦想的集体，在这个集体中，“简、实、真”的企业文化深入每一个人的心灵。

简——“清清白白、干干净净、简简单单，务企业发展之本”。深圳能源高自民董事长提出的“清简务本”的办事原则说的就是“简”这个理。企业经营最重要的是建立规章制度并照章办事。有章法，才不乱；有章法，才有效率。按制度办事，不把事情搞复杂、搞繁琐，不讲人情世故，办事靠制度不靠人，工作程序化，事情变得简单高效。

实——工业企业既然也称为实业，自然要求经营者做事的风格也要务实。少说大话，多做实事，在深圳能源，花言巧语行不通，花拳绣腿没有用。深圳能源深知，只有不虚荣浮夸、不好大喜功，老老实实脚踏实地、真抓实干，个人才有进步，企业才有发展。“行必责实”，高自民董事长提出的务实文化理念，就是要求全体员工求真务实、落实责任、力戒浮躁与空谈。深圳能源人坚信，行动永远是最美的语言。

真——经营企业与做人的道理是相通的。真诚，是一个人的品德，也是一个企业的品质。孔曰成仁，孟曰取义。仁义，首先要求的是“真“，不然就成“假仁假义”。讲真话、办真事、交真心，真诚是一种力量。员工真诚对待企业，企业真诚对待员工;员工真诚遵章守纪,企业真诚履行社会责任。

能者承载未来。“简、实、真“,深圳能源就是在这样朴实的理念中生存与发展,而《深圳能源》杂志承载着这种文化精髓,走过了一百六十余期的历程,从这本企业内刊所折射出的,我们可以寻找到深能文化的质朴并感受到其文化的力量。

二、简以立身:《深圳能源》生于“简”

大道至简。简,是对《深圳能源》朴实风格的概括。也许是当初草创阶段那些简单、甚至有些简陋的条件,使得“简”这个字,深深印在了《深圳能源》人的骨子里。

1991 年,由深圳市政府能源办公室和深圳市电力开发公司合并成立深圳市能源总公司,公司建立后短短一年,1992 年,公司就开始出版《能源简报》。早期的《能源简报》每期只有 6—8 页,内容主要以深圳用电信息、电厂建设工作动态为主,不仅内容相对简单,技术条件更是说得上简陋。当时的《能源简报》只是单面油印,由公司打字室的打字员打完字后,通过油印机印出来的,每期只出几十份。

在老能源人的回忆里,印象最深刻的莫过于每次的装订场面。在刊物草创阶段,一切从“简”,负责简报出版的只有一个人,装订工作也全部要手工操作,很多人还记得每一次到装订的时候,负责简报编辑的大姐就要请求办公室的全员来帮忙,大家流水作业,捡纸分页的几个、用订书机装订的几个,一群人热火朝天地干上几个小时,才能完成全部装订。“辛苦大家了,中午我请吃麦当劳!”这时,编辑大姐总会这样说,在那个简单粗粝却充满了干劲儿与热情的年代,一顿麦当劳却饱含了多少的奋斗激情与同事情谊。

到后来,《能源简报》的人们都管装订出版简报叫“吃麦当劳”,而这一吃,也吃了好几年……

1997 年,《能源简报》改版,升级为《深圳能源》月刊,这时杂志编辑部正式成立,挂靠办公室,有两个半专职编辑和一个兼职主编。杂志内容以企业内部生产动态、公司新闻、工作研究等为主,兼有少量的员工生活报道及少量员工自己创作的文学作品。

当年的“草台班子”，今天终于成了正规军，规模也不可同日而语了。刊物的发行量扩大至近千份，手工装订不可行了，杂志交由印刷厂印刷出版，除封面彩色外，内页为黑白印刷，页数 16 页，骑马钉装订，一年 11 期，1、2 期合刊出版。印刷出版“鸟枪换炮”，《深圳能源》人笑称，我们的“麦当劳”没得吃了！

随着企业的不断发展壮大，《深圳能源》版面也不断增加，到 2001 年，刊物页数已增至 48 页。而成了规模、成了气候的《深圳能源》却并没有“忘本”，“简”字在《能源》人的心中紧紧牢记，这一时期，刊物继续本着简简单单做事，一切为企业生产服务的原则，体现出创业时期企业文化应有的特点，并发挥了出色的作用。

三、真以归心：《深圳能源》，真诚的力量

品质和内涵，是文化的核心因素。怎样让更多的人认同企业的文化？其根本就在于文化的内涵。自创建以来，《深圳能源》一贯主张“真”，强调“因真而美”，努力营造出开明、平等、真诚的良好文化氛围。

书有未曾经我读，事无不可对人言。“真”，是深圳能源与《深圳能源》一直以来提倡的作风。从刊物创建以来，《深圳能源》就不仅是企业新闻的宣传员，更是全体能源人说真话、交真情的交流平台：深圳能源广大的领导干部带头写文章，畅谈企业管理心得；员工积极参与，探讨企业经营秘笈；集团所属企业领导主动撰写企业管理文章；广大员工也发表了不少工作问题探讨的文章。在深圳能源，有这样一个不成文的规定：干部要带头写文章，所有出国人员、参加培训学习人员，必须撰写文章，或拍摄照片，谈谈所见所闻、学习心得等，并刊登于企业刊物或内部网站。说真话、办真事、交真情，能源人用自己的真诚与真率，把杂志做成一个真正的交流平台，任何人都可以发表言论，内容也可以五花八门，不一定要谈工作，生活、游记、随笔、杂谈等百花齐放。

真中方能见美。《深圳能源》求真务真的风格，正是深圳能源的精神写照。真抓实干出成绩，真刀真枪见英雄。2006 年，深圳能源首次评选十大“能源之星”，打破传统先进评选办法，以公司全体员工一人一票的民主评选方式，通过

网络投票，以真实业绩论英雄，评选出属于自己的安全之星、技术之星、节能之星、爱心之星、才艺之星等十大“能源之星”。《深圳能源》杂志以“能源之星”作为封面人物的故事，深入报道，颂赞属于我们自己的员工明星。“能源之星”也成为了企业员工榜样，全公司上下掀起学习的热潮，尊重科学、注重业绩、求真务实成了所有集团人的追求，培育出了褒奖德才兼备、培育精英人才的文化土壤。

四、实以致远：内刊不唱卡拉 OK

《深圳能源》杂志是深圳能源集团企业文化的重要载体，承载了企业发展的足迹，凝聚了企业文化的精粹，在经历了无数沧桑与变革之后，已经成为了企业文化的记录，企业精神的图腾，成为了能源人工作生活中不可缺少的一个部分。

能源人一直在问自己这样一个问题：深圳能源为什么要办杂志？杂志的作用是什么？

当今国内各行各业，无论企业大小都有内刊，大企业有大企业的杂志，小公司也有小公司的刊物，一份内刊似乎成了企业的必备。然而事实上，真正能吸引人的企业内刊并非多数，有许多内刊往往沦为企业内部领导与职工“自娱自乐”的小舞台，看上去总觉得像是员工或老板在“唱卡拉 OK”。这样的刊物，看上去一片升平歌舞景象，可在企业文化的构建与企业经营理念的传播上又能起到多大的作用？明朝海瑞曾愤愤道：官封县令，却只做了一个迎来送往的驿丞。企业内刊要发挥出真正的作用，不能只图“热闹”，却做了“县令支作驿丞”这等浪费资源的事。

怎样才算是一个合格的企业刊物？能源人找到了属于自己的答案。

说实话，办实事，求实用，起实效。既然是“实业”，就要在“实”上下功夫。

2007 年，《深圳能源》创新提出了“内刊不唱卡拉 OK”的口号，打出了“内刊外向”的旗帜。每期近三千本杂志中，内部人员看到的只占三分之一，还有三分之二是对外发送的，企业内刊不仅仅是一个企业内人员“自娱自乐”的平台，不能只是自己感觉良好地“唱卡拉 OK”，一个合格的内刊，应当有更长远、更宏大的视野，有责任让读者在这里读到更多的信息。伴随着这样的办刊理念，《深圳能源》杂志的内容从过去的对内为主逐步转为外向，关注社会，关注世界，重新设置了栏目和顺序，关注点也不再局限于企业内部，而更多的面向社会和经济；能源也不局限于电力，杂志放眼于包括电力在内的整个能源行业，突出“大能源”概念，涉猎包括电力、煤炭、石油等传统能源以及风能、水能、太阳能、核能等新能源和清洁能源领域。

文化，看不见摸不着，却又真真实实在企业的运行中发挥着巨大的作用。企业文化，看似“虚”，却不能做虚，宣传要有目的，办刊物主要是要让文化成为实实在在的东西，让它具有价值创造力，杂志的目的就是为企业打造品牌，为企业提炼文化。对外而言，是为了让外界认识企业，进而认同企业，认同我们的文化，对企业品牌产生信任感；对内而言，建立健康向上的文化氛围，员工产生归宿感、自豪感，企业凝聚力得以加强，企业自我品牌也有了更强烈的认同。内刊营造文化，文化孕育品牌，《深圳能源》正是这样的企业文化的构筑者，企业品牌建设的排头兵。

深圳能源集团现在已是深圳市第一大国有控股公司，为进一步做强做大，正在阔步进入新能源和环保垃圾处理等领域，并进军海外市场。深圳能源整体上市后，将要面对的是广大的外界股东投资者、合作伙伴，也包括竞争对手，有越来越多的目光在关注深圳能源，而深圳能源也应更加关注外界。企业文化是企业与外界沟通的传感器，企业内刊是企业文化之重要载体，《深圳能源》杂志在新的历史时期将被赋予新的使命。

面对新的挑战与任务，《深圳能源》将一如既往秉承“简、真、实”的办刊思想，发扬创新突破精神，在突出个性主题的前提下，更趋外向，同时多角度、多形式地展示能源风采，站的更高，看的更远，而且更具可读性和观赏性，有目的地进行企业宣传，突出展示能源集团的“实力能源、责任能源、环保能源、和谐能源”理念和形象，建立在能源行业中管理理念领先地位，使企业文化建设从出发点到目的地，都落到实处，实实在在地为企业发展服务，为企业品牌的塑造奠定基础。

五、文化就是生产力

深圳能源是传统型工业企业，脚踏实地求发展是企业的一贯作风。

2008 年，深圳能源进一步提出“文化就是生产力”的口号，升华杂志的内在价值。文化是实实在在的财富创造者,企业品牌的价值就在于增厚企业的利润。深圳能源在大力拓展业务,壮大企业实力的同时,更加注重开发品牌企业文化,让企业文化成为企业飞腾的翅膀。

深圳能源一直以来对品牌意识的重视与扶持,使品牌观念深深根植在企业的每一个人心中。2008 年,深圳能源建立新的识别系统,新 VI 凝聚了企业文化工作者集体的智慧,标志乃至整个 VI 体系都是每个参与者辛劳汗水的集成。有效推行全集团范围的统一识别,使集团形象得以完善和统一,形成了文化与品牌的合力。

深圳能源开展系列文化推广活动,在重要媒体推出系列宣传,传播企业品牌,打造"实力能源";与市环保局共同策划"倡导小行为,保护大环境"环保公益宣传,使"环保能源"深入民心;在公众媒体上策划大型纪实报道《"责任能源"——铸就有社会责任感的企业》,树立企业公民的社会形象;"能源之星评选活动"成为全国电力行业企业文化建设十大成功案例在《中国电力报》获表彰等等,这些都是深能策划的成功文化品牌运作。通过建立企业文化新秩序,创造高品位文化产品,深圳能源的品牌价值得到显著提升。

《深圳能源》杂志也是深圳能源集团打造自己文化品牌的重要阵地,"文化就是生产力"被固化在杂志的封底,成为集团杂志的品牌口号;同时,结合"文化就是生产力"的主题,在杂志上增加促进生产的能源技术论坛,开拓电力能源市场,财务金融等高端评论等,从各个方面力求做到更加紧密的结合企业生产,真正做到文化为企业发展服务,杂志视线有所发散亦有所聚合,视点更加确切,切入更加深刻而犀利,众多的文化信息在这里化作促进企业发展的生产力,使企业在市场竞争中首先取得文化竞争的优势……

"观乎人文,以化成天下"。文化在指导着人的行为的同时,推动着社会的变革和历史的发展。人类,因文化而智慧;社会,因文化而文明;而企业,也将因文化而兴盛。进入 21 世纪新的历史时期,深圳能源不仅为社会提供能源与光明,在民族复兴的潮流中,厚积薄发的深圳能源也将不失时机地绽放出美丽的色彩,为中华文化的复兴贡献出自己的一分光与热。

马首向何处,夕阳千万峰。

第四节 《深装集团》：转身文化的乐章

深圳市建筑装饰集团有限公司(以下简称“深装集团”)创建于 1986 年 9 月，双甲双壹级资质企业，获市级以上工程奖 235 项，其中，国优 46 项，省优 60 项，市优 89 项，全国设计大赛奖 40 项，曾连续七届荣膺中国建筑装饰百强企业，并获 2010 中国建筑业低碳行动十大领军企业、中国企业文化先进单位、广东省优秀企业、广东省自主创新标杆企业、深圳市百强企业、深圳市最具影响力的知名品牌。2003 年参加深圳市首批国企改制示范，近年被认定为深圳市福田区总部企业发展最稳健的企业之一。办有《深装集团》、《现代装饰》刊物，董事长汪家玉著有《平凡与价值》、《责任》等专著，创建了“转身文化”，创立了“创办一个成熟企业”的文化管理模式。

深装集团的企业文化特点：把红旗插到山顶。

一、历史使命

“呜……”一列满载特殊使命的列车呼啸而驰，奔向祖国南疆边陲小镇——深圳。

祖国的南飞雁飞来了，英雄的铁军开来了，特区的拓荒牛奔来了。这支两万基建工程兵队伍的到来，为深圳经济特区建设拉开了序幕。

这批深圳经济特区建设的拓荒牛，创造了中国建筑史上的神话，编织了一个个动人的故事。它的启蒙思想，它的敬业精神，它的文化构建，是深圳经济特区建设三十年的一道亮丽风景。它的报刊是深圳取得辉煌成就的助推手，是深圳拓荒的见证，记载着深圳辉煌的历史。

深装集团就是这样一支由转业基建工程兵带头创业的装饰劲旅，是全国建筑装饰行业的领军代表，2010 中国建筑业低碳行动十大领军企业。《深装集团》一直高扬着一种军人文化。“把红旗插到山顶上”是深装集团的格言，也是一种企业精神,更是《深装集团》文化构建的精髓。它以一条“把红旗插到山顶上”的文化主线,贯穿着企业发展三个阶段。构建了颇具特色的转身文化。

二、旗帜飘扬

军人转身——转业到地方拓荒创业,大胆尝试“一企两制”的两条腿走路,在“不找市长找市场”的市场经济大环境中,敢把红旗插到山顶上。《深装集团》发挥了擎旗手的作用。

从军营到企业,是人生历史上的一大转身。他们转业不转志,数十年如一日,心中一直飘扬着军人的旗帜,身上一直流淌着军人的热血,行为一直捍卫着军人身戴领章和帽徽的荣誉。

鹏城盛夏,烈日炎炎,是一个充满激情的季节。笔者带着《30 年深圳经济特区企业报刊的文化构建》的撰写使命,采访深装集团董事长汪家玉。他告诉笔者:两万基建工程兵是执行国务院、中央军委的命令,乘坐火车皮来到深圳经济特区的。那时,不叫转业,在地方干起来后,才摘下领章帽徽。这一转身,就是深圳经济特区建设史上的两万基建工程兵集体转业,中国建军史上的又一曲赞歌。

这位德高望重的老兵回忆:他们团是 1981 年 9 月来到深圳的。最早从上步路、市政府、爱华大厦深南大道一带中只有三座大厦,就算是一大景观了。昔日这里周边还是小河流水,瓦屋乡村,洼田积水,田埂的小草依稀可见,山坡杂木丛生,杂草遍地,乱石山,泥泞路相间在一起,到处是一片片的荒草地。祖国的召唤,无上光荣。荒山野岭,成了军人的乐土。开荒牛就这样在一片荒凉的小山上搭建帐篷,安营扎寨。他们脱下军装,仍保持军人本色。在风餐露宿的创业生涯中,练就了不怕艰难险阻的坚强毅力,把军人的风采抒写得淋漓尽致。

装饰长河,源远流长。饮水思源,慎终追远,历史不会忘记起源,不会忘记改革开放中的装饰领头人。没有源头便是死水一潭,“问渠哪得清如水,为有源头活水来”。深装集团的起源,军人转身坚定与执着的个性,跃然纸上,《唯有源头活水来》娓娓道来:

深装,从忠诚朴实的军营走来,融合了社会能工巧匠,吸收了专业知识

> 分子，上善若水，静水流深，厚德载物；容人之大志，容人之真善，容人之美德，容人之智慧；有容乃大，铸就辉煌。作为深装人，从军人到装饰人，是人生历程的一大跨越，有太多故事，太多的感动，其间，有一道道思想观念和技术上的屏障，有数不清的困难和压力。但是有一种敢闯敢试精神没有变，军人的气质，军人的作风，军人的品格，军人的意志，军人的纪律没有变。凭着一股倔强的脾气，大胆创新，创出一条新路来。
>
> 草创装饰公司，实践改革开放，大家劲头很大。租借办公场所，白手起家，经济上非常寒碜，身上却是军人意志的坚定，肩负使命的责任，责任感迫使不能退却，必须勇往直前，必须把红旗插到山顶上。

在字里行间，作者颇具匠心，真情的字眼，渗透着一种霸气，使人有一种折服的心理，让读者越看越想看，越读越想读。仔细想来，这条新路，就是“一企两制”，前人未走过的试验路。

深装集团创业之初，实行“一企两制”两条腿走路，是一种改革开放的大胆实践。所谓“一企两制”，一是按计划完成国企上级主管单位下达的各项经营指标任务，执行国企管理模式；二是在完成上级下达任务的同时，实行企业自主经营，分项目经营承包，超额利润分成。承包时，有两个等级，党员承包额度要比普通员工高出五到十个百分点，突出党员带头。企业创业是非常艰苦的，《静水流深、厚德载物》记载了一则小故事：“创业之初，企业没钱买车，堂堂总经理于是骑单车联系业务。谈完业务后，甲方老板说派车送他，他却说，我的车停在外面，然后悄悄溜出来，踩单车回公司。”这成了当时企业员工广为流传的“笑话”，也见证了创业的艰辛。企业在极其困难情况下，用智慧和汗水，一步一步摆脱困境。如遇垫资项目经费不足时，采用员工注资投入，完成项目后，利润按注资大小比例分成。“在老火车站附近修一条路，当时企业买水泥、沙子的钱不够，采用员工凑钱，修好路后，获得工程款时，按出钱多少分配利润。”这也是早期的股份制。那时，就是靠这“一企两制”两条腿走路，完成了最原始的资本积累。企业有了自己的第一桶金，军人的底气足了，拿枪杆子的人，照样能拿起铁铲、锤子、尺子，开始装饰亮丽的人生。

在市场经济大潮中,深装集团赶上“不找市长找市场”的装饰行业第一个弄潮儿。“不找市长找市场”是市场经济中非常经典的代名词。它通俗易懂而又内涵丰富。读懂者,感人至深;悟道者,受益匪浅。找市场,与改革开放合拍,以企业替代市政府机构,按市场运作。大胆实践,敢闯市场,才是改革开放的忠诚实践者和捍卫者。深装集团首回尝试“找市场”,是在 1988 年与香港一家建筑公司合作,合同“港方”签,工程“深装”做,使深装集团走进了北京亚运村,至今在北京长安街的一条街就承建了二十多个装饰工程项目,创新了同一条街精品工程之多的新纪录,受到时任北京市副市长张百发的高度赞誉。第一次完全靠自己的实力“找大市场”的是 1992 年,通过市场信息,参加海南金海岸大酒店工程投标,这项工程从设计到施工全部由深装集团一家获得,这是我国唯一一个独家完成的全国首例自行设计、自行施工的五星级大酒店的完整工程,获“中国旅游业标志性饭店、大堂金奖”,刷新了多项装饰行业纪录。这项独家完成一个完整的五星级大酒店工程的纪录,一直保持到现在,均没有任何企业打破此纪录。这为 1993 年深装集团被国务院发展研究中心、国家建设部、国家统计局评为“中国 500 家最佳经济效益建筑企业一级第 89 名”,奠定了坚实基础。在这装饰行业领军人发祥地——深装集团,让我们收获颇丰,能够真切地感悟到装饰行业“不找市长找市场”的根源所在,感召力所在。

一路走来,深装集团敢把红旗插到山顶上,作为一颗种子,一路播撒,一路收获。多年来,深装集团流传着这样一句话:“把红旗插到山顶上。”这句话到底说了多久,笔者无从考证。但在《深装集团》的文字记载中,我们知晓,这成了深装集团掌门人的座右铭,时时处处勉励自己,并激励员工把工作“做好”,而不是“做了”,把工作标准制定在高处,把红旗插到山顶上。在一个工程洽谈中,董事长汪家玉说:“搞工程就好像打攻坚战,不仅要有打胜仗的信心,而且要有足够的精兵强将和精良的装备。如果甲方给我们一个公平的参与战斗的机会,我们有信心、有实力、有把握把红旗插到山顶上,用这个工程的全面胜利来体现我们深装集团的真正价值。”这是很普通的谈话语言,却又是很经典的文化主题。《深装集团》及时捕捉机遇,充当勇敢的擎旗手,高高地举起“把红旗插到山顶上”这面旗帜,并确立为企业精神,树立了军人转身的文化品牌。就是这面旗帜,使深装集团拿到了“市场通行证”,多了一个克敌制胜的法宝。在一次珠海海泉湾度假村的工程洽谈中,当甲方听到深装集团有“把红旗插到山顶上”的信心和坚强意志时,甲方当场表态:“就凭你这句话,工程给你们做。”像这样成功的案例,远远不止一宗二宗。内蒙东达广场工程,就把“把红旗插到山顶上”的文化格言,演绎得淋漓尽致,由取得一项工程变为取胜一个片区的市场。在全国诸多工程承接中,均靠“把红旗插到山顶上”的旗帜,引领企业走向成功,赢得了市场。在《红旗插到山顶上》纪实文章中,有这样的评述:“‘红旗插到山顶上’,不仅表达了深装集团必胜信心,也展示了企业强大的综合实力和战略目标,还成为甲方对各项工作提出要求的一个标准:红旗插到山顶代表胜利、代表效益,要用实际业绩证明自己!”文章最后用“红旗插到山顶上,效益拿回企业来”作为结束语,让人久久不能忘怀。这似对联,又不是工整的对联,但它很实用,伴随着深装集团走过了二十四个年头,唱响了心中的赞歌,让胸中的旗帜飘起。

三、担当责任

体制转身——国企改制,实行全员持股,承诺员工三年不下岗。民营企业,发展靠自己,市场打拼靠“创过程精品”。《深装集团》充当了助推手作用。

国企改制是实行市场经济的一次重大变革,是涉及国计民生的大事。2003 年 9 月,在深圳经济特区搞国企改制试点,首先在全市三大控股公司各挑选两家共六家国企,作为深圳市第一批国企改制示范,这是深圳经济发展史上的里程碑。

国家发展要改革,企业发展靠自己。深装集团参与深圳市国企首批改制示范,并向市政府承诺:“员工三年不下岗”。实行体制转身,企业面临着“吃股本还是吃市场”、“民营企业靠什么发展”等一系列的重大问题。《深装集团》贴紧企业改制宣传,发挥了助推手的作用,先后推出了评论员文章《吃股本还是吃市场? 我们用什么回报企业》、《党员在企业改制后应如何发挥先锋模范作用》、《发展靠自己》等感召力很强的文章:

发展才是硬道理,发展才是大方向。一切问题,一切矛盾,只有在发展

> 中才能得到妥善解决。不发展就是落后,落后就会被淘汰,人类历史是这样,企业的历史也是这样。发展靠谁?最关键、最直接的回答是:发展靠自己。世界上没有救世主,也没有神仙皇帝,一切发展,最终都得靠自己。企业发展靠自己创,员工工作岗位靠自己创造,增加效益、增加工资福利靠自己干。

这些话,写得通俗易懂,明明白白,员工易记易理解。"干"才有饭吃,"创"才能发展,让员工自觉投入到创效益,增业绩的行列。淘汰的鞭子在镇着自己,企业不发展不行,企业发展慢也不行。

创市场,实质上就是创精品;争市场,靠精品取胜。面对竞争激烈的市场环境,"深装人"有太多汗水和泪水,感受了许多艰辛与忙碌,走过坎坷的装饰人生路。正如《物竞天择、适者生存》所说的那样:"不忙碌、没出路,不诚信、没前程,好日子、靠打拼,奔美景、莫歇停。"越是竞争激烈,创过程精品,越显得强势,也越有出路。"创过程精品"就是要在机关服务、信息跟踪、设计、施工、回访过程中,做到把精品意识落实到过程控制之中,依靠每一道工序的高品质,每一位员工岗位工作的高品质,使每一个环节都做到精益求精,每一个过程都力求完美。做任何一件事,都是"过程"决定"结果"。只有过程精品,才能结果精品。居于业内人士的共识,深装集团在深圳东部华侨城召开了"创过程精品"专题研讨会,让更多的管理人员掌握"过程—结果—精品"的因果关系和内在联系,多创精品,让市场说话,让业主真正满意放心。如何实现过程精品?《创建过程精品,实现企业新一轮发展目标》指出:

> 首先,要把好质量关。对工程质量必须进行"三高"与"三严"的管理。"三高"就是指高的质量意识、高的质量目标和高的质量标准,尤其是高的质量标准就是指高出国家标准规范的水平,保证工程质量达到国内一流水平,同时技术有创新。"三严"就是严格的制度、严格的管理、严格的要求。
> 第二,把好技术关。在建筑装饰美学、策划研究方面进行设计上的修正完善,并跟踪实施全过程,把室内设计评审体系的每一个细节,贯穿到项目实

施中去，掌握设计施工节奏、材料、工艺、技术等方面的确立与完善。第三，把好管理标准关。在过程管理中，充分挖掘和发挥每位员工的潜能，树立牢固的精品意识，打造一批有理想、有眼界、有能力、肯用心的精英团队，制订精品标准，精心整合各类优秀资源，进行精细化管理。第四，把好服务关。要完善服务系统，最大限度地方便客户，加强过程服务，注意市场信息的收集和反馈，及时更新与改进服务的内容和方式，满足客户越来越高的要求。

国企改制多一份担当，就是成功的基础。七年过去了，深装集团的员工不但不下岗，而且发展更稳，社会效益和经济效益更好，企业更壮大。经受住了改制压力和考验。改制后的第二年，实现年产值增长38.5%，利税增长62.6%，国优工程创新纪录，是历年最佳业绩。在改制中稳健发展，对国家对社会对行业的所作奉献，担当装饰行业开路先锋，为创新成果探路，肩负深圳市国有企业改制示范，所承担的责任和压力，是无与伦比的。这也是"深装人"引以宽慰的，用深装集团掌门人的话来说，"正是改制带来的动力，尽量让别人轻装上阵，快速发展；把历史遗留问题留给自己，做好改制善后工作，使企业稳健发展。这个稳字，让我们基础更牢，抗风险能力更强一些。"这些话虽是比喻，但折射出一个真理，博得业内人士的一致赞同。短短的一席话，让人感受良多，我们有许许多多的话要说，但更多的是一份尊重，一位智者对长者厚德的敬重。我们得到一种启示：一个成功的企业和企业家，不仅是以赚钱多为标准，也不仅是商人，更重要的是作为一个企业家，就要多一份担当，多一份责任。《商道，做人之道》、《责任是做人的基本准则》、《"星期六义务劳动"不再尘封》、《绿色环保、担当责任》、《莫道桑榆晚、为霞尚满天》不就是真实写照吗？也许，《大地春歌》所描述的诗韵就是最好的诠释：

暖流悄悄地爬上枝头/微雨轻轻地拨弹心曲……为什么/裸裸的枝干/能绣织飘逸的绿裙/沸腾起碧海的波涛/为什么/小小的花蕾/会饱含生活的幽香/绽放出怡情的芳艳……十里畦田/奏响心灵的和弦/一脉群山/焕发葱郁……

四、走向成熟

产业转身——以“创新创业”为主题，以“创办一个成熟的企业”为总目标，以“企业文化管理”为导向，推动企业产业化建设，实现企业产业转身，走向成熟的道路。《深装集团》起到了吹号手的作用。

我国实行改革开放30年，国民经济得到飞跃发展。装饰行业作为新兴产业，是这座城市最亮丽的景观和市场名片，随着改革的浪潮奔腾，如雨露滋润苗壮成长。但天有不测风云，在国际金融危机的负面影响下，全国装饰行业半数企业应声打烊。面对突如其来的市场变化，《深装集团》一面宣传《直面金融危机、用心捕捉商机》、《取燧照寒路、凿井润丰年》，一边思索《努力创办一个成熟的企业》。撰写文章，展开六个不同类型的专题调研，集团上下，行业内外，广泛调查，了解摸清市场。功夫不负有心人，《深装集团》很快找到切入口，找到企业稳健发展的结合点。为此，公司董事会召开专题会议进行研究，并形成决议，把“努力创办一个成熟的企业”确立为企业长远发展的总目标，在集团系统开展用科学发展观指导企业实践的主题活动。在《学习实践科学发展观，努力办一个成熟企业》一文中做了精辟的阐述：

> 办一个成熟企业，必须牢牢把握好“五个基本标准”，即：企业的责任标准、企业文化建设标准、企业抗风险能力标准、企业诚信共赢运作标准、企业可持续发展标准。企业的责任标准是第一位的，企业既要对股东负责，对员工负责，对企业自身负责，更重要的是对社会负责。企业文化建设的标准不可或缺，文化不仅是一种精神，而且也是一种品牌，一种生产力。企业经营理念、价值理念、形象设计、人文环境等，都集中反映了企业文化的软实力。企业文化建设与实施文化管理是成熟企业核心价值的体现。企业抗风险能力的标准很关键，包括核心竞争力的提升，思路上要善于长远规划，管理体制上严格规避风险，过程行为中杜绝短期行为，才能使企业走向成熟。企业诚信共赢运作的标准是企业经营发展的前提，没有共赢就没有市场，道德上的缺失，市场秩序就会失衡。市场经济不仅仅靠诚信经营，更重要的是共赢

运作，表现对市场的诚信，对合作方的真诚，对利益各方的互惠互利，利益分配合理合法，资源共享，和谐共享。企业稳健可持续发展标准是打造百年老店，形成有自己特色的企业品牌的基础。稳健是成熟的重要标志，企业要从长远战略目标出发，不争一时之利，不计眼前得失，着眼于健康、稳健、持续发展。健康是持续之本，持续是稳健之源。持续发展企业才能不断生存与壮大，才能有效地推进企业稳健发展。

深装集团开展"认真实践科学发展观，努力办一个成熟企业"的活动，得到市领导王穗明的高度赞赏，她说："在民营企业中带头实践科学发展观，做出成绩，做得不错"；"办成熟企业，提法很好！""深圳政府在线"摘登了《深装集团》开展实践科学发展观主题活动的消息，这是对深装集团解放思想，明确目标，敢于创新，大胆实践的充分肯定，而且具有一定的倡导性和号召性。好经验，好做法，要宣传推广应用，让更多的企业走向成熟，推进深圳经济更好更快地持续发展。

创办一个成熟的企业，有了标准还不够，必须有成熟的制度、成熟的团队、成熟的产业构结和机制，各项措施要落实到行动中去，才能走出经济发展的瓶颈，走向成熟。当前，装饰行业经过 30 年传统的手工作业，已不适应市场的发展，从工厂化加工，过渡到产业化施工，迫在眉睫，呼之欲出。谁都不愿充当被淘汰的牺牲品，不甘心把自己亲手发展起来的企业，断送在这经济转型期，覆灭在经济转型的大潮中。潜意识告诉企业管理者们：企业产业化转型，是时代发展的需求，任何人都无法改变它存在的事实。"深装人"在思索自己的前程，开始谋篇布局产业转型的最佳途径。"创新创业"是走出转型发展瓶颈的最好方法。思路已定，快速行动；时间不等人，机会留给有心人。在这骨节眼上，《深装集团》抢在第一时间，当上了企业产业转身的吹号手，《吹响第三次创业进军号》带着新的使命，向产业化进军的号角，在最前沿阵地上吹响：

我们胸中的旗帜要高高地举起，冲锋在前，迎难而上，奋力拼搏，是深装人旺盛的根，永恒的魂。我们要在装饰市场上和各个装饰工程的施工生产中突出深装人的精神，铸造“深装”品牌！

创新才能发展，创新才有希望。企业调整经营结构，转变经济发展方式，夯实长远发展基础刻不容缓。我们必须充分利用国内国际经济转型时期的新机遇，立足新起点，瞄准新目标，全面实施创新经营战略，加快经营结构调整和产业化生产的步伐。必须攥紧装饰主业和产业化建设的两个拳头，形成合力。各级管理层一定要铆足劲来使，负起责来抓。在管理创新上，要突出“四严”，严格管理，严格规范，严格监督，严格把关。在服务创新上，加大贯彻力和执行力，做好服务前移，靠前服务，优质服务，“双效”服务。

企业产业结构调整升级，是关系到企业的前途和命运的大事。一定要深思熟虑，精选好项目。深装(池州)产业园项目破土动工，市领导参加奠基仪式。它标志着深装集团产业化转型正式启动，一场声势浩大的产业转型，开始有了质的飞跃。深装集团既是幸运的，也是智慧的。池州市地处九华山下，平天湖畔，“皖江城市带”，是国家批准的产业结构转移开放的示范区，加上成熟的市政配套设施，为产业园区开发，营造了良好的投资环境。历史把机会留给有准备的人，深装集团果敢地把握住了战略机遇。深装集团的掌门人在深装(池州)产业园奠基仪式上庄重宣告：“深装(池州)产业园将办成一个绿色环保企业，办成一个科技创新企业，围绕深装集团主业、创办建筑装饰材料研发中心、部件生产装备中心、幕墙加工中心、木制品厂等一批成长性好、有发展前景的企业。”实现装饰行业部件由“工厂化”到“工业化”的生产转型，为深装集团可持续发展提供了可靠保障。我们有理由相信，“深装人”总部在深圳，工程在全国，心中始终装着市场，一步一步地走向成熟。深圳经济特区拓荒牛的拓荒生涯，并没有画上句号，正在向祖国中部地区辐射，为国家经济腾飞的壮美画卷添上一笔重彩。

五、赢在文化

一本书，一期杂志，一篇文章的影响力到底有多大，智者见智，仁者见仁，众说纷纭。毛泽东同志说过，一张报纸就是一个集团军。可见喉舌的重要，宣传的重要，传播媒体的重要。《深装集团》敢于用《实施企业问责制》与企业的岗位责任考核捆绑在一起，跨越了行政管理职能，拓宽了企业文化发展渠道。《制度管理要突出人文精神、文化管理要重视制度原则》和《企业文化与员工管理》，首次引述清华大学张德山教授提出的企业管理三个阶段，把文化管理作为企业管理的最高阶段，让员工认同企业文化，用企业文化理念，规范员工的基本思维和行为模式。在大量的转身文化宣传熏陶下，员工在不知不觉中得到转身认同，获得思想观念的转身，带来三大转身成功。同时，也引起《人民文学》、《中国监察》、《中华建筑报》、《中国建筑业》、《中国建筑装饰》、《广东建筑业》、《特区经济》、《深圳特区报》、《深圳商报》、《深圳法制报》、《深圳企业》、深圳电视台、“深圳政府在线”等社会媒体各方的垂注与互动，扩大了社会影响力。

在市场打拼的日子里，深装集团赢在品牌，贵在文化。它们工程遍及全国各地，颇具点多、面广、线长的特点，靠什么来推广企业文化，让员工学到更多的专业知识，交流市场信息，掌握政策规范。靠的就是《深装集团》充当出色的擎旗手、助推手、吹号手的“三手”作用。它们注重三位一体化，过程精细化，管理系统化，文化特色化，形成了把思路变制度，把制度变行动，把行动变效益的“三变工作方针”，优化了机关岗位职能的导向服务、跟踪服务、代理服务等“三项服务”机制，全面推进董事会考核经营班子，经营班子考核职能部门，职能部门考核员工的“三级考核”制，实行工作与岗位挂钩、岗位与责任挂钩、责任与效益挂钩，效益与分配挂钩。它们从企业文化管理角度，不断提炼和深化经营理念，力推创新纪录，创新企业品牌，创新效益，创新过程精品，策划了《创过程精品》专刊，成了深装集团各个发展时期不可或缺的动力机制。

在《深装集团》的编辑部里，笔者闻到了一种浓浓的书香。它们既重视美文美图，版式设计，更注重情感的沟通，匠心与情感交织在一起，勾勒出翰墨飘香的文化壮锦。有这样一个小故事：在一次中国建筑筑装饰百强峰会上，中国建筑装饰协会马挺贵会长，匆匆来到深装集团董事长汪家玉跟前说，汪总呀，你们《深装集团》杂志办得不错，在装饰行业很有影响，能不能给中装协的其他领导都寄一本。汪总愣了一会，会心地笑了，笑得那么厚实、惬意，他愉快地接受了这“褒奖”般的请求。开会回来后，他立即指示编辑人员，按要求分寄《深装集团》杂志。又一次，深圳市福田区“两新组织”工委顾正华副书记对《深装集团》执行主编评价说，我是第一次看到企业出“抗震救灾专刊”的，办得很好，很感人。《深装集团》刊载的设计精品，参加在北京人民大会堂召开的2009年亚洲室内设计师大会和国际学术交流会上进行成果展示，深受同行的好评，连同刊载作品的100多本杂志，都被抢一空。《深装集团》参加第六届中国（深圳）国际文化产业博览交易会“深圳特区30年30佳精英企业品牌展”，被中山大学留学生办公室指定为该校200多名留学生必须参观的展区，加大了品牌影响力。外界的评价，就是最好的精神鼓励。笔者带着浓浓的兴趣，来到“水晶岛”艺海拾贝，《西沙感怀》延续了“我爱宝岛”的旧梦；《创新崛起奏华章》点燃了“我爱祖国”的激情。打开“爱心视窗”，情感的波澜，叠浪起伏，爱心的春风，扑面而来。读者看到了《抗震救灾的带头人》的高大身影，欣赏了《共同谱写爱的乐章》的爱心旋律，聆听了《一个普通党员的心声》的心灵呼唤。人们永远不会忘记汶川、玉树地震的援手；《历史永远不会忘记》奉献爱心的人。《让爱永驻》引吭高歌，《关爱、感恩、回报》催人泪下。读着这些文章，心灵在震撼，心絮在飘逸。《深装集团》有如此强烈的感染力和冲击力，是笔者未曾想到的。它那心灵和弦，有一种无形的穿透力，穿透在读者的心坎上，洋溢在员工间。

《深装集团》是深圳企业报刊大河的一滴浪花，在奔腾的激流中闪烁着一缕春晖、一剪春燕、一曲春歌，辉映着企业文化的壮丽诗篇，滋润着企业文化绽放春色。在《浥露滋芳草、“春归”犹可期》中，道出了它们深藏在骨子里的企盼：企业报刊的春天来了，《30年深圳企业报刊的文化构建》东风劲吹，让企业报刊精粹飞扬，让装饰文化不朽，让“凝固的音乐”交响。

第五章
融　合

改革开放之初，资金严重匮乏，于是，“招商引资”一时成为特区发展的重大任务。在优惠政策的吸引下，外资企业纷纷登陆深圳这片热土，为特区的发展发挥了积极的作用。它们携技术、资金、管理而来，也带来了文化上的差异。所谓的“水土不服”，就是文化观念的碰撞和冲突。这种碰撞和冲突背后，是文化的互补和融合。外资企业从深圳的企业报刊受到启发，很快拿起这一武器，并熟练运用。于是，在老板的声音与员工的声音之间，架起了沟通的虹桥，并成为外资企业凝聚人心、营造劳资和谐发展的一片园地。

第一节　《鸿桥》：一桥飞架富士康

富士康科技集团（以下简称“富士康”）是专业从事电脑、通讯、消费性电子、新能源、新材料、云端运算服务、通路销售等研发制造与渠道并重的高新科技企业。总部设在深圳。

自1988年投资祖国大陆以来，带动台商在祖国建立绵密的产业链和产业集群。22年间，在大陆15个省市区建立了28个基地，在亚洲、美洲、欧洲等地拥有200余家子公司和派驻机构。现拥有大陆员工80余万人。

作为全球电子产业的最大专业制造服务商，在过去的2009年，富士康成功抵御全球金融海啸，保持快速成长势头，出口总额达565亿美元（占全国的4.7%），连续8年居大陆出口创汇第一名；2009年居《财富》全球500强第109位。

富士康企业文化的特点：上行下效的执行力文化。

穿透历史的风云将时间的长镜头拉回到1988年。

彼时，世界经济进入新一轮景气循环，全球制造业从亚洲四小龙向中国大陆转移的趋势日渐明显，而大陆打开国门、融入世界的历史进程也即将走完第一个十年，改革开放已然汇聚成势不可挡的历史洪流，席卷了中国大地。在两岸关系方面，随着大陆两岸和平统一的政策的提出以及台湾当局顺应民意开放台湾同胞赴大陆探亲，横亘在浅浅海峡上长达40年的坚冰开始解冻，台商旋即掀起了第一波赴大陆投资建厂的热潮。

在这批弄潮儿中，就包括了当时岛内籍籍无名的鸿海创办人郭台铭。

此前的1987年11月，祖籍山西晋城的郭台铭，受父亲重托踏上了大陆热土，探望了山西老家的亲人，并向亲人们表达了日后将回大陆投资并回馈桑梓。“1993年、1994年全世界（其他公司）的成长超过30%，我们是100%的成长。去年公司在中国投资的金额接近1亿元人民币，1995年我想会超过10亿。往后6年会投资在华南地区盖一座综合性的工业园区。”从郭台铭1995年年初的讲话里，读者可以触摸到创业期富士康滚烫的豪情。

在搭上了风起云涌的个人电脑产业革命的顺风车后，富士康事业从此一日千里，狂飙突进。但当时公司的文化建设似乎还来不及适应新兴产业发展的要求。从所擅长的连接器跨入到陌生的电脑准系统，不可简单视之为产业领域的延伸扩张或技术的转型，它应该体现为对公司文化、技术、运作和未来规划的综合考量。

熟悉企业运作的人知道：当一个企业规模比较小的时候，高层的政令、理念完全可以耳提面命给基层员工；但当一个企业上了一定规模、员工人数量大了以后，往往就会遇上政令不通、沟通不畅，甚至经营理念无法下达或者扭曲下达的问题，尤其对于外资企业来说，还存在不可忽略的地域、历史、教育背景差异及融合的难题。

显然,这一切与郭台铭雷厉风行的铁腕风格与他一直倡导的执行力文化不相兼容。

富士康文化外在的表述虽然是随竞争情势的变化而变化,但贯穿其中的精神支柱不变,那就是“执行力文化”。

“所有的理念,都可以借相应的口号而行,但执行力不变。执行就是要贯彻,贯彻就是要负责任,负责任就必须理解系统,落实流程、重视细节,追求实效。”何友成认为。

富士康对执行力文化的推崇,除了郭台铭个人性格特质的外,也与富士康处于瞬息万变、竞争惨烈的全球 IT 市场最前沿紧密相关。

置身于这样一个变化无穷的市场丛林,唯一的竞争办法就是如郭台铭所说的“快速决策+高效执行”,因为“民主是最没有效率的做事方法”。喜欢化繁为简的郭台铭还将执行力的内涵概括为一个数学公式“执行力=速度+准度+精度”,并将其精髓总结成一句话“上行下效(上级以身作则、下级勇担责任)”。

由于 20 世纪 90 年代就业市场发育不成熟,富士康从传统的渠道无法获得足够的劳动力,只能通过关系从内地边远地区招募农民工。刚刚洗脚上田的年轻人突然来到繁华的大城市,确实很难一下子习惯高速工业化运作的工作环境;同时,这也给企业的管理带来了不小的挑战。

比如,电子产品的生产一般对环境的要求比较高,可是在乡村背景下成长的人很难改变卫生习惯,“最突出的表现就是随地吐痰,不会用马桶,每天都要堵几次。”何友成说。

因此,在当时大陆社会文化教育还相对传统滞后的环境下,如何将富士康一些先进的 5S、成本、管理等理念等灌输给员工?

郭台铭逐渐认识到,企业的上、中、下层之间需要一种加强交流的媒介。

1995 年 3 月,在众人的殷切期待中,《鸿桥》面世,郭台铭亲自题写了刊名。在略显质朴的创刊号封面上,刊载了郭台铭的手书题词“十年树木,百年树人”。他还欣然发来了贺词:“在这个变化的时代,不学习的人就会被淘汰,同样的不能够提供学习的企业,也会被淘汰。从工作中学习,学习后工作,用‘胸怀千万里、心思细如丝’的态度对自己要求。大家全力以赴,迎接我们共同的目标,各位的进步也代表公司的成长。在鸿桥创刊号出版的同时,几句话和大家共勉,也为我们的将来共同立下期许”。字里行间没有对公司发展前景的宏大叙事,而更多流露的是对人才成长的期盼。

“我们办这本杂志,就是要在鸿海公司内部架起一座沟通的桥梁。”郭台铭这样诠释“鸿桥”的含义,也将未来刊物在企业中的使命一锤定。

一、企业文化建设的执行者

从《鸿桥》创刊起,就自觉担当了企业文化的建设者和诠释者的双重角色。

对执行力文化的倡导从内刊的编排上就可见一斑。每一期《鸿桥》二十余个栏目里面,既有传播先进理念的“经营者园地”,也有提供最新消息的“短讯快递”,再有展示历练、促进沟通的“经验交流”,还有贴近员工、抒发心情与展示才华的“艺文游廊”等等,可以说《鸿桥》是个大熔炉,每期136个版面引导员工走进企业文化的大观园,在游园赏乐中领悟集团文化,增强向心力。

“经营者园地”可谓是《鸿桥》中历久弥新、最具影响力的栏目,流传至今且在业界广泛引用的“郭三条”,就是贯穿于这个栏目主题文章的灵魂。时至今日,“经营者园地”整理的郭台铭讲话不仅是富士康同仁下一阶段的行事指南,也已成了动见观瞻的业界言论风向标。

快、变、国际化已成为潮流,将考验每一个企业的前瞻能力、创新能力、科技运用能力、人才培育能力。“新知分享”、“时事关注”之类的栏目不断将剧烈且险恶的竞争环境直接推向读者同仁的眼前,使之体认到企业发展和产业竞争将如何改变国家竞争版图。而“管理漫谈”、“经验交流”则让众多高阶主管现身说法,加强内部各事业群之间、高层与下属之间的沟通。

翻阅《鸿桥》也许你会发现栏目不尽相同,但你也会发现无论是什么样的栏目都是看似形散,事实上神不散,虽万变但不离其宗——化导人心,也即化导同仁拥护富士康、认同富士康文化。

比如说,“健康人生”栏目,看似离富士康核心文化——“执行力文化”天上人间,但细细体会,试想没有健康的体格、健康的心情,凡事皆易心生怨气、剑走偏锋,那“执行力”从何谈起。如果说“经营者园地”、“教育训练”等栏目的文化宣导手段是直捣黄龙的话,那么“健康人生”、“言为心声”等栏目则是旁敲侧击,或者说潜移默化。

此外,举凡“菁干班专辑”、“3C 人风采”、“风华岁月”、“休闲广场”以及诸多艺文栏目都使广大同仁有机会参与到刊物营造的氛围中来,进而投注他们对企业对亲人对同仁对社会人生的情感与爱恋,这种春风化雨般的策划运作无疑起到了润物细无声的作用。

二、爱之深,责之切

《鸿桥》从他诞生之日起就从不缺少关注的目光。郭台铭更是对他“高看一眼,厚爱三分”。

“《鸿桥》要把我的讲话刊登……”在会议上发表即席讲话后,他往往要求编辑部将讲话整理,扩大分享。当看到一些介绍科技或管理新知的文章时,他也不忘批示将之转载于《鸿桥》。

除要求刊登自己的讲话外,他也要求各单位轮流组稿,积极发动员工投稿,“经营、技术主管要亲自撰文,传承经验,教导部属”。

每逢策略伙伴、政府官员、专家学者、社会贤达来访时,心细如丝的他还安排工作人员将《鸿桥》发到他们手上,要“人手一册”。

“这是我们员工自己办的刊物。”郭台铭在客人面前为《鸿桥》做起了广告,语气里充满了自信。

郭台铭还指示编辑部每月定期给来访客人邮寄《鸿桥》,目前赠阅数量达到了 4000 册。从中南海的案头,到学校的图书馆,都留下了《鸿桥》的淡淡墨香。

郭台铭对《鸿桥》要求甚严,“刊物编辑要严格遵守政府主管单位规定,不能刊登有关政治、宗教、色情、暴力等文字或图片”。由于当时两岸关系紧张,人员互动也远未如今那么活络,在涉及两岸关系的内容方面尤其需要谨慎,“我不是政治家,但我必须要懂得政治”。

让现任执行副总编辑向延华至今记忆犹新的是 1996 年底发生的一件事:那时《鸿桥》用的还是繁体字,在文字的简转繁过程中电脑软体经常容易出现一些错误,比如,简体的“表单”转换成繁体就变成了“窗体”,台湾的“台”的繁体仍是“台”,而不是“臺”……诸如此类的情况,若编辑人员文化素养不高或是工作不细致,这些啼笑皆非的错误就在所难免。

频频出现的错误让郭台铭大发雷霆。那年年底他召集编辑部召开了一次检讨会。会上摆放着从创刊以来所有的《鸿桥》。

他要编辑人员把《鸿桥》一一打开,逐本逐本地去找问题,看文字表述是否准确、到位,是否出现了常识性的错误。当编辑人员找到问题时,他当着众人的面,一页一页将之撕掉。

“你们这是在侮辱文字,糟蹋文化”。郭台铭疾言厉色。会场内的空气似乎有些凝固。

郭台铭的一字一句如一把把锐利的匕首,刺进了编辑的心,令人感到有些灼痛,但更多的是悔恨……

编辑们也深为惕戒,时刻警醒自己工作一定要细致谨慎。

三、富士康的“中宣部”

“总裁一直交代我的任务,就是要把鸿桥办成富士康的‘中宣部’”,现任发行人暨总编辑何友成如是说。

“每当富士康开发新的经营领域的时候,或是重大转型的时候,《鸿桥》要率先摇旗呐喊,推波助澜,为动员员工、引导员工、组织员工去完成集团的目标和使命发挥积极的和重要的作用。”

事实上,在每次富士康酝酿重大变革的时候,《鸿桥》都发挥了企业“喉舌”的作用,编辑专刊或开辟专栏,借此发动舆论风暴,为变革鸣锣开道。

2009 年 6 月 4 日下午 3 时,一阵急促的电话铃声在何友成办公室响起。

“何友成,明晚六点半我决定召开 4000 人规模的人才大会,你安排《鸿桥》出一本特刊,把会议召开的背景、精神主轴、集团人才政策的指导思维,写在上面,人手一册,让大家认真学习。”打来电话的是远在台北总部的郭台铭。

在业界被誉为“执行力大帅”的郭台铭,行事风格一向剑及履及、讲求效率。他布置的“作业”从来不会给下属太多的时间准备。

在郭台铭身边鞍前马后跟随二十多年的何友成虽然对此类的任务已经司空见惯，但此次任务却还是让他有些担心。

首先是时间紧，距离开会时间还不到 30 个小时，除去印刷、物流时间，要保证如期出版，5 日凌晨就必须把样稿交给印刷厂，那样真正留给编辑作业的时间还不到 12 个小时。

再有就是方向难把握。人才本土化在富士康早已不是一个什么新鲜的话题。那么本次大会召开的目的是什么？宗旨是什么？与以往的会议又要有什么区别？未来人才政策的指导性思维又将如何宣示？……

接到任务后，向延华紧急召开了策划会议，部署分工：编辑人员负责从《鸿桥》中收集包括郭台铭在内的高阶主管以及同仁有关论述人才的文章；美编着手封面创意、版式设计；摄影记者从资料库中筛选适合人才主题的图片；编务人员立即与印刷厂沟通，确定纸张、印数等事宜。

安排好工作后，他也旋即投入到特刊最重要的栏目“发行人语”的撰写中。

经过编辑部同仁一整夜辛苦的努力，一本题为《鸿桥 · 人才特刊》的杂志如期摆在了郭台铭及与会同仁的面前。

“这就是集团人才政策的指导思维，我会率先去做，我也要求集团所有主管都照文章所写的那样去做。”郭台铭在大会上向与会的主管同仁郑重承诺。

郭台铭所指的“文章”是人才特刊上“发行人语”栏目的《擢才拓新疆》一文。文章中强调要给予大陆干部公平化的机会、扩大化的权利及创新化的舞台，借此推动鸿——富之才的“年轻化、历练化、创业化”，并要求“要善用我们已经培养出来的人才，重新组合，去争取当地的市场”。

“（文章）是我委托《鸿桥》写的。”郭台铭认为这篇文章集中概括了他近期对集团人才政策变革的思考。他要求大会司仪朗读一遍，带领与会主管同仁认真学习，领会其中深意。

“在景气寒冬下，富士康逆势而为，继续扩大投资科技研发，需要各种技术人才。”郭台铭指出了集团加快推动人才本土化政策的大背景。

2008 年第三季爆发的全球金融海啸给以外销为绝对主体的富士康营运带来了巨大影响。为了力挽狂澜，富士康适时调整经营策略，祭出“软硬结合、内外兼顾”的“双转型”战略，即精密制造业向科技服务业转型、产品依赖外销向开拓内销市场为主转型。

要加强技术创新、开拓内需市场，需要更多敢担当、肯负责的人才，尤其是富士康人才群体中数量最巨的大陆本土干部站出来，而富士康既有的人才政策沿用至今所积累的弊端无疑成为了陆干群体发挥更大作用的掣肘。

“确实要‘放开手中的鹰’了！”郭台铭借用《人才特刊》上的一则漫画隐喻富士康人才政策到了必须要调整的地步。漫画中，一个人把鹰和鸡放在一起，久而久之，鹰觉得自己只是一只鸡，一只不会飞只会吃的鸡。而当鹰羽翼丰满后，那个人就把它放在悬崖边，鹰就飞起来了。

本次会议也由此拉开了富士康加快推动人才本土化政策的序幕。

“内刊不仅要成为企业文化的宣导者，更要成为企业文化的实践者。企业最高统帅发出号令，编辑团队通过不眠不休的努力达成任务，这本身就是对执行力文化最生动具体的实践。”向延华理解郭台铭所说的富士康“中宣部”的含义，其实就是要为企业经营决策的执行创造有利的舆论氛围。

四、飞鸿信使

创刊15年来，值得《鸿桥》工作同仁欣慰的是，不断进步的刊物在向各地企业、学校和社会贤达人士分享资讯的过程中，将富士康独特的经营理念和工作精神远播八方，使之得到各界的关注和认同。这样，《鸿桥》一方面担当了富士康的飞鸿信使，成为富士康递向各界的最佳名片；另一方面也让各界得以一窥富士康十倍成长的“神秘”内幕，拉近个人与产业巨人之间的距离。

西北工业大学教授，研究生导师付增祥先生在一篇《三怕鸿桥》的文章中追忆起与《鸿桥》的结缘经历。

付教授1998年第一次带学生到富士康进行毕业设计。何友成、向延华对合作过程非常关心，跟踪了解情况。在一次座谈会上，付教授根据观察到当时富士康缺乏网络的情况，就建议富士康建立公司网络化生产和管理系统，受到何友成、向延华重视，在其鼓励下，他写了个比较具体详细的提案，很快被发表在《鸿桥》上。

“这便是我和《鸿桥》的‘初恋’。也是我后来‘三怕’的根源。”

“一怕学生向我借《鸿桥》杂志。因为,我自己也很喜欢《鸿桥》,又不能不借给学生们,而学生们借走后总是互相传阅,最后我追问不到下落,或等还回来时已经面目全非,损坏严重。还有一层不可告人的小自私,因为,《鸿桥》是我获得新知识新理念的一条很好的途径,如果同学们自己都‘自学’到了这些内容,我以后在学生面前没有什么可‘卖弄’的了。”

“二怕《鸿桥》约稿。编辑部多次向我真诚约稿,我或者因工作太忙而草就其章,或者以工作太忙推脱,多次爽约让我感觉欠鸿桥的账太多了,太惭愧了。”

“三怕就是怕向延华先生本人。因为,多次和向先生接触,向先生的知识和理念总使我感到学无止境的压力。说实话,每次到《鸿桥》,都是一个相互学习的好机会。”

“《鸿桥》作为富士康科技集团的内部刊物,首次见面就有新鲜感。她不同于一般的企业刊物轻轻的薄薄的,而是沉沉的厚厚的。打开看,栏目新颖,内容丰富,图文并茂,设计别具一格,有着与众不同的追求。读上几篇,感到质朴无华,生动活泼,有思想性、文学性和趣味性。《鸿桥》作为‘企业文化之建设者、先进理念之传播者、员工团队之沟通者’,编辑部倾注心血,辛勤耕耘,为员工打造了一个展示才华的舞台。”原《深圳商报》副总编辑,高级记者王庭僚先生坦承正是通过阅读《鸿桥》才逐步认识富士康,敬佩富士康。

富士康资深员工张占武,加入公司以来一直把《鸿桥》当成良师益友,因为“从中可以汲取到来自制造业界最新的产品动态信息,以及公司高层的理念、经验”。

由于学习进修的关系,张占武将《鸿桥》推荐给他的导师们。于是,著名经济学家厉以宁、张维迎以及长江商学院院长项兵等知名学者、专家均通过《鸿桥》加深了对富士康的认识,并对公司的人才政策赞誉有加,而他的导师、北大案例中心主任何志毅更是将富士康公司的战略作为教学案例,使更多的同学认识富士康、理解富士康。

资深员工黄义均有个习惯,每到一个单位第一件事是看是否有内部报纸。“如果没有,我就怀疑这个单位的实力。我看过不少单位的报纸,很少有我满意的。”

进富士康后，黄义均没有看到内部报纸，心里很是吃惊，“怎么这么大个单位连张报纸都没有？”有一天，助理给他发了一本《鸿桥》，他不知道这是那家出版社新办的杂志。一翻内容，又吃了一惊，怎么上面有那么多富士康的事？这家杂志大概与富士康的关系不错，他猜想。

后来，有人告诉他这是富士康的内部刊物。得知这一消息，黄义均更是大大地吃了一惊，而且有些不相信，“一般公司或工厂能办一份报纸已算相当不错，我还从未见过哪家从事工业制造的单位能办如此精彩的杂志，如果你一踏上工作岗位就进了富士康，看到这本杂志你可能见怪不怪，习以为常，但如果你来自其他工业制造单位，我相信你无法拿出能与《鸿桥》媲美的杂志。虽然这份杂志还无法与外界顶级刊物相比，但她更贴近富士康人，是我们富士康读者的‘知音’。”

许多加盟富士康的同仁都说，因为先睹《鸿桥》，为之一喜，才使他们产生了缘结富士康的冲动。

五、员工的文化园地

几乎已形成一个定论，企业办刊就是为了发表领导的讲话，倡导公司的政策，谈工作说经验，完成了这些功能，别的似乎都是次要的了。

大气、厚重的《鸿桥》却独树一帜，腾出了大半的版面为广大员工提供了舞台，办成了别具一格的员工文化园地，为80余万一线员工所称道、喜欢。

员工写、写员工，一个人物、一个故事，一场思考、一段言论，都可以得到发表；小说、散文、诗歌，剧本、小品、对联，在这里熠熠生辉。一本《鸿桥》就是一个异彩纷呈的世界。

开设”小说连载”版块缘于刚刚中专毕业的基层员工侯贵斌。一天他来到了编辑部，把3部长篇校园小说放在向延华的案头，请编辑部老师指导。

向延华放下手头的行政事务，闭门谢客，用整整3天时间读完了这3部小说，然后选出其中的一部，交给责任编辑，并作出批示：第一，联系出版社出版；第二，在本刊连载。

编辑部旋即与数家出版社取得联系，因系校园题材，与《花季雨季》一对比，无论是故事情节处理还是作者语言成熟程度，均未见超越，出版社表示发行有困难，除非自费出版。

只剩在《鸿桥》连载一条路了，为了扶植文学新人，困难再大编辑部也愿意走。考虑到该部小说题材的局限性和写作手法尚欠老到，最后决定由 13 万字改编成 6 万字，从长篇浓缩成中篇，经与作者商议后，由责任编辑执笔完成。这部名为《泥泞的雨季》的小说连载了 6 期，后续又推出了另一员工的中篇小说《好闻的香水》，也产生了非常好的积极影响，一批一线员工放下手头生产的电脑组件后，找到了心灵的依托，业余时间投入到了小说创作与学习中。

现为编辑部团队成员的肖小景，2003 年刚进富士康时还仅仅是一名普通的流水线上的工人。因为坚持“再卑微的梦想也能绽放出美丽的花朵”，她开始尝试向《鸿桥》投稿，《寻找生命中成熟的果实》、《石鼓门》等文章一篇篇发表，在富士康内部产生了广泛的影响。在调入《鸿桥》编辑部成为专职编辑后，她仍然在自己梦想的荒野上勤耕不辍，历时两年，完成了二十多万字的小说集《门外即天涯》。富士康出资刊印，参加了第三届、第四届文博会，受到了深圳文化局领导和文学界专家的赞赏与好评。2008 年在富士康工会出资赞助下，该书由花城出版社正式公开发行。

除此之外，近年来，《鸿桥》利用参展文博会的平台，推出了一系列富士康员工作品集，包括小说、诗歌、散文、漫画、书法、摄影等体裁。陈鹏全的《雁飞万里情》、卢学的《浪子之伤》、黄刚的《黄刚文集》、葛小燕的《字里行间的成长》，李秀丽的《夜莺诗选》、秦艳艳的《蝶恋花》……成为文博会上一道独特的风景。

“……去看了文博会上富士康的展示，原来这是一家如此特别的公司，公司主动出钱给员工出书，满足大家抒情表达的愿望。”一位名叫“英子”的网友在网络留言上这样写道，“给自己的员工一个抒情表达的天地，就是给自己的公司一个更宽广的开拓平台；给自己的员工一个表达的机会，就是给自己的公司一个更理想的发展空间。”

15 年，《鸿桥》与富士康一起走过，耕耘的汗水已流淌成知识与情感的墨水，书写了中国科技制造公司的卓然风姿。

担当企业文化的建设者、员工团队的沟通者、公共信息的整合者、产业技术的传播者和内外需求的服务者,《鸿桥》可谓名至实归。

按照郭台铭的指示,《鸿桥》将深度参与富士康的科技转型,协助富士康进军数位内容,缔造"科技制造+文化创意"产业制胜新模式。

未来,《鸿桥》与富士康命运的交织将更加紧密、绵长。

第二节 《艾美特之友》:发现"精致"、"和谐"之美

台商独资企业艾美特,从纯粹 OEM① 模式起步到 ODM②,再到大力推广自有品牌,短短 19 年间便由一家代工厂成长为自制率高达 95% 的全球知名小家电企业。凭借领先潮流的研发实力和精益求精的品质管理,艾美特把百元小家电做成了亿元大生意,电暖器产量世界第一,电风扇产量世界第二,年销售额近 20 亿元。

迈入第二十个发展年头的艾美特,已成为中国家用通风电器具制造行业的领头羊,产品远销 100 多个国家和地区,并与东芝、三洋、三星等 20 多个国际著名品牌保持长久合作关系。2006 年被世界品牌实验室评为中国前 500 强最具品牌价值企业,品牌价值高达 12.08 亿;2007 年荣获国家商务部认定的"2006 年度最具市场竞争力品牌"。

艾美特的企业文化特点:精致品质,以人为本。

改革开放的浪潮,使得中国深圳、珠海、汕头、厦门等一个个对外开放的窗口

① OEM,即"原始设备制造商"(Original Equipment Manufactures),也称为代工生产。是受托厂商按原厂之需求与授权,依特定的条件而生产。所有的设计图等都完全依照上游厂商的设计来进行制造加工。

② ODM,即"原始设计制造商"(Original Design Manufactures),是在产品设计与发展的活动上,经由高效能的产品开发速度与具竞争力的制造效能,满足买主需求。技术能力足够以后设计能力提升,进而能够开始接案并处理设计开发的相关事务。

悄然打开，而这些地方后来便成了台商投资的集中区。自 1980 年以来的 30 年间，随着中国改革开放的步伐由小到大，台商在大陆的投资也从无到有、从少到多、从弱到强，走过了一段不平凡的历程。

台商投资大陆的热潮，肇始于 20 世纪 90 年代初。1992 年春天，邓小平南方视察讲话的发表是一个重要标志，许多台商据此研判大陆将坚持改革开放而不会走回头路，加之当时台湾岛内经济结构调整，要素成本提高，令蜗居岛内的台商们看不到希望，许多台资制造企业纷纷在这一时期转向大陆。

当年位居南方一隅的深圳，是中国最早建立的经济特区。由于经济高速增长，投资环境、市场秩序日臻完善，吸引了大批台商前来投资办厂。自 1982 年第一家台资企业落户至今，已有 3000 多家台资企业在这里投资发展。坐落于深圳宝安区的艾美特便是其中之一。

蔡正富作为艾美特的三名创建者之一，不时还会回忆起当年的情形："那时在晶都酒店的前面，有一个很大的广告牌，我们看到邓小平先生的照片，有几行字写着'不改革开放，不发展经济，不改善人民的生活，只有死路一条'。我就说我回来大陆应该是没有错了。"

1991 年，蔡正富在台商史鸿尧的牵头带领下，在深圳宝安区石岩镇建起了工厂，当时公司的名称叫做威昂电器(深圳)有限公司，投资额 1000 万美金。如今，占地相当于 21 座足球场面积的艾美特厂房，每天源源不断地向全球各地输送着占据市场两成份额的电风扇。这中间，有一半要贴上艾美特自己的标签销往中国内地各大城市、乡村，余下的另一半会贴上日本、韩国及欧洲等著名电器品牌运往海外。

自创立至今的 19 年间，艾美特历经众多考验，迅速崛起为全球知名小家电品牌。正因如此，艾美特常被当做台企中的"优秀典型"，蔡正富也常被台商奉为"老师"，帮助想打入内地市场的台企解答各种疑难杂症。回顾其风光背后的成长历程，当中蕴涵了许多看似朴素却触动人心的智慧。

艾美特创建的第三个年头，家业开始有了一定起色，"艾美特"产品走进千家万户，由公司经营者大力支持的《威昂风》(2000 年更名为《艾美特之友》)便应运而生。这本每个季度出版一次的刊物，传承了艾美特"追求完美品质"和

“以人为本”的企业文化，字里行间记录下企业的每一次发展和取得的每一个成绩，同时也讲述着一群满怀雄心与睿智的人，在带领艾美特成长为全球知名小家电企业过程中所展现出的精神和魅力。

一、《艾美特之友》成长“三部曲”

20年前的台资企业，数量和规模较小，投资形式以合资、合作为主，往往带有“投石问路”的性质。产业类型基本上集中在制鞋、服装、餐饮等低技术、低成本行业，以“台湾接单、大陆生产、香港转口、海外销售”为基本模式。

那个时候，有不少在大陆投资的台商电器厂家，把在台湾已经淘汰的模具运过来。刚进入大陆时，台商们都感觉钱很好赚。人工便宜，原材料便宜，出口也方便。当时，在台湾一名工人的月薪是13000元台币，即2600多元人民币；而在大陆，一名工人的月工资仅二三百元。所以，台商在2000年以前来大陆投资几乎没有亏本的买卖。而2000年以后，随着大陆用工成本的上升和市场的成熟，台商的经营面临重重考验，想要赚钱就要凭真本领。

在珠三角这个小家电企业多如牛毛的地区里，市场如战场，企业则好比一支战斗的团队，能否在战斗中“称王”，首先取决于这支团队的领袖是否具备有战略高度的视野。

艾美特创立之初便选择了一条不同寻常的发展之路。与大多数台商相反，史鸿尧、蔡正富、李博辉等人并没有把大陆看做一个比较低级的市场。那个时候他们就想，要创建一个商业模式，在大陆一定要建立自己的品牌，才能脱离台商代工的宿命。经过思考，艾美特选择“内、外销同步走”的商业模式——用做外销的质量做内销，用做外销赚的钱发展内销市场。1993年，艾美特申请了内销资格，开始布局中国大陆市场。这一决策，成为艾美特日后能够崛起的关键。

从《威昂风》到《艾美特之友》，作为一份反映艾美特发展史的刊物，它们在企业发展所经历的几个阶段中作为一支独特的声音，伴随艾美特一路成长、壮大。

自1994年创刊到1997年，是《威昂风》发展历程中的第一个阶段。这一时期的艾美特一直做OEM生意，生产制造从台南研发中心过来的单子，然后通过台北的外销中心销到海外。因为内地制造成本上的优势,国外订单较多,比较容易赚到加工费。艾美特人已经意识到,家电市场这块"大饼"是非常值得去用心经营的。如果没有乘此时机加入这场争夺战的话,恐怕日后进入此市场的障碍、门槛会更高、更难。看到这一点的艾美特,从 1993 年开始由 OEM 向 ODM,不仅加工,还自行设计,为产品内销做好充分的准备。艾美特今天的成功,验证了当年的几位创建者的确是具备战略意识和深邃洞察力的,一个善于谋局、谋势的企业团队,最终成就了艾美特今天的辉煌。

《威昂风》1994 年第 3 期《拓展内销市场的构想》一文中记载着:"1993 年 12 月份,内销比例已从百分之十调整到百分之二十,1994 年 5 月取得风扇长城认证通过证书,最近又搞定了生产许可证,并初步决定以广顺股份公司作为国内代理商。至此,内销手续基本完善,在大陆内销的时机开始成熟,我们的产品可以走向千家万户了。"

对艾美特而言,这一时期的市场信息沟通和企业文化建设显得愈发重要。艾美特初建的那几年,史鸿尧、蔡正富、李鸿博三个人常常聚在一起为企业的发展出谋划策,彼时艾美特还没有太多的财富,也谈不上什么积累,为生存而奋斗就成为三个人共同的目标和理念。而那时候的《威昂风》实在称不上"刊",只是以单页快报的形式出现,印刷和内容编排也不是很讲究,但这并未减弱她对起步期的艾美特所带来的不可估量的作用,正是这一时期的《威昂风》为日后艾美特的发展奠定了坚实的精神文化基础。

第二阶段,1997 年开始艾美特转向 OBM①,打造自有品牌,这是一个真正的起步点,也是艾美特实施"自主创新"战略的发力期。当时与艾美特产品相似的同类工厂在广东地区比比皆是,因为过度扩张带来的恶性竞争,严重影响了代工厂的获利空间。而这时候,中国政府扶持国内家电厂美的电器的举动更是给蔡

① OBM,即"自有品牌生产商"(Original Brand Manufacture),指生产商自行创立产品品牌,生产、销售拥有自主品牌的产品。OBM 是生产厂家从 OEM 发展至 ODM 后的下一步,在拥有其产品的知识产权后进一步自行开拓市场,发展自己的营销渠道,增大盈利空间和经营自由度。

正富等人平添了一份压力。就在同一年,美的把广东地区上百家电扇工厂全数收编,一跃成为全球最大电扇厂,产量是当时艾美特的5倍以上。现任公司副董事长杨浴复恰在此时以顾问的身份加入了艾美特团队,他与蔡正富一起合力谏言大股东家族迅速转型,从哀鸿遍野的欧美代工市场中抽身,转而主动进攻日本外销市场。与此同时,艾美特成立了大陆市场部,组建了一个庞大的研发、模具部门,开始正式进军国内市场。

与之同步发生变化的,还有《威昂风》编辑部,成员发展到了35人,其中记者18人,基本架构及初步规则已制定。作为艾美特企业文化建设载体的《威昂风》释放出了巨大热情,迎来一个快速发展的时期。全新版面的《威昂风》,已经改为彩色封面,双面印刷,并增辟了"寄语"栏目,刊登公司领导的话。这份小小的内部刊物,在那时已经和国内十几家省、市级报刊杂志建立了联系,被转载、取材发表的文章上百篇,这令其一度在业内受誉很高,名声很响,一定程度上给公司形象和知名度起到了宣传效应。

从2000年开始,艾美特迈入第三个发展阶段,进入黄金发展期。这个时期艾美特的产品才算得上是真正的OBM产品。而此时,《威昂风》自创刊以来已走过整整六个年头,刊物名称也随公司名称的变更而改为《艾美特之友》。在内容编排方面,《艾美特之友》开始强化"自主创新"的企业文化理念,锁定了未来几十年的发展方向和企业纲领,并在一以贯之的遵从"创新、设计、营销、沟通"办刊理念外,逐步以"管理"为侧重,加大对"人"与"人的企业"的关注和发展。由此,《艾美特之友》的战略旌旗更有针对性地指向企业文化建设方面,为艾美特日后的飞速发展筑起了坚实的舆论阵地。

从当初的手写复印本发展到彩色印刷16开双月刊,《艾美特之友》发布量开始达到1万册以上,影响面也进一步扩大。甘肃团省委《新一代》杂志编辑部副主任杨克勤在给《艾美特之友》编辑部的来信中写道:"作为内部刊物,能刊登出不少质量颇佳的作品……我准备从寄来的杂志中,甄选一部分稿件,陆续刊登在我刊上……"

在逐渐得到外界认可的同时,经过多年的市场摸索及企业文化的沉淀,艾美特企业文化占领略已由单一的发展目标转向系统的企业规划:艾美特不仅要在

“自主创新”的企业精神下做独立自主品牌，还要走向内、外销两种商业模式并行的均衡发展之路。正如蔡正富在《艾美特之友》2003 年第 32 期上发表《小心翼翼，长足发展》一文中所提到的：“做中国市场是一种战略性的经营思考，在大家都没有把握做好的情况下，我们能做到不亏损就算是好事”，“我们有决心一定能在中国市场取胜”，“但在这个过程中一定要小心翼翼：要虚心，要努力，要有信心，更要有耐心”。

10 年前，艾美特提出打造独立自主品牌，提出内外销并行的均衡发展之路；而 10 年后的今天，走过了从 OEM、ODM 到 OBM 的艾美特，迎来了最好的时期。艾美特人的乐观是有依据的，因为即便是在全球金融海啸肆虐的 2008 年，艾美特仍然实现了超过 16 亿人民币的营收，利润率也在一定程度上得以提升。在众多台商正在为自己所遭受的成本压力而焦头烂额之际，艾美特人已经不必为此烦恼，因为他们早在这之前就壮大了自己。

艾美特的发展与壮大并不是靠了运气，而是确实拥有一支具有策划能力、营销能力、组织能力与应变能力的队伍。从《创造全方位的竞争优势》到《直面危机，我们准备好了》，再到《居安思危，再创佳绩》，透过一篇一章所传递的信息，让人感知到艾美特在一步步地规划自己，一步步地锻造和超越自己。无论是徐强先生所写的《公关与营销》一文、李键先生所写的《赢商讲义》，抑或是贺留俊的《品质和品质管理》，无不显示出其内在实力的端倪。

二、将品牌“精致”到底

在业内关于艾美特的讨论话题一向不少，而令同业感到诧异的是，在不少品牌都企图发展大而全产品线的时候，艾美特依然稳守着 10 亿的风扇产值，而且越做越精。背后隐藏的核心因素，也是艾美特制胜的法宝之一，正是其努力经营近二十载的“大品质观”。品质说起来不是什么高深的理论，但却是企业经营的基本功，就像杨浴复说的那样：“练武之前先练蹲马步，基本功练扎实了，成长才不会昙花一现。”角逐商海的近二十个年头里，艾美特的胜出便是以高品质为先而立足市场的。

定位于专心做高端精致产品的路线，艾美特事先经过了认真的思考和调研。

一方面，小家电的起源和生命力的根基，是源自消费者对更“精致”生活品质的追求，人们的需求已从富足进入到精致品味阶段；另一方面是他们看到了中国国内市场蓬勃发展的巨大潜力，凭借多年的代工经验，他们认为这个市场对小家电的选择会接受高品质的定位。并且内地市场是全球相对竞争不算激烈的一个区域，可作为企业自主开拓的基础。

蔡正富深信，小家电业的前途在于差异化竞争，而“精致设计”无疑是一条柳暗花明的道路，精致化才能差异化。

说到这里，不得不提起艾美特的“三洋战略”。登载于1995年第6期《威昂风》的一篇题为《齐心协力，狠抓落实——“向三洋学什么”的讨论》的文章向人们还原了事情的原貌。

> 1995年威昂为生产三洋马达，投入了大量的人力和物力，从经营角度去看，公司是不赚钱的，日本人提出的一系列近似‘苛刻’的条件，公司也已然接受了，其用意是明显的。来大陆建厂虽然取得了较为满意的成绩，但与日本的产品和生产技术相比，我们是落后的，我们要通过三洋马达的生产，了解三洋的生产工艺、品质等管理模式，并学习三洋制程管理的经验，用以改变我们原有的一些传统观念，使威昂的管理上升到一个新的台阶，这就是公司明知赚不到多少钱也要投入的用意。

开始的时候赔钱做，欧洲市场认可的机芯，三洋说50%不合格。来自三洋公司的伊森在此期间常驻艾美特，他每天要检查生产记录，并要求车床、线圈、马达将各工位生产总数和不良数、不良原因、责任者列表统计，且每日进行分析和改进。这对艾美特在生产当中计算效率、分析成本、制定产能和进度都是非常有益的资料。三洋技术人员在工厂的言传身教，现场工人、管理人员的积极投入，令艾美特收获不小。经过三洋的辅导，艾美特将加工设备升级，实现了不良率低于千分之三的要求。而正因如此，艾美特也与其他世界著名品牌如日本东芝、韩国三星、德国好运达、法国赛博保持了长达十数年的合作关系。

无论是《威昂风》时期还是后来的《艾美特之友》，均开设有一个“品质”专栏,关于"品质"的话题经常在这里展开。比如,副总经理张万全曾经在《艾美特之友》第 30—40 期合刊上以《品质管理的核心是全员共识》为题撰文:"品质管理的核心是全员共识,在提升全员共识的过程中,必须求真务实,切记急功近利,急于求成;切记声势浩大,徒有虚名。应稳抓稳打,夯实基础。只有把基础打好,哪怕只是迈出一小步,也是艾美特品质管理提升的一大步。"

为了加强全员的品质意识,做到"人人品管",艾美特的制造部门曾在 1998 年第 12 期《威昂风》中展开了"降低生产成本,提高产品质量"的大讨论。

装配课郑佑宣说:"公司要立于不败,就必须深化改革,加强管理,提高产品品质,推行成本控制。降低成本的核心是减少不良品,特别是制程不良……在包装过程中,扇叶与扇头一一配套,不能搅乱,不能因为扇叶抖动而返工……"

同课的梁邦荣说:"发现不良要找出原因,马上彻底解决,组长、领班要在线上不停地检查,对作业员严格要求,并且对有问题的员工进行教导。"

来自制网课的罗建湘则说:"由于亚洲金融风暴的影响,只有采取措施降低产品成本,才有企业盈利,否则盈利没有或者很少。久而久之,公司就亏本,无法生存下去。鉴于当前严峻的形势,如何控制制程不良,减少损耗,降低产品成本,是公司当务之急。"

风扇虽小,但也有相当的技术含量,如风速、静音、选用的材料、工艺等,每一个很细小的环节都决定着成品的品质。一台风扇,除了能满足最简单的吹风功能,其实还有许多的"差异化"和"升级"空间。比如,风扇的外形设计是否能和主人家居装饰的风格相配,是否设计精巧而不占用太多宝贵的空间,功能上能否和空调搭配使用而达到互补,能否使室内空气更加清新和健康。

对于什么是精致,在《艾美特之友》第 39—40 期合刊上曾经作出这样的解释:"精致的普遍意义是追求简介而富有力量的视觉效果,雕琢完美的细节。但艾美特重新定义,不仅仅是在视觉的发挥,并有专门的词汇来形容,那就是'意境'。一种闭上眼睛就能摸到的感觉。"

从设计的源头,艾美特就要求把一点一滴做到最精致。2004 年,艾美特企业研发的塔式气流扇 FT06RI 问世,这是面向中国电风扇高端市场推出的一台全新概念的工业设计产品,扇体可以实现 180 度送风,彻底颠覆了消费者对电风扇的传统理解，在风扇史上不啻于一场革命，获得了中国家电协会和中国工业设计协会联合颁发的“最佳创意奖”。

随后，艾美特在外观设计和技术上不断创新，推出了FT10P、FT10H等360度全方位送风的塔式气流扇，并于2005年11月和2006年4月先后获得了外观设计专利和无扇页360度送风的实用新型专利。

中国家电协会副秘书长徐东生在后来与蔡正富的一次谈话中曾经评价道：“中国家电业必须改变竞争方式，由‘中国制造’转向‘中国创造’，走科技创新、差异化竞争道路，这也正是蓝海战略所主张的从红海争战到畅游蓝海，艾美特推出的塔式气流扇，在满足消费者价值需求的同时，也推动了整个行业的健康发展。”

在产品生产中，艾美特所有的出厂产品均需反复、持久检验。比如，所有艾美特电磁炉都要经过煮水试验，第一个批次下线要煮4小时，第二个批次要煮1个小时，剩下的要煮半个小时，确保无质量问题才能出厂。

近几年受原材料价格飞涨、能源价格暴增的影响，整个小家电行业利润大幅滑坡。即便如此，艾美特仍坚持采用最优质的原材料。以电风扇为例，许多其他风扇品牌的机身采用了燃点较低的普通塑料，而艾美特则完全采用了ABS防火材料；许多品牌的扇网很容易扭曲变形，而艾美特的扇网即使一个成人站上去踩，也绝不会走形；艾美特风扇采用了全铝壳电机，使用寿命长达10年以上。因此，艾美特的产品成本通常都比同类产品高10%以上，产品价格也往往要高一些。

蔡正富在《艾美特之友》讲过的一句话在业内经常受到关注：“坚持像造航天飞机一样做产品。”①他说，航天飞机的制造是最为严格的，每一个微小部件都要经得起最苛刻的检验。“我们知道一个产品的每一个细节都能够决定最后的品质”。“为了保证品质，我们把买奔驰、宝马的钱都拿去买精密设备了。”而在杨浴复的经营法则里，艾美特的研发设计能力和品质高标准，都是自己区别于一般OEM工厂的竞争力所在，在日本如果说货是跟艾美特拿的，可以多卖4%；在

① 引自《艾美特之友》2005年第42期，《像造航天飞机一样做电风扇》一文。

韩国,如果说是从艾美特代工的,可以多卖 1 美元;在欧美,拿艾美特价格也可以高 4%—5%。这样的溢价能力,显然都是凭借品质说话的。至此,艾美特已在同业中牢牢树立了“精致生活小家电”的领导地位。

三、“和谐”凝聚企业之魂

人不能没有灵魂,企业能够立于不败之地也需要灵魂。企业的灵魂不是与生俱来的,就像一座大山,由一粒粒微不足道的沙粒构成。企业的灵魂与人类的灵魂固然是作用于不同的载体,但是异曲同工,它左右着企业的存活和发展。

盘点过去,艾美特的成功脱离不开它的“老板文化”,但这显然不是其文化内涵的全部,艾美特的企业文化是以“老板文化”为指导,以“团队文化”为主体的企业文化理念。

客观而言,“代工大王”艾美特最初几年的绩效也是建立在内地廉

价劳动力的成本优势之上的。但与其他企业所不同的是,艾美特对企业成员的爱护,对员工素养的重视,以及不断满足他们的精神文化需求,都深刻体现出这家台资企业“以人为本,文化为先”的经营理念。无论是《威昂风》还是《艾美特之友》,都是为了给员工开辟一所精美的精神家园而创建,以图让工人们在这里寻找到自己的坐标。

在艾美特领导者眼中,从农村走进城里的打工者已经不再是边缘人群,他们的要求也不再停留于过去那种仅以饱肚和赚钱为基础的原始目标。打工者的民主意识和人文思想开始慢慢觉醒,他们更需要一种精神支柱,一种超越物质享受的精神寄托。这种精神支柱对企业而言尤其珍贵,无论是进取、奋进的动力,还是创新精神,都需要它的承载。他们也深知,打工者基于理想和追求之上而迸发出来的劳动热情,比任何优越物质生产条件和异想天开的管理方法都重要而有效得多。

这一切都通过《威昂风》和《艾美特之友》而展露无遗,在这里一个个真实的故事被记录下来。

“4 月 2 日,制造部制网课员工宋明会因血肿住院开刀,从该员工家庭经济实况出发,公司工会发起‘挽救一条生命捐款活动’,共筹到捐款 9310 元,已全

部作为其医疗费用。该员工现已回家修养，公司并予其医疗补助费 2450 元。此次活动再次体现了威昂是充满爱心的集体。”

“公司组建了厂内工会，每年拨专款用于工会开展活动和对职工的困难补助。去年，货柜组一名员工的弟弟住院，工会一次发给她补助 400 元。”

“公司设立了总经理信箱和电话，职工可以直接向总经理反映问题。今年初，一名员工在夜里 11 点多钟给总经理打电话，反映宿舍周围人声嘈杂，影响休息。总经理立即要求生活管理部门制定宿舍管理制度，改善了宿舍环境。总经理信箱先后收到的 100 多封职工来信，公司都作了认真处理。”

“公司对关心、爱护公司的员工，及时寄予奖励。装配车间一工人提出一条合理化建议，能够节省焊锡三分之一。公司采纳了这个建议后，给建议者晋级并增发年终奖。”

“2003 年，艾美特从总资产中拿出 10% 左右，对普通员工进行量化配股。当时，任何一个在公司做满两年以上的劳务工，都能以原始股的价格认购一定数量的公司股份。这项制度创造出来一种在俗称‘老板厂’的企业中并不多见的和谐氛围。”

“这里每年一届‘卡拉 OK 大赛’，过春节还有抽奖活动，还有爱好文学之人的一块芳草地——《艾美特之友》，还有舞会，这一切的一切都那么出人意料。”

每一期的杂志都可以听到来自艾美特最基层员工的声音，迄今为止全公司有上千人次相继向《威昂风》、《艾美特之友》投稿数千篇，用稿率在 20% 以上。《走进威昂的日子》、《我 · 威昂 · 家》、《在这打工的岁月里》、《走出昨天的阴影》，都是员工们思想的结晶。

女员工夏艳丽在第 13 期《威昂风》中真切地写道：“在威昂，我感受到了爱，同时也看到了人与人之间的真情。记得一次，拉上一位员工不小心被刀片划破了手，组长马上把她送到医务室。晚上，组长、技术员还特意买了水果去看望她。这真切的关怀是我在以前那个厂从没遇到过的。”

这样的企业人文关怀，营造出爱厂如家的气氛，在艾美特内部形成了一个凝聚力的强磁场，并潜移默化地影响着员工们按照统一的价值理念做人做事。“1992 年 7 月的一个厂休日，雨水冲垮了工厂围墙，职工们自觉趟水赶到车间抢救财物。”

员工胡文颂写了一篇《选择威昂》发表在《威昂风》上:“深圳密集如繁星的各类企业中,我选择了威昂。”“在威昂,老板的鼓励、上司的肯定、同事的理解,构成我欢乐的源泉;公司的前景,个人的发挥,生活的和谐,激发我浓浓的希冀;前瞻的创意成为现实,合理的建议得到认可,积极的行动受到赞扬,寄予我成功的快慰。”“正是由于这一切,正是由于威昂有别于其他工厂的魅力,我能不为其永续经营尽心尽力吗?能不把自己的命运融入公司的发展吗?”正是投资者和劳动者的携手,艾美特公司才得以根深蒂固,才得以有今天的获利,并为以后的路打下铺垫。

十几年的历程并不算长。从创刊之始的油墨打印到现在的全彩铜版精美印刷,从内部传阅不足 50 本发展到今天面向全国发送 20000 册,如今的《艾美特之友》已然打开了一扇窗,成为艾美特企业文化建设的核心阵地和有效平台,在企业的经营发展中有着举足轻重的意义。

艾美特最近在工厂旁边新买了一块地,工厂规模将再扩大一倍,力争在 5 年内使产能翻番。下一个 10 年,蔡正富把目光投向利润空间更高的空气净化机以及厨房小家电领域。蔡正富说,艾美特不做“百强”企业,要做“百年”企业。从一开始,艾美特就为自己定好了蓝图、设好了目标门槛,无论是企业管理机制、传承架构还是企业文化的积淀,艾美特从不急功近利,每一步的策略制定从来都和“精致品质”、“以人为本”的宗旨挂钩。已经走过一个黄金 10 年的艾美特,正在脚踏实地向着它的新一个 10 年迈进。

第三节　《蛇口三洋》:一个外资企业的文化思考

三洋电机(蛇口)有限公司(以下简称“蛇口三洋”),是世界 500 强企业之一的日本国三洋电机株式会社旗下的企业,是 1983 年日本在中国改革开放的“窗口”深圳经济特区设立的第一家独资企业。

蛇口三洋自创立至今,模范遵守中国国家法律,管理规范,稳步发展。从业员工从500余人增加到4000余人,注册资本从2400万港元增加到3800万美元,年销售额从3.54亿港元增长到最高2.96亿美元。产品98%销往海外。

蛇口三洋连续多年荣获"全国外商投资高出口创汇企业"、"全国外商投资双优企业"、"深圳市外商文明企业"、"深圳百强企业"、"深圳市绿色企业"等荣誉称号。

三洋集团经营理念:我们要成为全世界人民生活中不可缺少的一部分。

一、敢为天下先　占尽春光美

1978年12月,党的十一届三中全会提出:解放思想,改革开放,拨乱反正,坚持以社会主义现代化建设为中心。

1979年的春天,邓小平这位睿智的老人在中国的南海边画了一个圈。从此,中国迈开大步走进了万象更新的时代。当年7月8日,边陲小镇蛇口轰然响起。追忆当年,"三天一层楼"的深圳速度曾经使全国人民叹为观止。其实,蛇口三洋也有毫不逊色的建设速度、高效生产率以及令人耳目一新的管理模式等光辉记录:

> 日本三洋电机株式会社于1983年3月12日同招商局签订协议,在蛇口工业区兴办一家独资经营的电子工厂。……
>
> 蛇口工业区管理委员会有关职能部门和直属公司为蛇口三洋厂迅速提供标准工业大厦,不到两个月的时间,就有应招首批500名工人进厂,供电谈判仅用6个小时,日方承认"这在世界的同类谈判史上应该引为奇观"。这家厂从5月起装修厂房、安装设备,6月中旬即开始试生产。日方对此极为满意,认为:"这种近乎'天方夜谭'的速度是领风骚于青史的。"
>
> 从工人掌握技术的速度来看,也创造了国内外罕见的记录:从培训工人到第一件产品(计算器)问世,仅仅7天时间;从新工人进厂到生产出收音机,只用了11天。一个月之内,许多产品的产量扶摇直上,超出国内同行业的最高水平。该公司辻井副总经理高兴地说:"美国、非洲的三洋工厂我都

干过，这是我所见过的最好的工人。"

蛇口三洋厂从开始就呈现出一种高扬的势头，这既是蛇口工业区"时间就是金钱，效率就是生命"这种创业精神的充分体现，也是我们的干部和工人强烈的民族自尊感、使命感的结晶。①

1983 年 10 月 31 日，百尺鞭炮从楼顶落地而下，又在四射的火焰中带着阵阵巨响冲天而上，瞬时间，礼花遮天，落红遍地，给沉睡千年的蛇口带来震撼……来自全国 29 个省市、香港、日本、美国、英国等 500 多名中外嘉宾济济一堂，见证这个永远值得纪念的时刻——

三洋（株）社长井植熏先生和招商局副董事长袁庚先生，在热烈的掌声之中为"三洋电机（蛇口）有限公司启用典礼"剪彩。

国务委员谷牧致电祝贺：欲穷千里目，更上一层楼。

国内外报纸以专访、报道、图片等形式将这些珍贵的镜头一一记载，成为历史文献。

井植熏先生回答记者问："独资办厂不但可以节省时间，更表现了三洋集团在中国长期投资的信心。三洋电机集团希望用先进的设备和科学的经营管理方法建立一间把生产效率、质量摆在首位的综合性工厂，并成为一间在中国的模范工厂。三洋集团为了做一点贡献来响应中国'四化'建设的心愿。"②

在厂庆一周年之际，《蛇口三洋报》刊载专论《一年》：

……三洋标志，随着工业区的彩车，于 10 月 1 日通过天安门广场，为世人所瞩目。在拥有十亿五千万人民的中国产生着深远的影响。这种世界性的荣誉，对蛇口三洋是最高的奖赏。

一年，我们的产量与日俱增，LED 厂工人以奇迹般的数字，刷新了中国

① 《希望之窗——深圳特区招商局蛇口工业区的经验》，《效率、管理科学及其他——蛇口三洋厂的启示》，光明日报出版社 1984 年版。

② 《蛇口三洋报》1986 年 4 月 20 日专辑第 2 版。

发光二极管生产的记录,为中央首长所圈阅总结;钟表工厂以几倍于国内的功效,为报界所颂扬;我公司的收音机、录音机远销欧美,以它精益求精,追随潮流的款式深受世界人民欢迎。我们的原始记录和信息反馈,深为国内同行所赞美;我们日生产千台收录机的线产量,使参观者引为奇观……

作为一个民间的私人企业,正如中国伟大的思想家鲁迅先生所言:我们是勇敢的第一个吃螃蟹的人。是我们在中国对外开放伊始,就果敢决策决心同中国长期合作——我们是第一家日本在中国设厂的独资企业。事实证明,事实并将继续证明:三洋电机集团对促进中国的四化建设,为培养建设四化的人才起着不容忽视的作用。①

第一个到访的中国国家领导人是谷牧国务委员(1984 年 3 月)。
第一个到访的外国领导人是加拿大的克拉克总理。
1989 年(新华社北京 7 月 7 日电)831 家“三资”企业出口大户受表彰:

……日商独资的三洋电机(蛇口)有限公司去年出口额为 8861.8 万美元,名列榜首。(注:全国年创汇超过 1000 万美元有 49 家外企)②

1994 年 11 月 13 日,中共中央政治局常委、书记处书记、国家副主席胡锦涛参观蛇口三洋。他说:三洋公司是最早投资中国的海外公司之一,这说明三洋公司是非常具有战略眼光的。

二、《蛇口三洋》报简史

虽然,井植熏先生在蛇口三洋公司开业典礼上植树铭志:要把蛇口三洋办成在中国的模范工厂。但是,蛇口三洋作为在中国大陆第一家日商独资企业,任重

① 《蛇口三洋报》1984 年 10 月 20 日第 4 期第 2 版。
② 《蛇口三洋报》1990 年 8 月 15 日第 49 期第 3 版,转载《深圳特区报》(新华社北京 7 月 7 日电)。

道远。

深圳是中国改革开放的“窗口”，在优惠政策的吸引下，外资企业纷纷踏足这片热土，千千万万的打工者也蜂拥而至，在为经济特区的发展发挥了积极作用的同时，“赚钱”是为共同的目标和内在驱动力！

正所谓“一流企业兴文化，二流企业育服务，三流企业抓质量，四流企业杀价格”。蛇口三洋公司源自日本，是世界名企旗下，其文化理念、经营方针、管理体制等等和刚刚走出 30 年闭关自守（特别是 10 年“文革”浩劫）的中国大相径庭。怎样才能避免“橘生淮南则为橘，生于淮北则为枳”的宿命？

蛇口三洋的日方管理层经过深思熟虑，指示公司人事部立即招聘人员，创办一份社内小报，要点：用于内部充分交流和加深了解；不要涉及政治。

公司新创，虽然人少事繁，工作千头万绪，但在开业仅半年的 1984 年 4 月 18 日，《蛇口三洋报》就呱呱问世了。创刊号头版头条刊登了三洋电机（株）社长井植熏先生，在百忙之中亲笔撰写的贺信（译文）：

> 我衷心地祝贺大家共同关心的《蛇口三洋》报创刊。
>
> 我的全家曾经在中国长期生活过，并得到许多好朋友的关照，以致使我把中国当做了自己的第二故乡。在那时，我就亲身体验到，在这样一个幅员广大的国土上，能为了增进人与人之间的相互了解而努力，这该是多么有意义的事情。
>
> 这份报刊，通过详细介绍大家身边的事情，不仅仅能加深彼此之间相互了解，而且她将作为同家乡亲友们的交流工具而得到充分地利用。对报刊所产生的效果及影响，我将寄以很大的希望。

主编鲁以森先生在第四版写下了《编后》：

> 我们期望这份小小的刊物成为公司联系广大职工的纽带，成为反映员工工作、生活情况的舌喉，成为全体职工的好朋友。
>
> 为办好报纸，使它能够如实的反映“蛇口三洋”的面貌，介绍公司内各

> 厂的情况和先进人物，丰富职工的文化生活，把“蛇口三洋办成一个模范工厂”尽一点微薄的力量，是我们的希望。

初生的《蛇口三洋报》稚嫩、简陋，无刊号，不定期；电脑打字、剪贴拼版、用A3型纸双面复印；发给社内员工人手一份。

早期的几任主编虽然都不是新闻专业科班出身，而且也都是兼职做着内刊编辑工作，但他（她）们都是兢兢业业，恪尽职守，在力所能及的范围内精心哺育着这株嫩苗。

《蛇口三洋报》十分注重介绍日本的企业经营理念、企业文化、企业管理以及风土人文等类文章。

经过多年的辛勤耕耘，1991年8月，《蛇口三洋报》获得中国政府有关部门颁发的出版许可证：深企字006号。并开始交由印刷厂铅印，仅使用三洋集团的徽标SANYO为报头，月刊，单页两面。办刊秉承宗旨：在公司与员工之间架设一座沟通的桥梁，使公司内部的信息有一个正常交流的渠道，增进员工对公司经营状况的了解，从而激发员工的参与意识和工作热情。

1992年12月，王力同志应聘来到《蛇口三洋报》主编位置。他努力使这份社内报纸规范化，并努力使之扛起企业文化的旗帜。

1995年4月，报纸扩充为四开四版。三洋电机中国总代表处总代表木本丰先生欣然书写下：“蛇口三洋报”刊头。他殷切希望“蛇口三洋报能够成为一座增进相互之间理解和信赖的桥梁！”①

2001年8月，《蛇口三洋》报迎来了出版第100期（从取得出版号起计算）的纪念日。日本三洋部品（株）取缔役社长井上敏先生一行专程来到蛇口，植树留念并撰文祝贺：“我认为社内报是促进社内交流，让全体员工共享有关事业经营的消息，为进一步发展事业而激励员工士气的信息交流工具。”②

长谷川洋董事长也在贺词中谈到社内报的重要作用：“……他们不仅通过

---

① 《蛇口三洋报》1995年4月30日第35期第1版。

② 《蛇口三洋报》2001年8月31日第100期第1版。

《蛇口三洋》报及时了解到公司的经营方针、事业发展动态、种类活动的消息以及员工的心声，获得了广泛的知识和感动……”①

2005 年工厂迁建到宝安沙井之后，编辑部重新审定了《蛇口三洋》报大政，其宗旨：唯真、向善、求美、博爱；努力完善和传播公司文化；公司和员工之间交流的桥梁；忠实记录公司历史。其方针：人文精神；员工写、员工看；环境保护；不涉政治。②

三、让党旗在外企飘扬

中国共产党是中国的执政党，党的地位、威望、作用等无可置疑。但是，改革开放以来，在经济和社会不断发展的同时，我国的社会经济成分、组织形式、就业方式、利益关系和分配方式进一步多样化。新形势、新任务、新问题层出不穷。其中，“三资”企业在大陆蓬勃兴起，大多数“老板”（尤其是外商独资企业的），由于政治的、经济的、文化的、历史的等多种原因，对共产党组织存有深深的戒备之心，敬而远之；对企业里的共产党员则排斥、限制或压制。

还有一些共产党员（有些人在内地还是领导干部），来到外商独资企业里，也会产生一些“雇佣”的观念。认为经济特区里劳动用工制度是“双向选择，来去自由”，凭着力气和技术，打工挣钱，天公地道；参加共产党组织，又不能升官发财，还要受组织纪律性的约束；你就是贵为党支部书记，不也是在为资本家“打工”吗！于是，就不愿意主动暴露党员身份，积极参加党组织活动。

在日商独资企业的蛇口三洋公司，共产党组织也曾经长期处于一种无地位、无权势、无经费、无名声、无印章的状态。公司里曾经有一名党员同志，因为通知党员开会而暴露了身份，被炒了“鱿鱼”。资方的“理由”是：这段（办公）时间是公司付钱雇你为公司创造效益的，不能够做其他的事情，并且，也不可以用公司的办公用品（如电话机、复印机）做与生产无关的事情。

蛇口三洋成立之初，日方管理层也曾经调查过企业里谁是共产党员。因为

① 《蛇口三洋报》2001 年 8 月 31 日第 100 期第 1 版。

② 《蛇口三洋报》2007 年 8 月 30 日第 169 期第 2 版。

不明白其真实用意，无人敢于承认。

这些，在政府部门或者国营企业里，简直不可想象！

共产党员依靠坚强的党性和优秀的素质，赢得外商的尊重。

1985年，蛇口三洋里仅有的几位党员积极分子私底下悄悄地相互打听，寻找“同志”。公司的首次党员会议，恰似地下党一样，几位已经相互知晓身份的党员同志靠传递纸条的方式，约定在下班以后到工业区招待所里“秘密开会”。

会议形成了决议：不能像没有“娘亲”的孤儿！一定要在精神上有所寄托，组织上有所依靠，工作上有所拓展。于是，在蛇口工业区党委的大力支持下，是年底，蛇口三洋的党员就和另外的2家三洋合资企业里的党员建立了“联合党支部”。

通过反复学习讨论，党支部达成了共识：首先，外商独资企业是党和国家改革开放政策的产物。党员受聘到外企工作，也是形势需要。虽然无职无权无钱，但仍然有责任配合和支持外商的工作，使之投资成功。国家可以获得税收，解决部分就业问题；我们也可以学习到先进的管理知识和技术。因此，共同努力办好企业，是党支部处理与外商关系、开展工作、发挥作用的出发点和落脚点。

其次，蛇口三洋里的共产党员绝大多数都是管理干部、专业技术人员或者优秀的工人，个人素质出类拔萃。在党支部的领导下，他们充分发扬共产党员的先锋模范作用，遵纪守法，勤政廉政，敬岗爱业，吃苦耐劳，在各自的岗位上作出了不平凡的业绩，受到了上下一致的称赞。

党支部1985年发展的第一个新党员，时为普通技术员。翌年，他就被资方提升为主任，后来又逐步被提升为工厂长，成为公司高层经营干部。

党支部成员，还不失时机地利用共事或者汇报行政工作等机会，见缝插针，向公司里的日本人、香港人宣传党支部的主张：贯彻落实党的改革开放政策；为公司的经济发展服务；与外商友好合作共事；在生产中起模范带头作用；等等。

党支部还专门组织了一些主题明确的活动，邀请日方高层管理人员参加。针对加强公司内部管理、提高公司经营效益，以及员工思想状况、劳动纪律和产品质量等方面存在的薄弱环节，查找解决办法。

日方管理层意想不到共产党支部竟会和他们不谋而合，也十分关心公司的健康发展，也为早日解决生产经营管理中的问题而焦虑和费心，不由得对公司的共产党员有了新的认识。所以，他们渐渐地就不再公开反对党组织的活动，使蛇口三洋党支部活动走上"公开化、合法化、正常化"，在企业中赢得了一定的"地位"（但是，蛇口三洋里的党、团、工会等干部仍然都是兼职人员、一般是在业余时间开展组织活动）。

1988年《蛇口三洋报》破天荒公开刊载《热烈祝贺我公司党支部成立》：

> 经蛇口工业区党委批准，于5月12日正式成立。在隆重的成立大会上，乔廷成书记作了《在独资企业如何当好一名党员》的讲话：党员在独资企业中工作这一行动的本身就是在执行党的对外开放政策。①

党组织在外企中要"健康发展"，对企业要"多参与"，"少干预"，党员要"有为"才会"有位"。要靠我们党员的模范行动，使老板和员工认为：企业里最出色者一定是"共产党员"。

在外商独资企业里开展党的工作，重要的就是"发展生产，提高效益"。这是中外双方在认识和利益上的共同点。

党支部一方面教育中方员工（尤其是党员），要在生产经营和管理中发挥骨干作用，要把日方管理和技术人员视做朋友，虚心学习他们先进的管理知识、团队精神、高效率和技术等；另一方面，因势利导，不断建议日方管理层根据中国的国情和法律，调整和完善管理方法，重视和保障职工的合法权益。

在协调企业内外关系上，党支部承担起重要责任：公司发展需要地方政府支持的，党支部通过中方有关管理人员出面反映、协商；当地党政部门的有关要求，党支部通过中方有关管理人员及时转达；发生劳资纠纷时，党支部通过公司工会组织或者工业区工会出面，按照相关劳动法规调解处理。

在依靠工会、共青团做工作上，主要有：一是对员工进行职业道德和劳动纪律的教育。引导员工正确对待公司管理中存在的问题，养成有意见要通过正常

---

①《蛇口三洋报》1988年6月15日第三十五期第1版。

的组织渠道加以解决的良好习惯。二是通过调解劳资纠纷,增强员工的主人翁意识。既要维护员工的合法权益,又不能给生产经营造成重大损失。

1992 年 12 月,共产党员王力接手《蛇口三洋报》主编职位,就将第 2 版开辟为公司党团工会和环保专页。

随着公司经营方针的调整,2005 年,各工厂陆续从南山区蛇口工业区搬迁到宝安区沙井街道三洋新工业区。公司全部员工将依法遣散。6 月 26 日,三洋公司党支部召开了最后一次党员大会,宣布经过上级党组织批准,即日解散。《蛇口三洋》报刊载了消息和纪念文章。

四、蛇口三洋是所大学校

井植薰先生在他的名著《我的实践经营论——事成于思》书中,第一句话就说:"何谓经营之根本?我认为是'造就人'。"

《蛇口三洋报》刊载《提供条件,鼓励学习》一文:

> 公司为了让 126 名报考业余夜大和中专的员工参加本月 11 日的入学考试,决定对生产重新作出安排。并为此发出通知。
>
> 公司管理本部负责人说:"公司采取如此重大决策,主要出于把人放置高于生产的位置。在一切可能的范围内,提供条件,鼓励员工成才。"他说:"三洋作为一个外资企业,始终以为中国四化培养人才为己任。同时,员工素质的提高,也是工厂的兴旺发达的标志。含义极其深远。"①

从 1987 年起,蛇口三洋每年都会选拔一批中国干部,送到日本神户市盐屋三洋电机教育训练中心,进行研修、实习(到 2004 年止,共有 200 名左右)。

《深圳青年报》就此报道刊载"令日本人吃惊的'星外来客'"一文:

> ……废品,又是一堆废品。查查生产记录,录音机塑料面壳喷涂合格率

① 《蛇口三洋报》1985 年 5 月 11 日第 6 期第 1 版。

只有60%！乖乖。一天得浪费多少万块钱啊！日本人急了，慌忙从本国请来一批专家会诊。

然而，日本专家没来几天，摇摇头又走了。再请，一连来了三批。结果，废品率仍然不下40%。

“我来试试看。”声音不大，却有力。

日本人愣了。他是谁？怎么不认识？

有人用日语叽叽咕咕说了一通——他叫池洪，原是湖北水利电力学院的助教，刚来“三洋”一个月……

入夜，几位相好的同事把池洪围住了：

“他们不信任你，你干嘛逞这个能？”

“国营企业可以讲什么‘主人翁责任感’。可这是什么地方？日本人的工厂。你是在为资本家打工。”……

池洪不再犹豫了。翌日一早，又向日本人提出了自己的请求。

终于同意让他试试看了。但得有个条件，必须让几个日本专家“盯”住他。

“盯就盯呗，我干我的。”池洪说。

就在几位日本专家还在琢磨池洪为什么要在室内喷水和调整喷头角度时，奇迹出现了：录音机塑料面壳的斑点不见了，喷涂合格率陡然从60%上升到98%！日本专家惊叹：这个数字，超过了日本“三洋”的质量标准。

爆炸新闻！一个普普通通的中国青年，解决了日本专家没法解决的问题。日本老板对池洪刮目相看了，破例从日本发来一笔奖金，重奖这位有功之臣。……

正当池洪在蛇口“三洋”走红的时候，也正当日本老板准备给池洪加薪提拔的时候，池洪递上了辞职报告。

日本人百思不得其解：我们对你哪点不周了？你说出来，我们满足你的要求就是了。……

他想干啥？鬼知道。直到这次他提出辞职，人们才恍然大悟：原来他在搞发明。其中有五项已经申请了国家专利，还有二项在日本申请了专利。……

临走的这天，日本老板久久地凝视着池洪，仿佛凝视着一位星外来客。终于，这位日本老板吐出了一句话："了不起，中国的青年！"①

五、架起沟通的桥梁

《蛇口三洋报》也成为了员工内部沟通的桥梁。

一位员工的家长收到《蛇口三洋报》以后给编辑部发来了这样一封信：

《三洋》编辑同志：

小女（马达厂刘燕红）寄来贵报一张，并据其信述。读后感慨万千，邪说得以澄清。特别是领导以身作则，关心员工的事更为动人。特书拙句以表敬意。

工人家长：刘启敬

1986年4月19日。

赞三洋公司

喜读三洋十三期，英模业绩激心扉。厂长经理作表率，特区蛇口尽朝晖。

职业道德大提倡，情操陶冶更高尚。文明精神变物质，产品质量胜同行。

年轻一代始腾飞，自我牺牲乐助人。使出泥沙淘金劲，脚踏实地不惊虚。

冀望员工惜时光，生当人杰刻心房。振兴中华为己任，展翅高飞任翱翔。

---

①《深圳青年报》1986年第190期第2版。

编辑部特别对此报道，还配发了“编者按”：

家长刘启敬先生的诗。情真意切，表达了千百个父母对子女“展翅高飞”的冀望。值得员工们认真的读一读，继而从中领悟上一辈人的精神境界，吸取对自己健康成长的营养。

小小的三洋报通过员工的桥梁于千百个家庭进行了沟通，这实在是件大好事。趁此，也寄望更多的家长介入这种交流，使三洋的职工思想、职工生活在企业与家庭之间出现新的反馈，朝着“望子成龙”与“培养中国四化人才”这两个不同侧面，实际是共同的目标奋进。

三洋报虽小，但有三千员工，三千个家庭的坚实基础，它的生命力也因此而博大。这里衷心的感谢刘启敬先生带了一个好头，也热情欢迎更多的家长踊跃来稿。①

《蛇口三洋报》更进一步引导企业和员工的家庭沟通，此时更值

微马达厂事业部长宫坂静雄代表马达厂并以个人名义向全厂员工家长发出的暑期问安信。……按一般推理，宫坂先生贵为一部之长，生产经营上要他决策的事情很多，对员工略施关注已属望外之举，向员工家长写信问安则贵之又贵。

宫坂先生在信中写道：

您的孩子在我的微型马达厂，身体健康，精力充沛。请您放心。

我来到中国（蛇口工业区）工作，今年也进入了第二个年头。在这里，我运用过去所学的知识与积累的经验，指导工人，并与工人们一起，为中国的现代化建设，勤奋的工作着。

我也有妻子儿女。我把这里的每一个员工都看作是自己的孩子，为使他们健康成长，我愿尽我最大的努力。

您的儿女的成长，也是我的一大安慰。我愿不辜负您的期望，培养他

① 《蛇口三洋报》1986 年 5 月 15 日第 15 期第 4 版。

们。如有机会，请到蛇口三洋来看看。

今后仍需要得到您的多方理解与支持。

……衷心祝愿您合家安康。

宫坂的信得到员工家长的积极回应。一位员工家长这样回信：

部长阁下：

您好！来函收悉，详尽内容，为之感激。……

春节之际，女儿回家同度春节，详述特区及厂里的情况，说得不像人们云云中的糟得很，而是厂里秩序安定，上班充满节奏。贵厂对工人关心入微，还买了自行车，解决上班问题，劳动强度也不算大。每逢假日，都出去饱饱眼福。生活快乐，精神畅快，使人听了快慰，内心欣喜。当然，三洋人心所向，离不开部长慈善德性及才华横溢。

因敝人才疏学浅，不妥之处，万望原谅。

祝部长贵体安康，事业如愿。

谭彩会之父：谭家道敬上①

董事长龟井淳彦荣也通过《蛇口三洋报》向员工们自我介绍：

……到明年我进三洋电机就整整30年了。你们可能会觉得不可思议，我怎么能在三洋工作那么长的时间？在日本，进一家公司就意味着要在这家公司长久做下去。并且，一点点学习，一滴滴积累，再把学到的成果变成自己的东西，传授给后人，一个人微薄的力量对公司做出贡献。这就是我们日本人的想法。②

---

①《蛇口三洋报》1987年1月15日第28期第2版。

②《我和三洋——成功源于探索》第十一章节选。

为了加深中日两国人民之间的了解,促进公司上下之间的沟通,《蛇口三洋》报有意识地开辟过“公司人物系列”、“新东瀛人物语”等专栏,刊登在公司工作的日方人士谈驻华生活、工作的杂感。一些文章写的比较生动有趣,很受员工们的欢迎。

太阳每天都是新的！中国的改革开放已经走过了 30 年的光辉历程,如今在中国、在深圳投资设厂的外商企业不计其数。蛇口三洋已经难以进入“全国外商投资高出口创汇企业”十佳的行列。但是,正如一代伟人所赞:“……俏也不争春,只把春来报。待到山花烂漫时,她在丛中笑。”①

第四节　《面点王之歌》:关爱谱写和谐曲

深圳面点王成立于 1996 年 11 月 8 日,是深圳市第一家混合所有制改制成功的企业。

经过十多年的时间,面点王公司以“成为中式快餐全国领军品牌”为企业愿景,努力探索中式快餐的发展壮大之路,成功地塑造出了“面点王”这一优秀中式快餐品牌,成为国内具有一定规模和实力,具有较高知名度和影响力的大型中式快餐企业,初步形成了立足深圳、辐射珠三角、面向全国的发展态势,目前在深圳、广州、东莞、惠州、北京等地开设系列分店。

多年来,面点王被评为中国快餐连锁十大著名品牌企业、全国食品安全示范单位、最具影响力深圳知名品牌,连续八年入围中国餐饮百强。

深圳面点王企业文化的特点:关爱谱写和谐曲。

一、酝酿

面点王正是在创造了独特的“深圳速度”的这块土地上,清醒地看到了比快

① 《毛泽东诗词 · 卜算子 · 咏梅》。

节奏更重要的是人性化，比给予收入更重要的是给予关怀，比单纯的成功感更重要的是获得幸福感。

面点王企业内刊《面点王之歌》里有这样一篇员工抒写关爱的文章：

关爱，是用真诚和爱心锤炼成的诗行，是人间最美的一首诗。

关爱，是用微笑和感恩谱就的乐章，是一篇最动人的音乐。

关爱，永远是生活里最明亮的阳光，是一把打开心灵之门的钥匙。

一次，临近晚上收档的时候，面点王万象城分店接到了一个外卖电话，虽然那时面点王没有开展外卖服务，但了解到这位顾客生病且独自一人在家，收银员王香保接到电话后及时跟当班龙经理汇报。龙经理在听完王香保的说明后，表示在收档后自己送过去。送到后，龙经理还热心地对顾客说“要好好照顾自己”。那位生病的顾客很受感动。

这样的对顾客关爱的故事，在面点王很多。

在面点王的每一家分店，几千名年轻的男女服务员，用他们的微笑，用他们的真诚，用他们的爱心，给顾客送去了亲情般的关爱和关心，奉献了真诚细致的服务，化解了顾客种种的不快和烦恼，使顾客既体验到朝气蓬勃的青春气息，体验到面点王人敬业向上的精神风貌，也体验到如沐春风般的细致周到的服务，体验到真与善所带来的美的愉悦和享受。

同样，体验到真情和美好的顾客，也交换着他们的真诚和爱心，传递着他们的善良、关心和感谢。他们的鼓励，他们的称赞，他们的折服，他们的关切，都化作心灵的灯盏，激励、鼓励着面点王的年轻人，使他们更热爱服务，更热爱生活，更追求进步，使他们的微笑更灿烂，精神更焕发。

许多顾客与面点王员工相处得像一家人一样温馨，建立了难忘的友情。有一次，一位叫钟如珍的员工得了重感冒，打了几天的吊瓶，返回工作岗位时，脸色还有些苍白。一位在医院工作的李阿姨看出了如珍的异样，第二天一大早，天还下着雨，李阿姨就冒雨来到面点王分店敲门，撑着雨伞站在门外，将两袋红枣塞到钟如珍的手里，并千嘱咐万嘱咐让她多注意身体，没事多吃点红枣，多吃红枣对身体有益。虽然,面点王公司有规定员工不能随便收受顾客的礼物,但是这一刻这位员工却怎么也无法拒绝这份关心,望着李阿姨被雨伞打湿的裤脚,钟如珍留下了幸福的泪,心里暖暖的,感到一种从未有过的幸福感。

这和谐的一幕幕,来自于面点王从创始以来就一直秉承的企业理念。

面点王正是在创造了独特的"深圳速度"的这块土地上,清醒地看到了比快节奏更重要的是人性化,比给予收入更重要的是给予关怀,比单纯的成功感更重要的是获得幸福感。企业面对的,不光只有一部一部飞速旋转的机器,还有一个一个被飞速旋转的机器所"劫持"的人,活生生的人,有着七情六欲的人,需要在工作中注入激情、在工作外获得尊重和关爱的人。

于是,一种在大力推进物质文明建设的火热时代里更为超前的企业文化诞生了:关爱铸就和谐。

于是,一个以关爱每一个员工为出发点的,让员工的笔说话、让员工的心"歌唱"的企业文化载体诞生了:面点王之歌。

二、诞生

"员工的精神文化生活你不去占领,社会不良风气就会侵袭。"对于企业文化的建设,面点王领导清醒地认识到。

一个卓越的企业,必然有一个卓越的文化引领其前行。

一个卓越的文化,必然会产生一个卓越的载体来进行传播与推动。

2002年年底,面点王成立已6年。

一个中式的餐饮连锁企业从无到有,在南粤大地开花结果了。随着公司的发展,面点王领导层深刻地认识到,在市场经济竞争的近身搏击中要想技高一筹、永不言败,必须要打造属于自己特色的企业文化。"当今企业文化已是打造强大企业的另一只手,《面点王之歌》也正是在这一背景下应运而生。"一位当年参与创办《面点王之歌》的公司老员工深情地回忆。

在面点王创办伊始,公司就把关爱教育与员工的职业道德、个人道德品质与爱岗敬业教育相结合,把具有爱心视作员工必备的品德。面点王经营者身体力行,注意对员工进行关爱教育,培养员工的爱心。在爱的感召下,涌现了很多感人故事，拾金不昧、助人为乐、热情服务、见义勇为的故事举不胜举。关爱带来的效果，就是员工工作热情高，工作精神面貌好，真诚地帮助、服务顾客，员工与顾客之间的感情已远远超脱了简单的商业关系，也远远超越了服务和被服务的关系，更多的是融进了真情实意，结下的是朋友、亲人般的情感，体现了人性中美好的一面。

渐渐地，公司领导层意识到："员工的精神文化生活你不去占领，社会不良风气就会侵袭。"对于企业文化的建设，面点王领导清醒地认识到。同时，弘扬企业文化，还需要一个载体来记录、来宣传、来诠释、来鼓舞，员工也需要一个阵地来表达、来交流、来议论。公司决定办一份自己的报刊，凭借这份报纸为载体来弘扬企业文化，振奋员工精神，增强企业凝聚力，树立企业形象，扩大对外品牌宣传。

想法十分令人激动，但是当时谁也不知道报纸该怎么办。公司把这个创造性的任务交给了策划部部长王勃。

王勃来面点王公司之前，在母公司深圳石化集团一直从事内刊编辑和企业宣传工作，也在《青海日报》经济部做了一年的实习记者。王勃虽然有过办报的经验，可从头开始，又要从新闻的采编，到版面的排校，再到印刷出版整个流程的全套操作，却是第一次。王勃一时竟感到无从下手。

办报首先要有刊号，要有合法地位。而恰在此时，面点王的母公司深圳石化集团已经破产倒闭。本来想沿袭深圳石化集团内刊《深圳石化报》的刊号，却被有关部门告之刊号不能借用。王勃辗转找到深圳市出版业协会，先取得临时刊号，就开始着手第一期报纸的筹备。

三、创刊

公司对于这份在"娘胎"里躁动着的内部报刊非常重视，总经理张和平百忙之中亲自为之取名为《面点王之歌》，并亲笔题写了刊名。公司从分店抽调了一名平日里喜欢舞文弄墨的烹饪专业的大专生，又安排了一名刚毕业的大学生，就这样，三个"臭皮匠"开工了。

公司为内刊确定了办报原则和思想，概括起来就是这么几句话：努力成为公司的耳目喉舌，成为领导与员工联系的纽带，成为公司对外界了解的桥梁。总经理张和平特别要求，报纸要办成“写员工、员工写”，内容贴近员工、员工喜闻乐见的报纸。正是这一特别要求，使面点王的这份企业内刊一出生就有着鲜明的个性特征，它与《万科周刊》等视角伸向社会和文化的角度不同，也与其他企业报主要围绕领导的报道不同，《面点王之歌》一开始就定位于以员工为中心和重点，以写员工为主要内容，以员工写为主要方式，重点在于活跃企业文化，凝聚企业精神。

从一开始，《面点王之歌》就是一份充满了员工喜怒哀乐、记录着员工激扬青春的新时代快车。

为了出好第一份报，王勃和两名年轻人一起日以继夜地干起来了。

先是确定报纸的栏目和内容，然后是新闻写作。这个方面王勃有经验，于是他当起先生，给从未接触过新闻和报纸的两个小伙子进行基本培训，讲解消息、通讯的写作方法，怎样发掘新闻素材。然后是确定第一期报纸的报道内容，三个人花了几天的时间把报纸各个版块所需的每篇稿件确定下来，分头采写编辑，又从深圳特区报印刷厂找来版样，手把手教如何划版。三个人一把尺每天夜以继日爬格子算字数，仔细斟酌每篇文章，认真编排稿件，为了精美的版式语言，为了准确的版面思想，对于每篇文章的布局、每个标题的安排，在纸上划来划去，一遍遍推倒重来，直到满意为止。

2003 年 1 月 1 日，散发着墨香的第一期《面点王之歌》终于面世了。三个人看着经过几天辛苦换来的成果终于舒了一口气。

这一期报纸在员工中争相传阅，公司领导也给予了高度肯定。

四、成长

公司的支持力度是很大的，编辑人员可以参加公司的各类会议，还有机会出去参加脱产培训；一线员工争当通讯员，这支队伍由之前的十几人，发展到近 300 人。

接下来，为了办好《面点王之歌》这份企业内刊，公司给予了更大的支持。

为了把报纸办好，公司花费近万元为编辑人员安装了北大方正软件，这在企业中并不多见。编辑人员从此省去了划版之苦,可以直接在电脑上随心所欲地进行排版,精心安排版式。公司也给了编辑人员最大的政策,可以参加公司的各类会议,还安排编辑出去参加脱产培训。

为了让报纸发挥更大的作用,从《面点王之歌》第 2 期开始,公司决定将报纸扩为 8 版。现今仍任职编辑的邵永玲也从第 2 期加入办报队伍,从采写、选题、编辑、排版,她都全面参与,迅速从初涉内刊的新手成长为采写编排的行家里手,见证了《面点王之歌》的成长。

从《面点王之歌》第 2 期开始,确立了六大板块,一直延续到今天。所谓的六大板块是指:新闻板块,以反映新闻事件为主;人物板块:以反映人物事迹为主;讨论板块:以热点话题讨论为主;还有互动交流板块、理论知识板块、文艺板块等。

在稿件内容的选择上,提出"新、深、广、趣、精"的原则。"新",即内容新颖;"深",即文章有深度,耐人寻味;"广",即刊物的内容、稿件的来源都要广泛;"趣",即内容有趣,形式活泼,可读性强;"精",即文章要精选,文字要精炼。

在通讯员队伍的培养上,定期不定期地组织通讯员采风、学习,每年对优秀通讯员进行表彰和奖励,在公司所有文体活动中,通讯员的表彰奖励是最高的,总经理和主管副总经理每次都亲自参加表彰会,勉励通讯会多学习、多写作,还要求编辑部定期提供稿纸和书籍,甚至亲自讲解写作知识。由于多渠道有效的组织活动,越来越多的员工加入到通讯员队伍中来,使得公司通讯员涉及的岗位相当广泛,除一线员工及分店管理者外,还有后勤管理人员,有维修工、仓库管理员、保安员、司机等,通讯员队伍由之前的十几人,发展到今天的近 300 人。

五、特色

总经理信箱和小辣椒,围绕员工普遍关心的问题进行解答,并对不好的风气和工作现状进行评论。"写员工"和"员工写"的鲜明特色,使《面点王之歌》在创造企业和谐环境、拉近企业和每一位普通员工之间的距离、加强沟通以及对青年人进行情感方面的抚慰都起到了其他企业管理手段起不到的作用。

以员工为中心,让员工成为主角,是《面点王之歌》的一大特色。

常年开设的人物专版，更是让员工成为报道的主角，涌现出了不少“明星”员工。创办初期他们就推出了《面点王里的大学生》、《面点王里的东北虎》、《明星员工》等人物系列专题报道，在员工中产生了极大的反响。

员工小李是一个刚出校门不久的学生，看到自己的事迹第一次登上报纸，那份欣喜、快乐，足足让她几天兴奋的睡不好觉，第一时间就把这一消息告诉父母家人，还把报纸给父母寄去，在家乡的父母把印着女儿事迹的报纸给乡亲们传看地，乡亲们都流露出羡慕。

创办十多年，人物专版也一直是《面点王之歌》的王版栏目，从没间断过，深受员工们的喜爱。

不仅如此，从 2005 年开始一直到现在，《面点王之歌》和《深圳晚报》的编辑们合作，每年推出 20 名工作优秀、个性突出的员工，在《深圳晚报》上用 20 个整版对员工进行报道，之后在《面点王之歌》上进行转载。《面点王之歌》的编辑和《深圳晚报》的编辑们一道，深入到分店和员工工作生活当中，感受他们的生活工作，倾听他们的喜怒哀乐，挖掘他们在企业在特区的劳动事迹。当年，这 20 个人物专版一推出，在社会上引起了巨大反响，平常报纸上都是反映企业家、社会名人的事迹文章，用一个整版写员工，一口气发了 20 个整版，这可是从来没有过的事情，也从来没有哪一家企业这么做过。时任深圳市领导的黄丽满积极倡导关爱外来工活动，面点王的这一做法也得到了市领导的肯定和表扬。

每年这些成为报纸主角的员工，一个个成为了企业的明星，成为了家乡的明星，成为了学校的明星。《面点王之歌》编辑们把报纸寄给了他们的父母，有的员工一买就买几十份，给自己的亲人、老师和同学寄去，他们的事迹也在家乡在学校里传颂，俨然成为了一个个明星。

员工不仅是报纸的主角，也是报纸的主笔。不仅喜爱舞文弄墨的员工经常小试牛刀，有了发挥兴趣爱好的舞台，很多从未发表过文章的员工，也受到感染，成了文字爱好者。当他们第一次看到自己的文字变成了铅字，那份喜悦和激动言以难表。员工张秀娟第一次看到自己的文章变成铅字，足足看了十几遍，高兴得晚上都睡不着觉。有了第一次，张秀娟写作的积极性更高了，不仅成了铁杆爬格子迷，后来还有一篇文章被《深圳特区报》刊登。

为了给员工解析释疑，二版专门开设了“总经理信箱”和“小辣椒”，围绕当前员工普遍关心的问题进行解答，并对不好的风气和工作现状进行评论，还有“大家一起来献计”，结合工作中时常出现的一些状况，大家一起出谋划策，也给员工一片交流和学习的园地。

二版开设的“面点王里的故事”栏目，鼓励记者、通讯员深入基层，深入现场，挖掘员工与顾客间的真情小故事，写出一些喜闻乐见、内容感人、短小精悍的鲜活新闻，以活跃版面，增大信息量，延伸了新闻面。

六、好评

在办刊的第一年，《面点王之歌》即被深圳市出版业协会评为深圳市十佳优秀企业报刊，成为两百多家会员单位里的一支新秀。接下来7年，《面点王之歌》每年都被评为十佳、十优企业报刊。

记得那次是编辑邵永玲首先得到喜人消息，给王勃打来电话，王勃都不敢相信自己的耳朵。一个刚创刊一年的报纸，就能在两百多家老字号的企业报中脱颖而出，这也是对他们一年来工作的最大肯定啊。

更没想到的是，在接下来的7年时间里，《面点王之歌》每年都被评为十佳、十优企业报刊。

面点王不断发展和销售额一再创高的今天，《面点王之歌》的发行量也不断地提升，由先前两三千份到现在的六千份，也进一步表明了公司对精神文明的高度重视。可以说，《面点王之歌》的问世，在丰富企业文化建设、提高公司形象、加强员工的主人翁精神等方面都有着丰常重大的意义，它是面点王企业发展和壮大的集中体现。

七、窗口

大购物中心招商人员作为高傲的谈判对手，没把一家快餐店放在重要位置，然而当他们看到面点王这份内刊，说想不到面点王还是这样一家充满文化味的企业。

一份企业报就是企业文化和企业形象的展示。面点王开拓市场、进校招生、对外公关谈判、业务往来，首先都会向对方递上一份《面点王之歌》，负责公司市场拓展部的同事说，这一份报纸虽小，却每每对外赢得不少谈判的筹码和获得印象分。

应该说，文化作为一种软实力，更向人们展现出它与众不同的品味，通过文化和形象的展示，能拉近与社会和大众的距离，也潜移默化地感染着他们。《面点王之歌》就是这样一个窗口。

一份高水平的企业内刊可以让人对该企业肃然起敬，成为企业一张鲜活的名片。

一些大购物中心招商人员作为高傲的谈判对手，似乎并没把一家快餐店放在非常重要的位置。一次，一家合作企业看到《面点王之歌》，那一个个精美的版面吸引得他连连感叹："这才像份真正的报纸。"说想不到面点王还是这样一家充满文化味的企业。在众多的餐饮商户中，面点王是一家非常具有企业文化特点的企业。主管市场拓展的副总经理说，每次与客户打交道，我一定要让编辑部给我准备几份报纸，在谈判对手面前每当我亮出这个撒手锏，客户就会对我们刮目相看，因为从这里可以看出，面点王不仅是一家有实力的企业，也是一家有责任、有文化的企业。可以说，《面点王之歌》也是我们攻城掠地的法宝之一。

现任分店经理的庄秀阳就是因为《面点王之歌》而和面点王结缘。那时正在烹饪大学学习的他，在学校看到了《面点王之歌》，了解到面点王是一家优秀的企业，在面点王到学校招生时，他毫不犹豫地选择了面点王。像庄秀阳这样的事例还有很多，一些与面点王结成战略合作关系的大专院校，把《面点王之歌》作为一种与学生交流的工具，介绍该校实习生在面点王的工作实习体会和感想，介绍校企合作的经验。通过这个窗口，让在校学生了解了面点王企业的特点和文化氛围，感受到了一家极具成长性的企业争创中式快餐领军企业的抱负，感受到了一家管理严格、充满关爱的企业，吸引了大批学子落户。不少实习生不仅是忠实的读者，更是热心写稿、抒写自己感受的作者。

八、纽带

《面点王之歌》也是一个维系顾客的纽带。这份报纸创刊以来，每期能收到

《面点王之歌》的顾客有一千人左右，他们大都是《面点王之歌》的忠实读者，也是面点王的忠诚顾客。一些顾客因为《面点王之歌》从一个普通的顾客变成了忠诚粉丝；一些老顾客同时也是《面点王之歌》的作者，经常提笔为《面点王之歌》写来自己的感想，提出自己的建议。

一位顾客参观了在《面点王之歌》发表的面点王企业风采摄影展，写下了这样一段话："图片展现出面点王员工'自然、温馨、和谐、快乐'一天的真实生活，图片不仅反映出面点王高超的管理机制，更透露着面点王优秀的企业文化，当你迈步进入深圳各区域的任何一家面点王分店的那一刻，就会随时随地感受到面点王员工靓丽的外表、迷人的微笑、专业的服务、舒适的就餐环境以及美味可口的产品，这一切会定格在你的内心。"对于《面点王之歌》的作用，他说："企业报《面点王之歌》更是在企业文化中起到推波助澜的作用，在《深圳商报》、《深圳晚报》等媒体还常常可以看到面点王大手笔的报道，更彰显了面点王'以人为本'的企业文化。"

九、建设

在《面点王之歌》报道过的两三百名员工中，已有很大一部分员工走上了管理岗位。在现任的基层干部中，优秀通讯员也占很大的一部分比重。

企业文化一个重要的标志就是要能够激发企业的活力、凝聚力、创造力和竞争力。面点王公司正是奔着这个目标，在创刊初期就将报纸定位为"写员工、员工写"，几年来，双十佳、先进个人、优秀员工等人物报道，在员工中树立了榜样。

他们当中，有老员工，也有刚入职不久的新员工；有分店基层人员也有后勤员工。尽管他们来自不同的工作岗位，有着不同的生活经历，但是，他们的追求却有着共同的特点：在他们身上，充分体现了面点王优秀员工的拼搏、踏实苦干和克服困难的精神。他们就是员工身边看得见、听得到、学得了的杰出榜样。正是他们的先进典范的作用在面点王凝聚了一种力量。

从报道过的两三百名模范员工身上，面点王所有员工一致表示获得了很多启示和灵感！在员工成长过程中，让员工以此为榜样，朝着既定目标努力。每一次报道，分店都会利用淡市组织员工学习，弘扬典型，学习先进，把先进性教育活动不断引向深入，进一步激发全体员工奋力拼搏的热情和斗志，取得事半功倍的效果！在全公司掀起的比学赶帮超的氛围越来越浓。而在报道过的两三百名员工中，已有很大一部分员工走上了管理岗位。

创刊到现在 8 年了。《面点王之歌》有永远不变的，那就是始终把握企业的办刊定位，不断丰富刊物内容，孜孜追求新颖的版式设计，在面点王企业文化建设中起到不可替代的作用，不仅忠实记录了企业的发展历程，更全面展示了企业的独特风采。

在 8 年里，《面点王之歌》也有永不满足不断调整的，那就是公司牵头进行的几次改版，形成了目前大信息量、大标题、深度报道、精短消息和特写、精美的专栏和图片、多样化的表现形式。其中最为突出的是 2006 年 11 月，公司第一次对纸张进行了更换，由新闻纸出版式改为蒙肯纸印刷出版式，更换纸张后的《面点王之歌》，印刷精美，浓墨飘香，配以新颖的版式设计、华美鲜亮的图片、贴切实际的报道，给大家一种清新亮丽的感觉。

在不断改版中，还增设很多的栏目，有“学习园地”、“员工心声”、“管理大家谈”、“面点王的故事”、“文艺副刊”等，给员工提供了抒发工作思考、感悟和建议的空间，形成了目前大信息量、大标题、深度报道、精短消息和特写、精美的专栏和图片、多样化的表现形式。

而一年一度的《面点王之歌》通讯员表彰会，更成了通讯员的盛会。除了能拿到公司最高的奖金外，还能有更多的机会与文学爱好者一起采风、交流，而每年编辑部都能收到员工稿件近千篇，这样的机会锻炼了他们思维，让他们在工作中能从容面对各种难题。

在现任的基层干部中，优秀通讯员占很大的一部分比重。通讯员吴荣柱说，《面点王之歌》是一个让我们说话的地方，在这里能让更多的人了解你，有了大家相互的鼓励和支持，我们的心胸就会变得开阔，自然工作起来就会顺畅。感谢《面点王之歌》给了我们这个平台，让我们理清思路，学会思考。一天的工作中会有很多感触，有的是发光的，有的是暗淡的。常言道，学会总结的人，才能走得更远。一位老通讯员说道：当我们回想一天的事，也许能记起的只是支离片段，但写作可以让我们回忆整件事情，并能清楚地看到事情的重点并对重点进行分析。这样时间长了慢慢就帮助我们形成了一个好的思考习惯，对自己的工作和生活产生积极的影响。

每一期的专栏人物报道及员工作品也感染着我们的顾客。顾客裴国辉为此特别写了一篇题为《不凡的内刊，闪亮的人生》。他说：《面点王之歌》专栏里的人物，虽然性别不同，年龄大小不一，但他们都有一个共同的特点，就是在自己的人生道路上创造着不凡的业绩，让生命散发出耀眼的光辉。而文艺副刊，不追风赶浪，不媚俗逢迎，坚持表现或反映从群众火热的现实生活中采撷来的新人物、新景观、新感受、新气象。由于这些作品来自员工、顾客，来自生活，情感真挚，作为个人原创性的劳动成果显得十分珍贵；那些包括着主人公真情实感的散文、随笔，是员工与顾客通过报刊来交流沟通情感的途径与通道，又是联系读者，维系企业自身生命线的一种载体。面点王之歌，照亮了这个企业员工们亮丽的人生。

十、和谐

"你对员工有多好，员工就对顾客有多好"；"没有爱心就做不好服务"。这是面点王公司对关爱的一种理解。这种关爱意识，把公司、员工和社会融在一体，把公司的业务、员工工作的职责和社会的责任融合在了一起。

在《面点王之歌》一个又一个版面里面，记录的是一部关于爱与感动的企业发展史：

"我每天都在工作中感动着。"面对顾客每天的称赞，面点王一位服务员由衷的感叹，道出了顾客回报带来的感动。

"我要用我的真情关爱、服务好天下的父母亲，以此作为对父母最大的回报和感恩。"还有一位服务员曾在一篇文章中这样写下自己对父母的感恩。

真情关爱的背后，实质是一丝不苟的敬业精神，专注细节的认真态度，是追求不凡追求卓越的信念，是善良纯真的爱心，是有一颗心怀感恩的心，折射的是一个企业以人为本的优秀文化。面点王的高层有这样一种认识："你对员工有多关爱，员工就对顾客有多关爱。"

"没有爱心就做不好服务。"这是面点王员工对关爱的理解。这种关爱意识，把公司、员工和社会融在一体，把公司的业务、员工工作的职责和社会的责任融合在了一起。

面点王认为,在满足员工物质需求的同时,应该大力加强企业文化建设,努力营造一个和谐向上的工作氛围,真正让员工把企业当成自己的“家”。首先,公司坚持以人为本的管理理念,把员工当成是企业最重要的资源。要想员工对顾客好,企业就要对员工好。在工作中,要求各级管理人员要尊重员工、爱护员工,杜绝简单粗暴的工作方式,使员工切实感受到人格得到尊重,价值得到体现,从而打心眼里愿意留在公司工作。

每当新员工来到公司,上至总经理,下至普通员工都会对新员工问寒问暖。从下火车的那一刻起的第一声问候,到日常生活点滴的关心,员工的衣食住行都挂在领导的心头,常常是一句贴心的话,一个整装的细小动作,就让新员工们感受到家一般的温暖,马上摆脱身在异乡的感觉。

员工的文化精神生活,更是让面点王的领导们操心:面点王坚持每月为员工过一次集体生日,为他们送上生日蛋糕,并根据不同季节组织到世界之窗、野生动物园、大梅沙游玩,到果场吃荔枝、观看最新影片等。仅每年过生日一项,公司就要支出 50 多万元。

每逢节假日,对员工节日的生活,公司更是做了细致的安排,每天不仅要加餐,每天的菜谱老总都亲自过问,公司把水果、奖品、奖金等都一一分发到每个分店,为每个分店操办好节日的生活。公司负责人介绍说:“我们花这么多钱,只要能让员工留在深圳过好年,过个温暖祥和的节日,我们认为值。”

除夕夜,公司领导下到分店与员工一起过年、吃年夜饭,举行联欢活动,一直是面点王公司的传统。除夕夜,公司从总经理到部门经理,都舍弃与家人团聚的快乐,在分店与员工一起同乐,虽然分店越来越多,这个习惯作为制度始终不变;春节第一天,面点王的领导们还将跑遍所有的分店向员工发利是、拜年。

抽奖活动是春节联欢会的重要项目,往年有电视机、照相机、手机等大奖,今年的奖品更加丰富,不仅有电视机,还有桂林、张家界游,每个员工都会有意外惊喜。

为了调动骨干员工的积极性,面点王每年都会组织几百名优秀员工分批到丽江、桂林、海南、香港等地旅游,使他们进一步增强了对企业的归属感。

面点王结合青年员工比较多的特点，经常举行各种职工文化比赛活动，使员工的业余文化生活更加丰富多彩。迄今为止已经成功举办了十二届员工卡拉ok比赛、五届象棋比赛、八届乒乓球比赛等。

面点王热心参加社会公益活动，每年到养老院、儿童福利院慰问，经常组织为地中海贫血儿童和贵州失学儿童免费就餐和赠送礼品活动。2009年南亚国家发生海啸灾难后，公司率先在深圳发起捐款活动，既而又与深圳晚报联合组织，共募捐款，受到了社会各界的广泛关注和赞扬。2010年公司又被评为深圳市最具爱心企业。

面点王管理很严，而这个严字，体现的正是一种爱。面点王公司负责人说，在工作上要求严，可以帮助员工培养严谨的工作作风；在生活上对员工要求严，是对员工的负责。面点王的员工都是二十多岁的年轻人，我们既要保证关心他们的衣食住行，也要保证他们健康地成长。

只有优秀的企业文化才能孕育出员工之间关爱的花朵，这种关爱意识，把公司、员工和社会融在一体，把公司的业务、员工工作的职责和社会的责任融合在了一起。一个企业，就是一个爱心的家庭，一个爱心的窗口和平台。

如果说面点王的企业文化是生生不息的泉水，《面点王之歌》就是一支重要源头，不断注入新的活力，驱浊扬清，涤旧迎新，它更像一扇窗，每个面点王人都通过这扇窗透视自己，展示自我，塑造属于自己的七彩人生。在这扇窗里，真实地留下了面点王人奋勇拼搏的身影，忠实地记录了企业发展的历程，更是全面展示了企业的独特风采，它体现了坚持的魅力和平凡的伟大，为公司的做大做强起到了不可磨灭的贡献。

第六章
反　思

企业报刊作为企业的一扇窗口,在一定程度上反映着企业的发展状况,而企业的发展又从根本上决定了企业报刊的兴衰。在深圳市企业报刊的发展史上,不乏一些曾经因为精美的印制、丰富的内容而名噪一时,后来却逐渐势微直至停办的企业报刊。这些企业报刊缘何由高峰滑落至谷底,其中有哪些经验和教训值得总结?企业报刊的命运与企业的命运究竟有着怎样的联系?本章将以三九企业集团主办的《三九蓝讯》(原名《三九集团报》)为例,结合丰富的一手材料和文献资料,梳理它们由盛到衰的过程,反思它们的经验和教训,以期为企业报刊的业界同仁和学者提供借鉴和指导。

第一节　《三九集团报》的文化解析

说到《三九集团报》,不得不提到它的主办者——三九企业集团。三九企业集团(以下简称"三九集团")是由国务院国有资产监督管理委员会直接管理的国有大型中央企业,其前身是深圳南方制药厂,由赵新先于 1985 年创立。1991 年 12 月,解放军总后勤部(以下简称"总后")根据中央军委关于军队企业集中归口管理的指示,下文将总后在深圳特区的 35 家企业集中起来,以南方制药厂为核心企业组建了“三九企业集团”，赵新先被任命为三九企业集团的总经理。集团以医药为主营业务，其经营领域还涵盖了房地产、进出口贸易、汽车、电子、食品、服装、信托投资、股票证券等等。

自从1992年以来，三九集团先后经历了中外合资、增资扩股、买壳上市、自行上市等一系列重大资本运作，一度成为一个横跨多个产业，资产达200亿元的产业王国，是国内最大的中药制造商，连续多年成为中国500强企业。但是，表面的风光无法掩盖其资金运作的混乱，2001年8月，三九企业集团的首次危机爆发了，中国证监会对其最核心企业三九医药作出通报批评，披露上市公司控股股东三九集团占用资金高达25亿元；2003年，三九集团再陷债务危机，多达21家债权银行开始集中追讨债务并纷纷起诉，“三九系”整体银行债务被曝高达98亿元。2005年11月20日，由于违规运作“大龙健康城”项目，赵新先以“涉嫌渎职罪”被深圳警方逮捕，曾经盛极一时的三九集团也陷入了极度困境，最终于2007年12月被华润集团并购。

《三九集团报》是三九集团主办的企业报刊，于1992年7月1日创刊，1993年10月由月刊改为旬刊，1994年7月进一步发展为周刊，后因为企业并购重组等原因，于2007年停刊。可以说，三九集团的领导人对《三九集团报》是给予了足够的重视的。在三九集团成立之初，集团领导人赵新先就意识到，集团需要办一份综合而全面的报纸。于是在1992年7月1日，党的生日这一天，《三九集团报》创刊了，赵新先在创刊词中提出了对该报的定位：是宣传党的路线方针政策，纵论天下大事和集团建设事业的“议事园”；是展望世界经济大战格局与趋势，博览天下经济信息的“大观园”；是各种形式题材，风格流派和思想观点讨论争鸣的“百花园”；是万象纷呈的经济特区独树一帜，具有鲜明军队特色和企业风采的“园中园”。

赵新先不仅亲自为《三九集团报》的创刊献词，还为组建该报的编辑班子亲力亲为——请到了山东作协副主席、军队著名作家李延国出任该报的主编，设立了专门的编辑部，组织了多达6人的编辑班底。单就企业对企业报刊的重视程度和人员配备而言，在20世纪90年代初的深圳企业报刊的起步阶段，赵新先和他的《三九集团报》无疑走在了前头。

《三九集团报》的办刊人员对该报也倾注了大量的心血,使“三九精神”在这份报刊上得以充分展现。据该报主编李延国回忆,他当时以一个作家的身份来到三九集团做企业报刊,发现真是隔行如隔山。没办过报的他面对组稿、画版、电子分色、激光照排、印刷这一系列的工序,只能一点一点慢慢摸索和学习。很快他又发现,与军队里不同,企业里很少有人有时间为报纸写稿,只能靠办报的人自己写、自己约,再加上组版、校对、印刷,工作十分紧张,为此,他甚至几年都没有睡过午觉。不仅如此,李延国还以身作则,严把《三九集团报》的质量关。他曾为报纸提出了一个目标:一个错字也不能有。1997 年 2 月邓小平逝世时那几期报,李延国亲自作为“责任编辑”并告诉他的下属:“你们谁要是能在这些版样上找到一个错字,奖金 500 元,从我的工资里出。”结果他的下属在版样上反反复复找了个遍,硬是谁也没“挣”到那 500 元。正是凭着企业领导人的重视以及一班具有高度责任心的办刊人员,使得早期的《三九集团报》成为一本具有鲜明的军办企业特色的、品质优良的企业报刊,在 1997 年至 2003 年深圳市开展的“十佳企业报”评选中,《三九集团报》连续六年蝉联“深圳市十佳企业报”称号。

通过《三九集团报》我们可以一窥三九集团的企业文化,而三九集团的企业文化,也正是蕴涵在《三九集团报》的一篇篇文章中。这份四开四版的小报按照文章的内容大致可分为四个部分:一是中央精神的传达与解读,如《认真学习胡锦涛总书记讲话,大力弘扬“两个务必”作风》、《贯彻党的十六大精神,加快推进现代企业制度建设》等;二是企业领导人赵新先参加各种会议、出席各种活动的总结和报道,如《全国政协主席李瑞环接见赵总》、《赵新先同志当选集团党委书记》等;三是三九集团的业务动态;四是人文性和休闲性的随笔、散文。从版面划分来讲,中央精神的传达与解读和围绕赵新先的各种发言、报道、活动所占版面最多,常常占到两至三个版面;人文性和休闲性的随笔、散文所占版面较为固定,为每期一个版面。这种编排方式使《三九集团报》向《人民日报》看齐,成为宣传党的基本路线方针政策的喉舌,同时也成为了宣传赵新先的个人英雄主义的机器。

虽然《三九集团报》在质量上力争精益求精,并且在深圳企业报刊界获得了较高的荣誉,但它作为在企业内部传播的报刊,作为一种组织传媒来说,缺少了一份专业素养，它所折射出来的企业文化与现代企业制度下所需要的企业文化是相背离的，这是需要我们深入分析并进行反思的。

1.《三九集团报》对媒介功能的片面理解

这里提到的媒介功能，是指媒介除了政治宣传功能外，还应该具有的对社会的功能。在大众传播学中，一般认为大众媒体对于社会有四种功能，分别是雷达功能、控制功能、教育功能、娱乐功能。企业报刊作为一种组织传媒，可以参照大众传媒的功能理论，探讨企业报刊在企业的运行、企业目标的实现等方面的价值。企业报刊的功能概括来说有以下几点：

(1)环境监测功能，又称雷达功能，是企业报刊的首要功能。即通过传播客观、准确地反映企业运营的真实状况，及时对企业运作管理中的问题，或是外部经济、政策环境发生的变化发出警告、促成信息交流，使员工了解这些足以影响企业发展的机遇或威胁，作为员工决策或付之行动的依据。企业应该通过企业报刊收集、整理并向企业员工发布企业或行业内的重要问题，目的是及时了解企业内外各种环境的变化，以便对有关企业生存和发展的重要问题提出正确的应对措施。

(2)协调功能。企业可以将企业报刊作为一条沟通领导与员工之间的通道，一种员工谏言的工具，以便拉近员工与企业之间的关系，强化企业的民主管理机制。

(3)控制功能。企业报刊的控制功能一般通过以下两个方面发挥：首先，企业报刊通过议程设置告诉员工应该关心的话题，使员工想企业之所想，急企业之所急。其次，企业报刊将决策层的意志、制定的政策、企业的价值观通过各种形式的文章灌输给员工，以达到统一思想、维护企业形象、维持企业稳定的目的。

(4)宣传功能。企业通常将企业报刊作为企业文化的载体，通过企业报刊将企业文化灌输给员工或社会相关组织和个人，以达到塑造企业品牌的目的，而企业品牌又可以作为一种软实力提升企业的竞争力，促进企业发展战略和经济目标的实现。

在计划经济时代，我国的媒体片面的强调政治宣传功能，而忽视了大众媒介天然具有的对社会的功能和责任，其表现就是以大量的篇幅和版面用以宣传党和国家的方针路线，而对社会、民生的相关问题关注不足。三九集团所办的企业报刊也明显的具有这种宣传色彩，每期报刊的大量篇幅不是用来“学习精神”、“贯彻思想”，就是登载赵新先接见与被接见的新闻、集团各项业务发展一致向好的通报等等，看不到对企业经营战略中的弊病的反思性文章，看不到反映员工工作和生活的文章。诚然，作为一家具有军队背景的国有企业，时刻关注党的建设、学习领悟党的精神是必要的，但是处在市场经济高度发达的今天，作为一家逐步建立起现代化企业制度的企业，三九集团是否应该通过《三九集团报》多关注一些社会经济运行中的问题？是否应该多反思一下企业发展战略的科学性和可行性？是否应该多关心一下员工的思想和生活状态？《三九集团报》对控制功能和宣传功能的过分强调，使其成为集团上层意志的传声筒，丧失了其作为一种组织传媒应该具备的监督和协调功能。

因此，不能仅仅把企业报刊定位为企业领导意志的传声筒，企业报刊需要关注企业运行的方方面面。对内部宣传企业决策层的思路和执行层的相关制度，这仅仅是一个方面，是所谓的上情下达。企业的管理者也可以将企业报刊作为一个民主管理的议事平台，充分发挥员工的舆论监督的作用，同时还可以从企业报刊上了解到基层员工在想些什么，他们的心态如何，他们有何需求，此所谓下情上达。

2.《三九集团报》折射出“三九企业文化”的误区

三九集团的企业文化从三九集团诞生之日起，就被深深地烙上了赵新先个人价值观的印记。作为三九集团的创始人，赵新先曾身兼集团党委书记、总裁、董事长、监事会主席等重职，大权在握的他不可避免地影响着三九集团企业文化的定位和发展。概括来说，三九集团的企业文化具有“威权性”和“服从性”的特点，具体表现为“一个人说了算”。

三九集团的这种企业文化体现在它的文化产品上：《三九集团报》几乎每篇文章都会出现赵新先的名字，集团还陆续编写了《赵新先与三九集团》、《三九丛书》等一系列论著，先后成立了“三九陈列馆”和三九有线电视演播中心，从各种角度塑造赵新先个人和三九集团的光辉形象，使得赵新先和他领导的三九集团在一片追捧声中一步步的被“神化”了。

不仅在文化产品方面，在企业的运营管理方面也集中体现着三九的企业文化。赵新先的领导风格具有浓重的军人色彩，公司运营、管理、人事任免等都显示出赵氏的铁腕和权威。他曾在三九集团会上对企业中层干部说："三九是我一手做大的，没有我赵新先，哪有你们的今天。"这种过度强调个人权威的领导方式，虽然在企业发展初期起到了至关重要的作用，但随着市场形势的发展，一人决策不仅容易造成领导行事的简单化、偏激化、专断化，会加大企业的经营风险，也让三九集团形成了高度服从的企业文化，削弱了现代化企业所强调的监管体系的作用。三九集团虽然也建立了相应的监管体系，但是在长期形成的高度服从和个人崇拜的企业文化中，这一体系已经形同虚设。长期以来，赵新先在三九集团身兼党委书记、总裁、董事长、监事会主席四职，对企业的经营运作拥有一人说了算的权力。

过度强调赵新先的个人权威而形成的三九文化阻塞了三九集团自下而上的沟通机制，最终影响到了三九集团的日常运营。从 2001 年到 2004 年，三九集团仅占用上市公司"三九医药"的资金就达数十亿元，而且还牵扯到虚假陈述欺骗各地中小股民的现象。2003 年，在一片喝彩声中，赵新先提出了"三九健康城计划"。这个项目预计投资 43 亿元，用 5 年时间完成，目标是打造"亚太地区最大的国际性健康、休闲和文化艺术中心"，以求实现三九的第三次创业梦想。三九集团多年来的光辉历程以及被笼罩的成功光环，使得赵新先习惯于成为被别人崇拜的对象，已不能接受别人对健康城项目的半点质疑。而恰恰正是这个健康城项目拉开了三九集团资金断链的序幕，加速了三九集团帝国的轰然倒塌。2005 年 11 月，65 岁的"三九教父"赵新先被刑事拘留，执掌三九集团近 20 年的他竟也落得如此下场。试想，如果三九集团拥有完善的监督机制、科学民主的企业文化，这种结局也许是可以避免的。

从三九集团的案例中我们不难看出，过度强调老板意志的老板文化和排斥民主管理的威权文化都是与现代企业文化精神相背离的。现代企业制度需求的企业文化至少应该具备以下特征：其一，该文化鼓励竞争与创新；其二，该文化体现成就感、团队合作精神和整体荣誉感；其三，企业在其自身环境中营造的文化氛围，应具有浓厚的认同性和广泛的民主性；其四，该文化体现富有个性的企业形象与文化品位。

也许有人认为，由于企业家处于企业的核心地位，他的个人意志、精神、道德、风格等文化因素更易于得到员工的广泛认同和传播，并形成自觉追随，这必然影响到企业的最高目标和宗旨、企业价值观、企业的作风和传统习惯、行为规范和规章制度，因此老板文化在企业文化中唱主角是理所应当的。持这种观点的人混淆了老板文化与企业文化之间的关系。笔者认为二者的关系是：企业文化源于老板文化，但层次高于老板文化。当今中国的企业家大多是白手起家，运用个人的经营理念和人格魅力，敏锐的抓住了市场机遇，创立了企业。他们的理想、经营理念、价值观渗透到企业的方方面面，形成了企业文化，这是所谓的“源于老板文化”；但是这个阶段的企业文化是不健全不完备的，还需要随着企业的发展、经济形势的变化作出调整，还要融合法规、道德、企业员工的智慧等复杂因素，最终形成一种制度化的、能够得到公司上下员工共识的文化，并作为一种可继承的文化固定下来，这是所谓的“高于老板文化”。

如果老板个人的价值观长期在企业文化中占据主导地位，那么这种企业文化就是缺乏可持续性的文化。由于个人经历不同，根据现任老板的个人好恶而形成的企业文化不一定能被下一任老板所认可，这就使企业文化难以作为一种相对稳固的价值观被广大员工所接受。企业文化应该是一个群体的文化，而不是某一个企业家的文化，它可能包括了企业几任老板文化的高度凝练；企业文化不能只停留在老板层面，还应该包括企业核心团队的文化。现阶段的中国企业里，老板文化还不成熟、企业管理水平较低、授权不充分、产权制度不完善都影响了企业文化的进一步发展，因此企业文化在相当长的一段时期内，仍将由老板文化唱主角。在这种文化背景下，要更大程度的发挥企业报刊的效能，需要注意以下几点：

一是对企业报刊赋权。企业应该在更大程度上赋予企业报刊的监督权，使企业报刊不单单成为领导的“传声筒”，而是允许员工通过企业报刊对企业的不足进行反思或提出合理化建议，使企业报刊真正发挥它在企业民主管理中的积极作用。

二是以企业为视角，以受众为导向。只有满足读者的需求和欲望才能使企业报刊获得更坚实的群众基础。这就要求企业报刊站在企业的角度，对读者所关注的议题进行各种形式的报道、评论，既可以保证刊物观点的独特性，又可以兼顾读者的喜好，以此维持读者的阅读兴趣，还可以使读者在阅读过程中潜移默化的了解企业的价值观和文化。

第二节　企业报刊与企业命运的思考

经过30年的探索，深圳市走出了一条以企业为主体、以市场为导向的成功道路，深圳的企业活力在全国都处于领先地位。与这种领先地位相对应的，是深圳市的企业报刊无论在数量和质量上均是国内企业报刊界的佼佼者。不单单是深圳，放眼全国来说，凡是整体企业实力较强、市场经济较发达的城市，往往也是企业报刊活跃的地方，北京、上海莫不如此。企业报刊的命运与企业的命运具有怎样的联系？明确了这个问题才能明确企业报刊在企业发展战略中的定位，才能以此为基础明确企业报刊的发展方向。

1. 企业报刊是企业的文化副产品

企业报刊由企业投资主办，但它本身不具有盈利功能，不属于企业主要的生产活动范畴，只能作为一种副产品存在。同时它又是企业文化的有机构成部分，与企业的标志、员工服装、标语口号、规章制度、文体活动等文化元素一起组成了显性的企业文化系统。因此，企业报刊应该是企业的一种文化副产品。

既然是文化副产品，那么企业报刊相对于企业应该是一种依存和从属关系，即企业报刊从属于企业，企业的命运决定着企业报刊的命运。但由于企业报刊所耗费的成本无法在短期内取得实质性的回报，或者由于一些企业想以企业报刊为跳板，在它的基础上进军大众传媒市场等因素的影响，一些企业曾试图改变单纯依靠内部供养的方式经营报刊的做法，改为内部独立核算或内部独立经营的体制，从而将企业报刊推向市场化；更有甚者干脆直接投资大众媒体，成为了大众传媒的经营者，三九集团注资《新周刊》便是媒体与企业联姻的好例子。

但需要注意的是，在我国现阶段的出版管理体制中，报刊属于意识形态的管理范畴，需要行政审批才能创办。作为企业创办的报刊，除了需要经过新闻出版管理部门审批以外，在日常运作中还要受到许多政策的限制，这无疑给企业报刊的生存和发展空间带来了一定的局限。除此之外，实际的管理和运作成本也为企业报刊的独立运营设置了一道不小的屏障。因此，从目前来讲，企业报刊并不具备独立运营的条件，必须依托企业存在而不能跳出企业传媒的范畴。

2. 企业报刊是企业运营状况的晴雨表

企业报刊在一定程度上反映了企业的文化氛围、企业对文化的重视程度、企业的经济实力、企业的运营状况等问题，从这个角度讲，它也可以成为企业运营状况的晴雨表。以三九集团为例，20 世纪 90 年代至 21 世纪初的十几年间，正是三九集团的辉煌时期，集团为创办的《三九集团报》配置了专职的编辑人员，年均投资额在深圳企业报刊界处于中上水平，集团领导对该报也给予了较高的重视，这从侧面反映了三九集团的经济实力；该报的风格特色反映了三九集团“军办企业”的性质，所蕴含的文化内涵有明显的“三九文化”的烙印。在这个阶段，《三九集团报》连年获得“深圳市十佳企业报”称号，与三九集团一起见证了辉煌。但随着三九集团的经营不善，以致最终被华润收购，《三九集团报》也难逃停刊的命运，成为深圳企业报刊界的一颗流星。从三九集团的案例可以看出，企业兴，则企业报刊兴；企业亡，则企业报刊亡。企业报刊停办的原因，归根到底是企业自身出了问题，或是由于企业资金周转不灵，或是领导的战略思想发生了变化。总之，企业报刊质量的高低不是决定它是否停办的决定因素，企业报刊的命运是由企业的兴衰荣辱决定的。

通过以上对企业报刊与企业命运之间关系的分析，笔者认为，既然企业报刊的兴衰依附于企业而无法独立，那么企业报刊就更应该在有限的空间里切实担负起自身的职能，充分发挥它对企业文化的构建作用、对企业运营状况的监督作用、高层与基层间的沟通作用，为企业的良性循环助力，而我国的企业报刊在这些方面显然还存在较大的空间有待进一步的完善。

附　录

深圳市企业报刊名录

出版物名称	主办单位
《富临》	富临大酒店
《鸿基人》	深圳市鸿基(集团)股份有限公司
《粤海控股》	广东粤海控股有限公司
《农产品》	深圳市农产品股份有限公司
《金威》	深圳金威啤酒有限公司
《鹏基物业》	深圳市鹏基物业管理有限公司
《鹏城建行》	中国建设银行深圳市分行
《深圳古玩城》	深圳市古玩城文物监管物品有限公司
《面点王之歌》	深圳面点王饮食连锁有限公司
《京基》	京基集团
《宝安风》	中国宝安集团股份有限公司
《深圳供电》	广东电网公司深圳供电局
《联证研究》	华泰联合证券有限责任公司
《鹏基》	深业鹏基(集团)有限公司
《爱的摇篮》	深圳市海丽达国际幼教中心
《特发》	深圳市特发集团有限公司
《深圳人民保险》	中国人民财产保险股份有限公司深圳市分公司
《中银理财》	中国银行深圳市分行
《华安保险》	华安财产保险股份有限公司
《深圳书城》	深圳出版发行集团公司

《国泰君安证券通讯》	国泰君安证券股份有限公司
《深业物业》	深业集团(深圳)物业管理有限公司
《佳族会》	佳兆业地产(深圳)有限公司
《国贸之窗》	深圳市物业发展(集团)股份有限公司
《深振业》	深圳市振业(集团)股份有限公司
《深圳邮储》	中国邮政储蓄银行深圳市分行
《发展》	深圳发展银行股份有限公司
《国信金色阳光》	国信证券股份有限公司
《深物通讯》	深圳市物业管理有限公司
《中国平安》	中国平安保险(集团)股份有限公司
《特发物业》	深圳市特发物业管理有限公司
《京华人》	深圳市京华电子股份有限公司
《东部信息》	深圳市东部开发(集团)有限公司
《深圳中航》	中国航空技术深圳有限公司
《天虹》	天虹商场股份有限公司
《深圳公交》	中共深圳巴士集团有限公司委员会
《金地物业》	深圳市金地物业管理有限公司
《中航物业》	深圳市中航物业管理有限公司
《大众物业》	深圳市大众物业管理有限公司
《天音通信》	深圳市天音通信发展有限公司
《赛格》	深圳市赛格集团有限公司
《华润医药》	华润医药集团有限公司
《深中电》	深圳中电投资股份有限公司
《佳兆业物业》	佳兆业物业管理(深圳)有限公司
《启盛》	启盛集团
《深圳电信》	中国电信股份有限公司深圳分公司
《万科》	万科企业股份有限公司
《金地》	金地(集团)股份有限公司

《深圳邮政》	深圳市邮政局
《深港集团通讯》	深业深港（集团）有限公司
《深圳能源》	深圳能源集团股份有限公司
《百江燃气》	港华燃气投资有限公司
《招商证券》	招商证券股份有限公司
《水务技术》	深圳市水务（集团）有限公司
《水视界》	深圳市水务（集团）有限公司
《特区国寿》	中国人寿保险股份有限公司深圳市分公司
《招银文化》	招商银行股份有限公司
《长城证券》	长城证券有限责任公司
《天健》	深圳市天健（集团）股份有限公司
《深装集团》	深圳市建筑装饰集团有限公司
《万厦居业》	深圳市万厦居业有限公司
《立体定向外科学》	深圳傲华医疗设备发展有限公司
《华孚》	深圳市华孚纺织控股有限公司
《天安》	深圳天安数码城有限公司
《联合物业》	深圳中旅联合物业管理有限公司
《莲花物业》	深圳市莲花物业管理有限公司
《振业物业》	深圳市振业物业管理有限公司
《深科技》	深圳长城开发科技股份有限公司
《深业家园》	深业南方地产（集团）有限公司
《鹏劳服务》	深圳鹏劳人力资源管理有限公司
《中航地产》	中航地产股份有限公司
《深圳地铁》	深圳市地铁集团有限公司
《华林》	华林证券有限责任公司
《发展新时空》	深圳发展银行股份有限公司深圳分行
《运发人》	深圳市运发集团股份有限公司
《金立》	深圳市金立通信设备有限公司

《创新》	深圳市创新投资集团有限公司
《花样年》	花样年投资发展有限公司
《安信证券》	安信证券股份有限公司
《深圳高速》	深圳高速公路股份有限公司
《顺丰通讯》	顺丰速运(集团)有限公司
《生命人寿》	生命人寿保险股份有限公司
《钢构人》	中建钢构有限公司
《汇海人》	深圳市汇海科技开发有限公司
《怡亚通供应链管理》	深圳市怡亚通供应链股份有限公司
《特科物业》	深圳市特科物业管理有限公司
《康佳通讯》	康佳集团股份有限公司
《康佳》	康佳集团股份有限公司
《中兴通讯》	中兴通讯股份有限公司
《中兴通讯技术简讯》	中兴通讯股份有限公司
《聚友人》	聚友集团有限公司
《华侨城》	华侨城集团公司
《华侨城报道》	华侨城集团公司
《蛇口消息报》	招商局蛇口工业区有限公司
《深圳科技园》	深圳科技工业园有限公司
《长城》	中国长城计算机深圳股份有限公司
《康哲药业》	深圳市康哲药业有限公司
《南海之声》	深圳南海酒店
《蛇口工人》	深圳招商局蛇口工业区工会联合会
《健康元》	健康元药业集团股份有限公司
《创维》	深圳创维—RGB 电子有限公司
《创维视窗》	深圳创维—RGB 电子有限公司
《中集》	中国国际海运集装箱(集团)股份有限公司
《动物乐园》	深圳市野生动物园有限公司

《海王》	海王生物工程股份有限公司
《雅昌》	深圳雅昌彩色印刷有限公司
《方大》	深圳方大集团股份有限公司
《艾默生网络能源技术》	艾默生网络能源有限公司
《南玻之窗》	中国南玻集团股份有限公司
《中兴移动天地》	中兴移动通信有限公司
《维护经验》	中兴通讯股份有限公司
《招商局国际》	招商局国际有限公司
《赤湾》	中国南山开发（集团）股份有限公司
《妈湾通讯》	深圳海星港口发展有限公司
《东部物业》	深圳市东部物业管理有限公司
《同维之声》	深圳市共进电子有限公司
《信息窗》	深圳市特发信息股份有限公司
《桑菲通信》	深圳桑菲消费通信有限公司
《玉湖》	深圳市玉湖投资集团有限公司
《核电人》	大亚湾核电运营管理有限责任公司
《核电人》	阳江核电有限公司
《核电人》	中广核工程有限公司
《盐田·国际》	盐田国际集装箱码头有限公司
《盐田港》	深圳市盐田港集团有限公司
《大亚湾核电》	大亚湾核电运营管理有限责任公司
《南太人》	南太集团工会
《光明集团通讯》	深圳市光明集团有限公司
《安吉尔通讯》	深圳安吉尔饮水产业集团有限公司
《艾美特之友》	艾美特电器（深圳）有限公司
《鸿桥》	富士康精密组件（深圳）有限公司
《成霖风采》	深圳成霖实业有限公司
《劲嘉包装印刷》	深圳劲嘉彩印集团股份有限公司

《蛇口三洋》	三洋电机(蛇口)有限公司
《鹏城空港》	深圳机场(集团)公司
《鸿客会》	深圳市鸿荣源房地产开发有限公司
《富通家园》	深圳市富通物业管理有限公司
《骏高物业》	深圳骏高物业服务有限公司
《百佳华》	深圳市百佳华百货有限公司
《中兴发展》	深圳中兴发展有限公司
《金鹏通讯》	深圳市金鹏集团
《雅致人》	雅致集成房屋股份有限公司
《华为人》	华为技术有限公司
《比亚迪汽车》	比亚迪汽车销售有限公司
《比亚迪慈善》	比亚迪慈善基金会
《华昱风》	深圳华昱投资开发(集团)股份有限公司
《中投金理财》	中国建银投资证券有限责任公司

后　记

作为一个而立之年的年轻城市，就以文化底蕴而言，深圳自然比不上北京、上海、南京、成都、广州等具有悠久历史文化和都市文化的成熟都市，但如果我们回过头来看这些城市的发展史，就会发现，任何一个城市成长的背后，自然有文化的成长伴随其中。也就是说城市本身的发展促进了文化的成长，但同时文化的成长也促进了城市的发展，两者是互动的。深圳也是如此，作为城市的历史只不过30年的时间，但是它以其他城市从未有过的独有方式积累了自己的特有的城市文化，这些文化正在形成深圳的新的传统和活的文化。深圳的企业文化就是其中的一部分。

企业文化实际上就是企业价值观的综合体现，而企业报刊是企业文化传播和扩展的特有的平台和载体。深圳这个为改革开放而生的城市，每一个企业除了其经济上作出了的巨大贡献，也为中国的价值观的改革开放作出了无可估量的贡献，这一些发源于企业的文化已经内化为深圳的人文“基因”，成就了深圳整个城市的文化建设，也为独特的城市造就特有的文化底蕴。

时值深圳经济特区建立30周年，我们得以有机会将深圳知名企业的企业文化构建的案例编著成集。此书通过个案探视企业文化构建之全貌，兼及深圳文化的诠释，访名企真知灼见之士，汲其文化先知之真谛，代表了企业界和理论界对企业文化的认识和探索，具有一定的现实意义和应用参考价值。

本书编著是深圳市企业报刊出版界的一项重大工程，来自深圳企业报刊界的十多位人士共同合作完成了本书的编写。部分章节的执笔人如下：总论：许子宁、黄士芳；第一章：彭宇文；第二章第一节樊卿吴应美；第二节陈昌华；第三节彭广烁；第三章第一节蔡卿；第二节郑贱德、樊卿、刘晓燕；第三节谢静；第四节谢军；第五节樊卿；第六节彭峰；第四章第一节：刘谭锋；第二节魏清风；第三节：徐舟;第四节:何育文;第五章第一节:张志;第二节周海胜、段雨梅;第三节:王力;第四节楚宏、王勃;第六章:许子宁。全书由黄士芳、樊卿统稿审改。深圳市出版业协会秘书长舒欣为此书的编写做了不可磨灭的策划、统筹以及协调工作,对此一并表示感谢。

本书能顺利付梓,要感谢深圳市宣传文化事业发展专项基金的资助,要感谢人民出版社和深圳市社会科学院的鼎力协助。只是编者才疏学浅,若有遗漏舛误除在所难免外,概由笔者负责,尚祈先进不吝赐教,使本书更臻完善,不胜铭感。

编　者

2010年12月

责任编辑:方国根

图书在版编目(CIP)数据

30年深圳企业报刊发展与文化构建/黄士芳 樊卿 主编.
-北京:人民出版社,2012.3
(深圳改革开放研究丛书)
ISBN 978-7-01-010546-8

Ⅰ.①3… Ⅱ.①黄…②樊… Ⅲ.①企业-报刊-发展-研究-深圳市
Ⅳ.①G219.276.53

中国版本图书馆CIP数据核字(2011)第276347号

30年深圳企业报刊发展与文化构建
30NIAN SHENZHEN QIYE BAOKAN FAZHAN YU WENHUA GOUJIAN

黄士芳 樊 卿 主编

人民出版社 出版发行
(100706 北京朝阳门内大街166号)

北京市文林印务有限公司印刷 新华书店经销

2012年3月第1版 2012年3月北京第1次印刷
开本:710毫米×1000毫米 1/16 印张:17.25
字数:260千字 印数:0,001-2,000册

ISBN 978-7-01-010546-8 定价:43.00元

邮购地址 100706 北京朝阳门内大街166号
人民东方图书销售中心 电话 (010)65250042 65289539